敕建報恩寺梵刹志

〔清〕悟明 撰
陳平平 李金堂 胡曉明 校點

鳳凰出版社

圖書在版編目（CIP）數據

敕建報恩寺梵刹志 / (清) 悟明撰 ; 陳平平, 李金堂, 胡曉明點校. -- 南京 : 鳳凰出版社, 2014.1
ISBN 978-7-5506-1925-8

Ⅰ. ①敕… Ⅱ. ①悟… ②陳… ③李… ④胡… Ⅲ. ①佛教－寺廟－史料－南京市 Ⅳ. ①B947.253.1

中國版本圖書館CIP數據核字(2013)第287331號

書　　名	敕建報恩寺梵刹志
撰　　者	(清)悟　明
點 校 者	陳平平　李金堂　胡曉明
責任編輯	郭馨馨
出版發行	鳳凰出版傳媒股份有限公司 鳳凰出版社(原江蘇古籍出版社) 發行部電話025-83223462
出版社地址	南京市中央路165號,郵編:210009
出版社網址	http://www.fhcbs.com
經　　銷	鳳凰出版傳媒股份有限公司
照　　排	江蘇鳳凰製版有限公司
印　　刷	江蘇鳳凰新華印務有限公司 中國江蘇南京經濟技術開發區堯新大道399號,郵編:210038
開　　本	880×1230毫米　1/32
印　　張	12.25
字　　數	287千字
版　　次	2014年1月第1版　2014年1月第1次印刷
標準書號	ISBN 978-7-5506-1925-8
定　　價	49.80圓

(本書凡印裝錯誤可向承印廠調換,電話:025-68037411)

求索　求真　求是——序言

陳平平先生希望我能爲他與其兩位同事點校的清代釋悟明《折疑梵刹志》這本書寫個序。並送來了他關於《敕建報恩寺梵刹志》的幾篇文章。雖然有點勉爲其難，但作爲一位老南京，出於對家鄉歷史文化資源發掘利用事業的熱愛和支持，我還是答應了他的請求，認真地閱讀了他的文稿。不看不知道，仔細閱讀後，深有感觸，還真的産生了許多聯想，真的想就《敕建報恩寺梵刹志》問題談些看法。這些看法凝結成幾個關鍵詞：求索，求真，求是。

首先是「求索」。陳平平先生是南京曉莊學院生物化工與環境工程學院的教授，年齡和我相近，都算得上是耄耋之人了。但他不論是在職之時或者退休之後，一直孜孜於對南京本土歷史文化資源的發掘，真正做到了「路漫漫其修遠兮，吾將上下而求索」，默默耕耘，獨樹一幟，成果顯著。尤其是他能把自己在生物學領域的知識，深入地運用到對金陵大報恩寺園林植物的研究上，提出了常人望塵莫及的許多見解。

我是在江蘇省鄭和研究會的内部刊物《鄭和研究》上看到陳先生的文章，以後才認識他本人的。他的那篇文章是研究楊慶的，針對鄭和研究資料相對貧乏的現狀，他以一位生物學家獨到的細緻，察覺到楊慶在明初鄭和下西洋歷史過程中所起到的特殊作用，認爲楊慶是位非常值得研究的人物。我在閱讀他的文章時發現，陳平平先生的文章，不僅觀點鮮明，論據充足，行文規範，用詞嚴謹，特别是他對所有的引文的註解也非常規範，各種資料的出處一一標明，使人感到他的觀點有根有據。這一嚴謹治學的態度，是當今學術界非常值得提倡的，也是許多年輕、浮躁的學者應當傚法的。

陳先生對知識的求索，不圖功名利禄，從不張揚傲慢，就像他所從事的專業一樣，種一顆樹，就從選種、育苗、栽培、養育等整個過程去參與，不能東抓一把，西挖一塊，更不能任意嫁接，甚至任意砍伐、摧殘。他對報恩寺園林植物的研究，潛心鑽研了好幾年，最後才形成論文，真所謂「寶劍鋒從磨礪出」。正是憑藉這樣的求索精神，他才能够有所發現，有所創見，有所成就。

其次是「求真」。我們黨奉行科學發展觀。科學發展觀的基礎是什麼？我認爲是「求真」。一切僞善的、假冒的、謊話連篇的東西，何談「科學」？如何「發展」？陳平平先生爲人處世的標準之一就是「求真」，他的性格特點就是有點「軸」，想讓他拐個彎説幾句假話，那是不可能的。這幾年他一直在潛心研究報恩寺，但見諸的成果不是太多，就是因爲他一直在尋找「真實的大報恩寺」。没有可靠的史料依據，他寧可常年泡圖書館，坐冷板凳，而不做學術上的「空手道」。這種求真的精神終於有了回報，終於有一天，在查閲有關資料的時候，他從許多人都已經見怪不怪的《中國佛寺志叢刊》中注意到了《折疑梵剎志》這部金陵大報恩寺專志，從而找到了大報恩寺建築和歷史的許多真實。

在其《敕建報恩寺梵刹志》中，讀者們可以清楚地看到，清代嘉慶年間大報恩寺僧人悟明，用四年的時間寫成一部《折疑梵刹志》。悟明法師把當時還非常完好的大報恩寺建築一一丈量、記述造册，記録在《折疑梵刹志》中，讓我們準確地瞭解了大報恩寺琉璃塔的每一層高度，每一層臺階的數量，門券的大小，每層的布局。至於對金陵大報恩寺的山水、古跡、藏寶、敕文的介紹，則是補充了明代葛寅亮《金陵梵刹志》中的相關記載，使得大報恩寺這座歷史遺存更加豐富、厚重、全面。最令我感到欣慰的是，《折疑梵刹志》告訴我們，報恩寺琉璃塔的第一層塔内中心裝金舍利塔一座，四面供四尊釋迦佛；第二層正中龕内供大阿彌陀佛；第三層正中龕内供大釋迦牟尼佛；第四層正中供大悲佛；第五層正中供大牟尼佛，第六層供觀音大士；第七層供纓絡大士；第八層、第九層均供四面佛。這些記述使得我們對報恩寺琉璃塔各層所供佛像的爭議獲得基本解決，也能向琉璃塔設計者們提供「求真」的依據，功莫大焉！

第三是「求是」。實事求是是我們黨的基本路綫，當然也就是我們重建金陵大報恩寺的規劃、策劃、設計原則。南京市委、市政府爲了把南京建設成一座國際性的歷史文化名城，擬在「十二五」期間，募集巨資，重建金陵大報恩寺，這就是爲古都南京辦實事。挖掘大報恩寺歷史的真實，修舊如舊，再現中世紀世界七大奇觀，這就是「求是」。近年來，南京市的歷届主要領導、各有關部門以及社會各界賢達，都爲重建大報恩寺出謀劃策，積極努力，特别是文物部門，於二〇〇八年在大報恩寺遺址發掘出了宋代長干寺地宫，出土了釋迦牟尼佛的頂骨舍利、舍利子、金棺銀椁、七寶阿育王塔和一批珍貴聖物。這些佛教界聖物，不僅是中國的國寶，而且是世界的至寶，對提昇南京的世界「佛都」的地位，極爲有利。

從籌備重建大報恩寺，到把重建工作列入政府城市建設重大項目，前後已經有近十年的光景。爲什麽遲遲没有開工建設？就是爲了實事求是。當我們缺乏歷史資料，不能還金陵大報恩寺一個歷史的真實的時候，我們寧可選擇慢半拍開工。在此期間，包括陳平平先生在内的南京本土和來自於全國、全世界的專家學者甚至普通市民，都對報恩寺重建投注了極大的熱情，一些學者還發表過許多頗有見地的論文或專著對報恩寺加以研究。這些學術成果，引起省市各級領導的高度重視。隨着報恩寺遺址考古發掘工作的進展，報恩寺遺址上不斷地有令人振奮的新發現。但是，文物越珍貴，越將受到保護，同時帶來對重建工作的負面影響是遺址上可用於報恩寺重建的地塊越來越少。爲了讓開遺址遺跡，原有建築將不得不移位建造，這就導致重建的大報恩寺能够體現「皇家規制」的可能性也越來越小。陳平平先生在文章中提出了一個「在長干寺地宫遺跡上加蓋原尺寸的琉璃塔」的建議，就是出於對「實事求是」的考慮，就是對報恩寺歷史的尊重。至於這個建議會不會被採納，那是決策者的決策範圍的事情，但作爲一個有責任感的南京本土學者，他反對在考古遺址上建造一座假文物的學術立場，是非常鮮明的。這需要勇氣，需要膽量，更需要有史學的依據。我相信，陳平平先生以及其他許多學者的研究成果和合理化建議，一定會受到南京市委、市政府的高度重視和認真對待，最終一定會形成令全市七百萬市民和全世界佛教徒及衆生滿意的正確方案。

民國時期的張惠衣先生撰寫了一部《金陵大報恩寺塔志》，他師從於「國專」，瞭解國學。但他顯然没有看到過這部清代報恩寺僧悟明的《折疑梵刹志》，因而在他的《金陵大報恩寺塔志》中存在着一些遺漏或不足。現在，陳平平先生注意到的這本《折疑梵刹志》，在許多方面彌補了《金陵大報恩寺塔志》的不足。誠然，一部重新得到重視的《折疑梵刹志》並不能解決金陵大報恩寺重建規劃、設計工作中的所有問題，比如悟明記述的大報恩寺各大建築除琉璃塔外基本上都不是永樂——宣德年間的明初的大報恩寺，而我們現在重建的却正是明初的大報恩寺而不是清代的大報恩寺；比如清代嘉慶年間的這部《折疑梵刹志》中對各種殿宇的介紹與明代葛寅亮在《金陵梵刹志・聚寶山報恩寺》中的描述有所差別，究竟作何判斷？陳平平先生提出來要和各界學者協力，共同努力，發掘更多的資料，還金陵大報恩寺一個歷史的真面目。這樣的治學態度，一定能帶來大報恩寺研究的「和諧」局面，我期待着這一局面早日蔚然成風。

陳平平先生的《敕建報恩寺梵刹志》，好就好在它體現了作者和當今社會對大報恩寺歷史文化研究所需要奉行的「求索、求真、求是」的精神，好就好在作者向全社會推薦了《折疑梵刹志》這部專志。這部專志因其真實反映了報恩寺本身有形的建築和無形的傳統文化的多樣性，不僅對報恩寺史學研究非常值得參考，對金陵大報恩寺重建工程的規劃、策劃、設計工作具有非常重要的參考價值，而且對中國乃至世界宗教史研究，對東西方文化交通史的研究，也具有非常積極的意義。

好的東西就要讓大家瞭解，讓大家分享，這就是我爲本書寫《序》的初衷。

二〇一一年二月二七日於南京

潘群於南京大學

點校説明

金陵大報恩寺爲明代南京三大名刹之一，其九層琉璃塔更爲明代我國南方最壯麗的建築。有關南京大報恩寺的專志，目前確知者有兩部，其一爲現代學者張惠衣所撰的《金陵大報恩寺塔志》，另一部便是清時金陵報恩寺僧人釋悟明所撰的《敕建報恩寺梵刹志》，又名《折疑梵刹志》，是目前所知最早的一部南京報恩寺專志。這兩部志書，前者已由楊獻文先生點校，江蘇南京出版社於二〇〇七年出版；後者迄今尚只有影印本，即廣陵古籍刻印社在一九九六年根據南京圖書館館藏的清代鈔本影印之本，收在《中國佛寺志叢刊》中。

《敕建報恩寺梵刹志》成書於清嘉慶丁卯年（一八〇七）。其撰述之由，釋悟明在該書凡例中曾作交代説：「前明崇禎年間，方修此志，歷今年將二百，並未重修。所有寺之一應有無等事，刪增不一。前甲子歲至於戊辰，所摹各稿，匯成八集，呈奉各憲核明賞序，筆削加研而成。」又説：「梵刹志者，昔前明已有之矣。今歷百有餘年，未加增續。」悟明説崇禎年間所修之志，或有所誤，因爲從他「筆削加研」、

「增續」的實際情況來看，所謂前明之志應是指明代葛寅亮的《金陵梵剎志》，該書成於萬曆年間，非是崇禎之時。《金陵梵剎志》是一部明代南京寺院的總志，該志現已有何孝榮先生的點校本，天津人民出版社二〇〇七年出版。既是總志，於大報恩寺的記載自然不可能像專志那樣詳細，加之經過近兩百年之後，以專志的形式增補、續修實爲必要。

《敕建報恩寺梵剎志》原係南京圖書館館藏的珍稀清代抄本，本未刊刻流傳。上世紀末由白化文、劉永明、張智爲主編，廣爲搜羅，於一九九六年由江蘇廣陵古籍刻印社出版了一百二十册的《中國佛寺叢刊》，其中第二十六册即爲《敕建報恩寺梵剎志》，至此，該志方才流傳於世。正是因此，此書一直鮮爲人知，張惠衣當初在撰《金陵大報恩寺塔志》時，亦未能看到該志，更無從參考了。故而單從史料學的角度言之，《塔志》雖然後出，但是並不能取代《梵剎志》的資料價值。對於該志的文獻價值，陳平平先生在《簡論鮮爲人知的一部金陵大報恩寺專志及其歷史和現實價值》（載於《南京曉莊學院學報》二〇一一年第一期）一文中有中肯的評述：「現存諸卷，對認識金陵大報恩寺的沿革、風貌、山水、古跡、梵宇、建置、建築，與皇家的關係、寺院的管理、人事、修藏，等等，仍有很高的史料價值。它給後世留下了不少較爲原始的寶貴資料。」

《敕建報恩寺梵剎志》原有八卷，惜乎其第五卷和第七卷已經散佚，且第六卷亦非完篇。而所存之六卷，仍只爲影印的抄本，模糊、訛誤之處時有所見，利用起來頗爲不便，所以重新點校、出版該志，對今後南京佛寺志的研究，其意義自不待言。

今點校所採用的底本爲廣陵古籍刻印社一九九六年的影印本。下面就點校過程中一些問題的處理，作出以下幾點説明：

一、關於異體字、不規範字。由於所據底本原係抄本影印出版的，當時手書者，或爲書寫之便，或因個人書寫之偏好，使用了不少異體字和不規範字。對於這些異體字和不規範字，現按實際情況，改成常用之字。相關改動，一般不出校記。

二、錯字和增衍字。明顯因抄寫致誤的字，在錯字之下，用（　）標出其正字，不出校記。衍字直接删除，並出校記。

三、漏字。核之他書，可確定爲遺漏的字句，補入，並出校勘記。

四、模糊不清以至無法辨認的字，用□代替。

五、本書目録與正文中對應的標題在文字上多有出入，現視情況斟酌改之，以使目録和標題對應一致。

六、本書是對葛寅亮《金陵梵刹志》中南京大報恩寺相關内容的增修和續修，爲方便讀者閱讀參考，特將《金陵梵刹志》中的相關内容輯出，點讀後附於本書。所據之本是上海古籍出版社於二〇〇二年所出的「續修四庫全書」本。

《敕建報恩寺梵刹志》的點校工作由陳平平、李金堂、胡曉明三人共同完成。其中，陳平平負責點校第一卷、第二卷，李金堂負責第三卷、第四卷，並通校了全稿，胡曉明點校了第六卷和第八卷，並負責後期出版、校對等事宜。本書附録部分由陳平平從《金陵梵刹志》中輯出，並協同胡曉明點讀完成。

本書今天得以順利出版，首先要十分感謝《南京曉莊學院學報》主編李洪天教授和東南大學王華寶教授的鼎力支持。南京曉莊學院郭駿教授、南京鳳凰出版社郭馨馨女士爲本書付出了不少辛勞，在此一併致謝。由於點校者的水平有限，點校存在錯誤之處，亦請廣大讀者批評指正。

二〇一三年六月於南京

胡晓明

目録

叙一

余解星子來守潤州，道經金陵館驛，偶過友人香巖公署，因往候焉。留經旬日，所接交者與其賢士大夫爾。暇於書齋故篋中，取散帙而披閲矣，得梵院文志首集一卷，及觀其詞淳實而理亦通，且内載前明事跡，諸田園、基井、房舍、臺榭、高僧、事紀，無不備録，今亦唱而襲之。斯志邪，使人覽之惋惜，憮然嘆曰：奇哉斯志。書至此乎？其用意良博，垂不朽之念，良殷且苦矣。余誠慨慕，冀旬夕遇之矣。未暇細玩，及返驛。次日，其作斯志之人，乃僧耶，自道其名，云：由香巖來謁。余輾然喜甚，徐揖而進之。領畧緒論，津津名理，悉皆湊底芳芝也。迺悟明子復出斯書八卷以示余，其命名曰：《折疑梵刹志》。余反復玩視，見其立論評作高妙，其附卷核實而有法，大都九轉而成，真得孟門筆授矣。嘻！亦大奇矣哉。曩者《皇明梵志》業已傳世，今兹之集思且殫矣，若（苦）尤劇矣。前之志則昔固精，而今之精之精者也。昔已明，而今之尤明之明者也。是書曷乎於昉，而昉選《郡國志》及《南朝梵刹》諸書，皆計其同上大史事也。今其書皆分門别類，偕與前志多所發明，而詳約又各由異矣。其附章亦各歸於次序矣，而本末又别於先後之堦級也。我皇上統一寰宇，每大駕必遊是寺，回鑾則尚而封之，且浮圖大殿皆有御書扁額題茲，是寺蓋亦有榮遇者哉。其增減創制又無日無之，而高僧行緇亦何世無之。斯志非大才者不能成，而致其精勤也久矣。其編纂紀載，率本效于《綱目》一法。及附皇明諸書，皆合參録之。夫不殫其繁，且悉心考究，前明未有，而今增入，即古所有而今已無者亦多矣。斟酌經權之量，重整法度之綱，不亦善乎。此誠亘古不覆之章程，而後千萬世之良範，胥視此矣。分綴款則括爲一編，如掌中紋，可瞭瞭也。夫釋門緇素，生際良明盛世，上祝聖天子之皇猷，下保斯民化于仁壽之天者也。合宜各紓特達之用，無貽作者素餐之誚，使億萬年共所裨益，享數百世神居梵境。斯言以爲何如？其兢兢耶，於是乎而成此志。余故善悟明子，喜其集成而垂後有地也。特爲之弁言簡次。

時大清嘉慶歲在戊辰八月上浣日

賜進士出身誥授中憲大夫知鎮江府事實城黎承惠書於金陵館驛

敘 二

吾友悟明，字理直，號經濟，古廣陵真州人也，少而從釋。其性愛書史，喜翰墨，樂遊學，好著述，尤能洞明本宗大義。予昔嘗與賢士大夫入寺，問難詰折，事盡終始。遂録成軸，名曰《折疑》。首之以序問，終之以目名。凡八帙，例分各别，綱隨領次。言簡而理當，文約而義豐。涵詠毘藍，畧備梵刹。每一篇之中，其引類證，斷決折疑，理甚明白。若非具三昧辯才，孰能致於此乎？予與悟明爲不請友，其有年矣。大凡著作不我之慳，故於敘引，毋俟召而云。

時戊辰中秋八日書

丙辰恩科鄉貢進士候選教諭白門秦京氏葛光題

《梵刹志》序

《梵刹志》者，昔前明已有之矣。今歷百有餘年，未加增續。旼至甲子，予因見寺之紀録傳記中所載事跡，僅數十篇，餘恐諸遺失，上負國家恩恤，下背列緇勤勞。仍取前明附之續首，庶乎始末瞭然，而節葺凡分數十則，其發明皆别注款次。惟所增者，以諸書爲引證，用《綱目》作準繩，大概使覺者知之，勿謂詭異之言，稍可以助梵刹之遠猷也。固余不揣自愧，彙成八帙，呈歷諸山，必加斧正，同勛奕世、共拯慈風。垂不朽之規模，樂無邊之直指。惟留意且將刊木，永廣流傳，必有同志之士一見而心許者，予雖卒死丘壑，而志願足矣。

時嘉慶丁卯冬小陽月朔日

報恩寺沙門悟明題

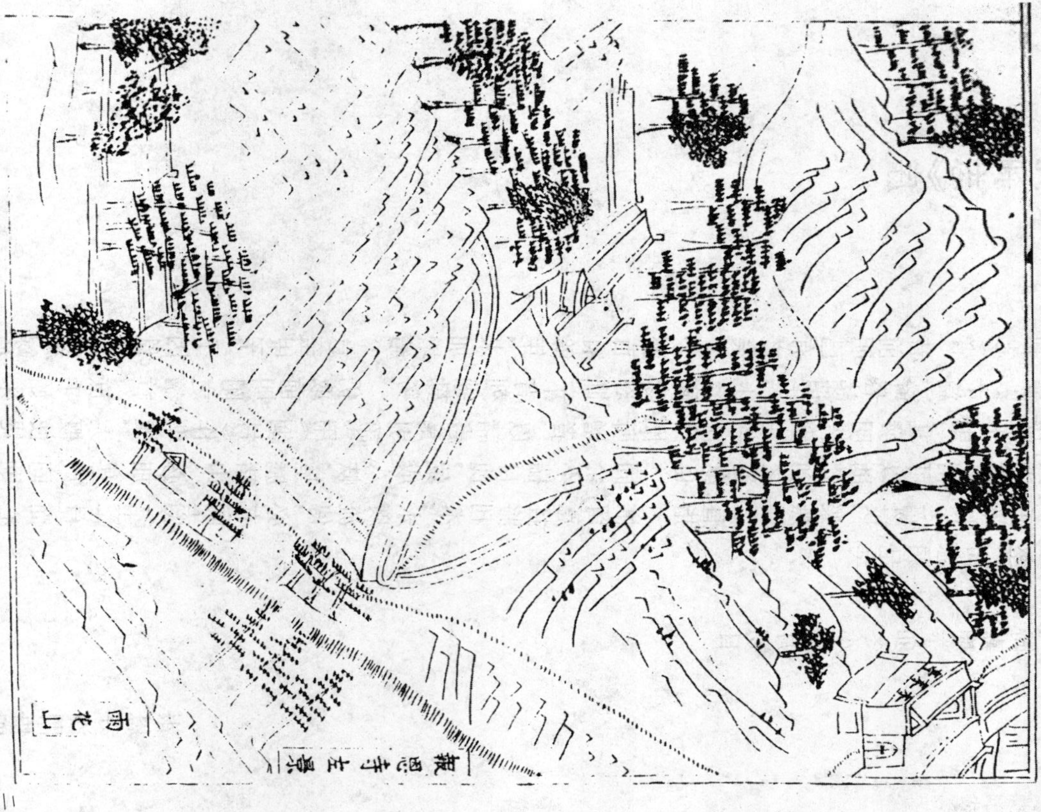
報恩寺左景
雨花山

三

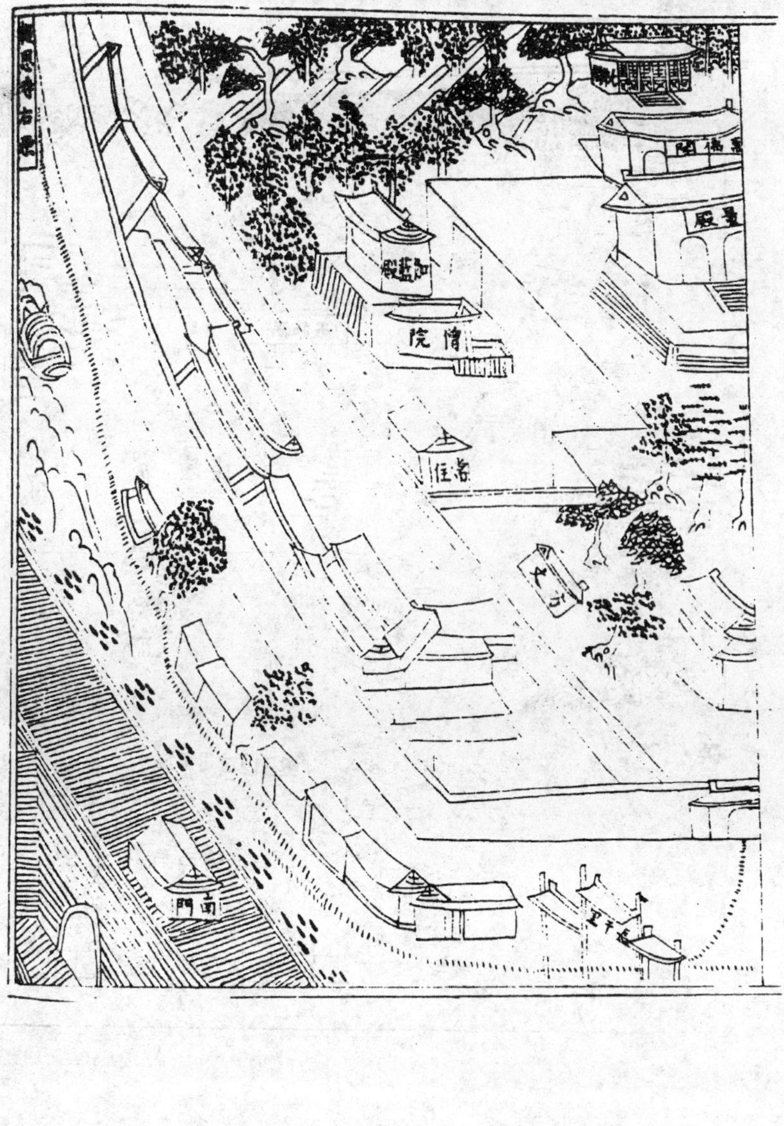
伽藍殿
僧院
南門

凡例

一、《梵剎志》前明開載本寺序目，悉以大畧言之，並未發明詳註。今悉于大字之下均一註明。

一、《梵剎志》前明開載本寺歷來災祥、興廢、修創各事，亦未註明何朝，是何帝王，年月日時，興廢災異等事。今搜查《寺紀》，核對《甲子會典》及《金陵府志》，遵照註明是何年月、災祥、興廢、修創，庶使閱者了然。

一、《梵剎志》前明開載本寺欽賜田地、洲塲、廊房、寺址、菜地、浴堂，及細木塲、越王臺若干處，有無地方，今悉註明。更易是何年月、作何事件、何僧所辦、奉何示諭，俱已叙明于後，以免翻瀆，不致朦混。

一、《梵剎志》前明開載本寺各殿丈尺，曾于萬曆中火焚一空，惟獨塔存。今之丈尺依稀相符，前織造部堂曹，悉經丈量，註明篇首。及現在大殿各處丈尺工料耗費，另註于後，絶不溷亂。

一、《梵剎志》前明開載本寺《欽録文集》，並無年月，是何甲乙，及現在本朝《欽録文集》，亦無年月。今依《綱目》圖式，悉繪明編註，不敢增減，並非憶撰。

一、《梵剎志》前明開載本寺《御製集》，及有無文句，校明增入。如現在本朝《御製文集》，叙明皇上係在何處修齋而作，致駐何寺臨幸而賜。另書小字文自某處，某寺而得，悉皆採入。以符前篇。

一、《梵剎志》前明開載本寺所有《御製詩賦》，並無何處頒賜字樣，悉依編入。如本朝臨幸詩章，亦已編彙，以觀聖德。

一、《梵剎志》前明開載本寺歷代名人詩文，間有遺漏者，亦已載入。及本朝各名人詩文，悉皆增註。

一、《梵剎志》前明開載本寺放生池碑文、衆食碑、高僧碑，至名人序目，年遠物亡，惟存文在。彙入新志，及現在所選放生文，註明于某處，採入以符好生之善德。

一、《梵剎志》前明開載本寺每年所收銀米，應用若干，及存若干，已開銷註明。今現在大殿施捨田地及本寺市房各地租，每年所收若干，應用若干，餘存若干，作何囤積，應何修葺，另註于後。

一、《梵剎志》前明開載本寺歷代高僧傳，及本朝高僧紀事，悉已續入，以符梵剎不乏緇素。

一、《梵剎志》前明開載本寺所有一應碑文，遺存有無，今悉註明。及現在增碑文，均已續入。

一、《梵剎志》前明開載本寺條約，歷已百有餘年，多有不能遵照前例。況寺内所有前明欽賜田地、洲房，現於國初奉憲更變，難關寺衆。今依寺住詳奉條約，仍列於左，以禁刁敝。

一、《梵剎志》前明開載本寺各卷册提要，及遺失各稿，悉已增入。如本寺現在各要件册卷，亦已續入。有關名分，不便註明。

一、《梵刹志》前明開載本寺南藏經板，按號編註。及本朝頒發各經板，悉遵《千字文》圖式續入。

一、《梵刹志》前明開載本寺請經則例，及現在請經則例，亦另標出。

一、《梵刹志》前明開載本寺額設僧録司一缺，僧綱司一缺，官住持三缺，今本朝悉已裁革。惟設官住一缺，以備應答。

一、康熙初，里人沈豹募建大殿。工材人役，及各親王、大臣、紳士、行僧、匠役各名諱，悉已增入，以光先賢，以知善念。

一、寶塔九級，皆有皇上賜頒扁式，丈尺、字樣，今悉詳註于左。

一、寺内所有各寶，皆係皇上恩賜，供貯大殿寶塔。每年寺住造册，開註明白，詳報各憲委員查驗，恐有移除更换。

一、修藏社田地每年所收租籽，除收拾經板外，有無存積，按年社僧造册，赴藩呈報。與寺住無涉，不得藉端牽混。

一、新建歲修市房，以《千字文》編號，提點市房，以《百家姓》編號，庶無錯亂。其歲修租息，起自何年、何僧首創，作何畫一，以昭世守，均註于後。

一、寺内外四至坐落取租，各憲衙胥均毋滋擾，許寺僧自行徵取，房客亦不得延欠，致干明示。

一、官住持一員，每年俸食銀若干兩。其外不得藉端滋擾僧房，無辜索詐。

一、提點五員，每年所有一應差徭使用，自有市房租息，以抵公務。其外不得株連寺衆，另行科累。

一、管寺僧一名，每年工食若干，所有一應奔走使喚，投遞手本，俱係該僧經承，不得牽拉寺衆、提點。

一、門役三名，每年所食工銀若干，以備晨昏啓閉，不得任意疎懈，致累寺衆。

一、各憲文示，俱係官住承辦應答，非關提點正事。至于寺内凡有一切申文等事，住持必先白寺衆，方許詳送，不得挾私亂公，害衆肥巳（己）。

一、各憲臨寺，或講約拈香，則住持協提點公同迎接，亦不得彼此推諉托故。

一、官住持每逢祈福保民，或作大善事，戴三洲雲冠，穿天青法衣，搭大紅袈裟，繫闊白綾帶，足穿朝靴，掛素珠。或便服掛珠，亦可如見。各上憲稱僧人，行文則稱卑住，以杜刁頑輕抗。

一、每逢是年正月初八日，官住持巡行各寮，其執事用盤龍棍一對、掌扇一把、提爐一對、堂燈一對、宫燈一對、板子一對，穿天青法服，搭紅衣，戴雲冠，履朝靴。外衣鉢僧一名，管寺僧引道，鳴擊合寺僧衆。于五鼓各設香案伺候。此代天巡狩之制，前明至今未敢廢弛，非僧妄爲，實昭聖朝之雅化。

一、本寺官住、提點、監院、管藏、監督、管寺、大小若干員，照例開載。至所司何事，悉分區別。如僧綱一缺，又係除授之員，有稽察諸山之别，另行裁出，不致混亂。餘悉載明。

一、寺内所有一應錢糧，已奉前憲開除註明，以細木塲、越王臺地租抵納，其牙胥不得另開勒索。

一、監督人員，毋以口食互自參差，恐冒疎庸。

一、大殿施捨田地，係監院值管，其錢糧使用，值主完納，住持、提點，不得滋實覘覦。

一、三藏殿建自前明，原雲遊諸僧掛錫之所，係由本寺該三藏住持。亦不許任意侵僭，互分彼此，冒據疆界。

一、雨花山勝景載于本寺者，蓋配寺之左景也。其右則有大城、長河以配。前有大街，後則倚山。周迴環繞，廣袤若干里。其形勢亦另繪圖標出。

一、前明崇禎年間，方修此志，歷今年將二百，並未重修。所有寺之一應有無等事，删增不一。前甲子歲至于戊辰，所摹各稿，彙成八集，呈奉各憲核明賞序，筆削加研而成。斯志無敢冒昧，遵照梓行，以便查閱。

一、新志内有文字不佳者，勿謂筆法不正，無稽妄録。實以年遠未修，姑紀大概，故曰折疑。

一、叙始、考異、折疑等字，皆引用羣書，亦非杜造私僞。

一、陰陽字跡，均照《綱目》圖式，編簡甲乙。

一、後續高僧，在日作何事件，有何善果，存何遺跡，功行兩全，方許增入。

一、繪註佛門圖式，引自摩騰而始，至則流沙，崇原明帝，皆逐以線脈繩之。庶使佛法有源流，興崇有統系。

一、住持更換，必選其品行端方而戒律精嚴者，方可開具年貌、公保各結，送憲點驗，以凴補授。否則恐有濫舉，不得其人，奸險賄囑，串謀頂替，致乖風俗。

引用諸書

《綱目》
《通鑑》
《歷代帝王世系》
《皇明紀事》
《春秋》
《國朝一統志》
《甲子會典》
《西域志》
《地輿志》
《孟子》

《幼學》
《四書指掌》
《禮記》
《法界安立圖》
《國朝巡幸事跡》
《傳燈録》
《護法文集》
《楞伽經鈔》
《性理全書》
《前明梵剎志》
《史記》
《辯疑全書》
《漢史》
《西域志》
《三寶録》
《三國志》
《晉史》

《釋氏通鑑》
《釋鑑》即北宋史
《齊史》
《梁史》
《隋史》
《唐史》
《宋紀》
《元紀》
《明紀》
《唐詩歸》
《放生文》
《西番志》
《萬年卷》
《芷齋集》
《顏魯公祠碑》
《萬壽寺紀》
《慧居寺紀》
《報恩寺紀》

敕建報恩寺梵刹志　卷一

敘始

折疑：「曲而斷之之謂折，猶豫不決之謂疑。此書因予居是寺，有客氏或叩梵刹之源，及招提否泰之本，以決斯疑。予故引其始末之緣以證之，因成是録。故綱領曰《折疑梵刹志》，以繩茲名也。」

敕建金陵大報恩寺古刹、大刹

寺在金陵南都城之南，聚寶門外半里許。有大佛宇，吴赤烏間，云神僧康僧會者致舍利所居。《帝王世紀》：「赤烏，吴孫權之十九年，歲在己未。」孫權神其事，《綱目》：「削除帝號，而書姓字者，蓋權係竊僭者也。宜與魏操同罪，故難與大漢昭烈並矣。」創建初寺及阿育王塔，《異域志》：「阿育王即如來化身，治天竺之君長也。」又《涅槃經》云：「阿育王即如來之頂骨也。」一云堅固，二名鐵輪，又云舍利子。」故南朝始有寺焉。後烏程侯孫皓，《帝王世紀》：「皓，孫權之元孫也。」沙汰是寺而未果。至晉太康間，《帝王世紀》：「太康，晉武帝司馬炎之三年，歲在壬寅。」梵僧劉薩訶又掘得舍利于長干里，庾信《詩》：「家住金陵縣前，嫁得長干少年。」古有大長干、小長干，即此之謂也。更建長干寺。簡文中，《帝王世紀》：「簡文，東晉元帝睿之少子也，係咸安二年，歲在壬申。」遷阿育塔於長干寺殿後。折疑：「今寺之大殿後九級塔下是。」梁武天監間，《帝王世紀》：「梁武帝蕭衍天監之十三年，歲在甲午。」詔修長干塔。北宋初阨於兵，而寺亦頽。《綱目》：「宋太祖乾德八(五)年〔一〕，歲在丁卯。兵下南唐，討李煜，曾于此處改爲戰場。」祥符中，《帝王世紀》：「祥符，宋真宗趙恒之十一年，歲在戊申，改元大中祥符。」封聖感塔，天禧間，《帝王世紀》：「天禧，宋真宗之二十二年，歲在己未。」改長干寺爲天禧寺。政和初，《帝王世紀》：「政和，宋徽宗趙信(佶)之十三年，歲在癸巳。」建法堂。元天曆間，《帝王世紀》：「天曆元文宗懿隣之二年，歲在己巳。」賜名天禧慈恩旌忠寺。《帝王世紀》：「賜名時，係元文宗至順之元年初一日，歲在庚午。」至元中，《帝王世紀》：「至元，元順宗(帝)〔二〕妥權帖睦耳之六年，歲在丙

(戊)寅。」〔三〕重修塔。丙午，毀於兵。《帝王世紀》：「丙午，元順宗(帝)之三十四年，歲在丙午。」大明洪武間，修天禧塔。《皇明紀》：「洪武，明太祖朱元璋之八年，歲在乙卯。」戊午歲，鞍轡局大使黄立恭廣修梵剎。《皇明紀》：「洪武十一年，歲在戊午。工竣于洪武二十一年，歲在戊辰。」永樂初，《皇明紀》：「永樂，明成祖朱棣之十一年，歲在癸巳。十月十三日興役。」勅工部大建之，凖宮闕規制，造九級舍利塔。《皇明紀》：「建寺官員工部侍郎張信，永康侯徐忠、監工内監汪福，起軍夫役十萬人興工，落于宣德三年，歲在戊申之三月十一日。共三帝，前後共一十六年，寺塔完工。」額曰大報恩寺。折疑：「成祖之報恩也，以太祖、馬后陵寢在金陵，文皇徙都北平，故建寺于南，以報皇考妣劬勞之深恩耶。世人妄云以成祖之報甕氏也，胡不知明太祖兵征鄱陽，而文皇蚤年四歲矣。其甕氏又何育之有？斯言謬之甚矣夫。」文皇詔天下，盡甄工之能者，造五色琉璃。備五材百制，隨質成色，而陶埏爲象，品第甲乙。鉤心鬭角，合而甃之，爲大浮圖。下周廣四十尋，重屋九級，外旋八面，内繩四方。門牖實虛其四，八面闢爲四門，懸十有六牖。二級歷九級，歷皆成制。共篝燈一百二十有八。浮圖之内，懸梯百蹬，旋轉而上。每層布地以金，四壁皆方尺小釋像，各具諸佛如來因緣，極緻精巧。出欄檻外，則心神惶怖，不能久佇。四顧羣山，大江關阻，旁達不在。近觀宮城、水道、巷市、人物，罔不畢見，雖飛鳥亦俯視在下矣。後嘉靖末，《皇明紀》：「嘉靖，明世宗朱厚熜之四十二年，歲在癸亥。」經火蕩然，惟塔及左大禪殿，《寺志》：「左大殿，即今之西方殿是。」香積厨猶存。萬曆間，《皇明紀》：「萬曆，明神宗朱翊鈞之十六年，歲在戊子。」塔頂斜空，遥遥欲墜。寺僧名洪恩者，《寺志》：「人遠年遥，而老卷亡矣。今姑紀其名，以俟後世有知之者。」募修，彩飾爛然暎目。至我大清定鼎，順治之壬辰，《紀事》：「順治，大清世祖章皇帝之九年，歲在壬辰。」祥符宰官折疑：「祥符，即今之河南開封府祥符縣是。」周公三畏折疑：「按公係山西蒲州人氏。」重建萬佛閣。庚子年，《紀事》：「大清順治之十七年，歲在庚子。」里人沈君豹折疑：「按公係江寧淳化鄉人氏，官至潼川總戎。」募建大殿、常住，焕乎金碧熒煌，甚矣綝宫凖閣。康熙中，《紀事》：「康熙，聖祖仁皇帝之十九年，歲在庚申八月。」雷火損塔。辛酉歲，《紀事》：「聖祖之二十年，歲在辛酉三月。」復修琉璃塔。雍正間，《紀事》：「雍正，世宗憲皇帝之八年，歲在庚戌。」金剛殿災。《春秋》：「人火曰火，天火曰災。」今金剛殿之火，天火也，故書之曰災。又于乾隆初，《紀事》：「乾隆，高宗純皇帝之十七年，歲在壬申。」本寺公捐經成，重塑金剛神像。丙戌年，《紀事》：「高宗之三十一年，歲在丙戌。」雷擊塔之北門。《志畧》：「是年，雷隕塔第五級門外大鵬獸頭。」甲辰，建七佛閣。《紀事》：「高宗之四十九年，歲在甲辰，興工。竣于乾隆五十八年，歲在癸丑。前後共十年。」經十歲，其工方落。天啓於我當今皇帝御極之庚申，《紀事》：「嘉慶五年，歲在庚申。」朱明望日值寅，《時令》：「夏曰朱明，蓋指五月十五日寅時也。」雷傷九級，而石子如翼，四壁參差，壯若狼牙之象，北方神侶亦罹刖指之災。《寺志》：「塔之北方石金剛被雷擊隕其足指，如加刑而刖者也。今以油灰補之。」復荷操江御史官秩，操江即總督。費公淳折疑：「按公浙江餘姚人氏，官至大學士，進爵太子太保。」以朝覲引見之日，當即奏准，奉聖旨，諭户、工二部咨發銀餉，整修報恩塔。經三月方益。《易經註》：「益卦象曰：風雷，益卦。巽爲風，震爲雷，雷激則風怒，二物相爭相助，所以爲益。以人事言之，在上者施澤於下，而在下者進其誠以奉上，是兩相增益也，故曰方益。」又於丁卯歲，《紀事》：「嘉慶十二年，歲在丁卯六月二十九日未刻。」雷復損塔。而蹬内壁間之佛，尚遭擘裂。《寺志》：「塔之第五級内壁間，小佛像被雷擊，碎若千塊。」八方殿名。層疊，折疑：「云塔内九級。」雖板石亦株連而散碎。《寺志》：「塔内頭層至三層，天花板、夾底板及柱頭石，悉被冲壞。其塔之外上下九級，微帶小疵。而東北二方之八方殿，瓦椽亦被冲碎。」刻日工成。折疑：「予按：此志編於癸亥年起，至丁卯七月書完，前後共三年零七月。其實塔工未興，而奏章已達。無爲不成，故姑存書刻日工成。」浩乎！古時隆盛。晦哉！今日盈虧。《易经註》：「雷火風卦，豐者，大也。彖曰：『日中則昃，月盈則食。』夫日中盛則當暈昧，月之盈極則當虧缺。天地盈虧尚隨時消息，何況人乎，鬼神乎，物乎！凡物及鬼神與人處，豐之道豈易言也哉。故曰盈虧。」誠非碧琉璃之修，折疑：「非碧琉璃之修，言易之以磚也。碧光色皎潔，磚沈黑不明。」亦巧梓輪桷之用。折疑：「梓，木匠也。云巧梓用木之際，隨木之性而用。枉者可以爲輪，直者可以爲桷。蓋良工用木，而不廢其材也。」至於三藏蘭若，而實寺中所系，後有唐玄裝（奘）法師石塔在焉。折疑：「世傳塔内所珍，玄裝（奘）爪髮。又云：法師之衣缽也。予小子未知二者孰是，不敢専正，俟高明鑒之。」寺之左，有山蔚然。培塿崚嶝，上有木末亭、雨花跡。折疑：「是山之最極處。古有木末亭一所，内祀歷朝忠宰，永垂祀典不絶。吴子璜詩云：『長干寺裏修行佛，木末亭中報國臣。』又梁武時，神僧雲光者，講經于長干里，感天雨花，因名曰雨花山。」夫山之巔，搆亭二座，乃臨幸之詩章也。登臨最勝處，亦南方之大景耶。此時琳宫梵刹，而實樞機所萃。若夫規模宏壯，又罕與此儷。至於浮圖之勝，莫過如斯而已。矗立中天，豎峻霄漢，五色琉璃以完其身，三佛黄金而寶其頂。折疑：「三佛，國名。地産烏橘、佛裏等金，行於中國。」夜然千燈，如火樹交輝於上下。清風一颭，而鈴音聲聞於市野。所有前明欽賜沙渚、洲田、園林、苑圃，折疑：「前明所有恩賜之産，現今一概俱無。」泰之斯季，否若今年。寺圮僧希，難堪整制。雖有連城，亦艱修葺。是以業皆奉憲更易。民人廣國家之賦税，敷梵刹之燈油，變數百年之瓦礫，復成堂奥；掃千萬劫之沙跡，重整祇園。永祝鴻圖，致使空桑而沾慕。下保黎元，共讚昇平之慶。謂斯大刹，豈敢擅輒撰集。本欲將以自明其事，終身願爲恒物也。

此則德碩而不矜，竊之而不負。謙恭善導，愍物情切，而成斯志，皆由溥利弘法之願深爾。

殿堂

金剛殿、五楹。殿前牌樓壹座，大天井壹方。金水河、壹道。左右碑亭、貳座。御碑亭、壹座。天王殿、叁楹。大悲殿、叁楹。後係僧房。圓通殿、叁楹。後係僧房。方丈、叁進玖楹，又樓叁楹。正大佛殿、伍大楹，明柒暗玖楹。穿堂、壹楹。內御碑壹座。琉璃塔、壹座，玖級。計燈壹佰貳拾捌盞。無量殿、叁楹。萬佛閣、樓上下陸楹。又廊叁小厦。七佛閣、樓上下陸楹。又平房貳進，陸楹。左洋樓上下貳楹。行宫、壹所。內叁進玖楹，周迴廊廡壹拾貳楹，外百宫侯駕侍御臺壹方。達磨殿、叁楹。鐘樓、壹座。內樓上鐘壹口，雲板壹塊。伽藍殿、叁楹。常住、上下及樓共玖楹，大厨房壹所，小房陸楹半。建初殿、今西方殿，叁楹。藏經殿、叁楹。傍小廊叁楹。額曰寶所非遥。修藏社、山門壹楹，內菜地貳大条。貳山門壹楹，三山門韋馱殿壹楹，經廊陸楹，劉公引堂叁楹，正佛殿叁楹，十方堂叁楹，經廊肆拾貳楹，齋堂叁楹，僧室陸楹，厨庫房柒楹，碑叁道。三藏殿、頭山門壹楹，貳山門壹楹，觀音殿叁楹，正佛殿叁楹，康僧樓陸楹，客堂叁楹，內方丈伍楹，小法堂壹楹，齋堂肆楹，文昌樓上下陸楹，越凡和尚容堂貳楹，厨庫房共柒楹，僧寮叁拾伍號，後山園貳畝。僧房、肆拾房。汲井、折疑：「古有柒拾貳眼半井。今存拾伍眼半。」基址。東至西天寺，南至郭府園，西至寺前大街，北至掃箒巷。又來賓橋曬塲壹方。

山水

雨花山、山多細石，名假瑪瑙。民獲之如寶，故曰聚寶。鳳凰松、折疑：「雨花山南有寺，曰寶光。山之上有松如傘蓋形。相云：『前明鳳凰來儀，棲止此松，經一宿而去。』」石柩、折疑：「相傳劉青田先生釘塹龍脉于茲山，以柩鎮之。乾隆初，有尋藥材者，掘山得青銅釘，僅長玖尺，上有蝌蚪文，人莫能識。後知者云：『昔伯温釘脉即此釘也。』」永寧泉、折疑：「泉在雨花山北，永寧寺右山。其水味輕清而甘美。凡遊覽者，必于此泉烹茗一樂。」破山、折疑：「昔晉之劉薩訶者掘舍利于此。後人誤云：泄龍脉而山破也。」舍利爪髮、《梁書》：出舊阿育王塔下。琵琶街，在寺之大殿白雲坡下。兩傍甬道，遊人以足踏之，弦然有聲。放生池。折疑：「舊有亭榭及名公詩碣，今已悉無。」

塔

阿育塔、折疑：「今改建琉璃塔下是。」三藏塔。折疑：「唐時所建，後宋天禧間，寺僧可政于陝西紫閣寺得唐玄裝（奘）頂骨，歸于塔內。」

寶

舍利子、折疑：「舍利子，其形如血卵，其色如赤雹，僅三粒。至前明永樂間建報恩塔，用金、銀、玉三匣，貯于大塔内小塔下。每遇烈風或大雨雹，則孳孳然鳴之不已。有時放光于塔頂，其光紺青色，如燈毬大小，現萬載之威神，遺千年之活潑。」《淳化帖》、折疑：「《淳化帖》，以宋太宗淳化三年，詔侍書王著勒訪前朝古人名帖，用棗木板刊刻，以澄心堂紙摹印制于秘閣而棗木之帖，故世所罕矣。至前明重翻石板，以摹淳化之體。今國朝頒賜三匣于寺之大殿。」象牙塔、折疑：「其塔自座至頂，僅高二尺八寸有奇。按八方九級，而户牖及層疊，髣髴與琉璃塔相符。塔内則佛像儼然上九霄。帶鏈亦以象牙琢之。周迴廊廡嵌用珊瑚、瑪瑙。其雕琢良工，斯匠真奪天孫之巧也。」藏金佛、折疑：「佛高二寸許。其形容、指甲、眼、耳、口、鼻，且精細而清潔。」如意、折疑：「如意約長二尺，以黄金爲之。中嵌漢玉一塊，其色如芙蓉。」哈嗹、折疑：「相傳西域嗹嘛所貢，形如羅帕而細膩，潔白如脂，非紗非棉，亦非錦，而亦非羅，實以草織之。帕雖不美，而實貴在草耳。」墨寶。折疑：「墨寶若干张，皆臨幸之詩章也。」

樹木

古柏菓樹、折疑：「相傳此樹植自元時，歷三朝矣，而頂枝枯脆，其中枒間或于國朝乾隆中仍生枝葉，而清繁可愛，且結子如初。其神器亦可觀矣。」栢。折疑：「天王殿内，植栢僅壹伯壹拾叁株。又玉蘭壹株，以蔽寺中之屏障。」

田産

大殿施捨田，折疑：「丈過實在田地貳拾伍畝捌分。」修藏社永豐莊。折疑：「丈過實在田地、溝壩柒伯叁拾壹畝。」

人物

吴康僧會，有傳畧。竺慧達，有傳畧。晉法曠，有傳畧。瓊法師。有碑文。宋僧伽跋摩，天竺人，善解律藏。以宋元嘉十年，自流沙至于京。時師子國比丘尼鐵薩羅等至都，恭請跋摩爲師，繼軌三藏。宋彭城王劉義康崇其戒，於長干寺招集學士寶雲譯語，筆受考覈，續出摩得勒伽，分別十種業報，畧勸發諸王要偈。慧重，言不經營，應時若瀉。宋孝武勅出家新安，移止長干寺。曇頴。少謹戒行，誦經十餘萬言，止長干寺。辭吐流辯，足騰萬里。齊明徹，有傳畧。僧祐。有傳畧。隋智炬。於建初寺講《三論法》，常聽者百人。道張帝里，學貫秦川。明雪梅，不知何許人，止長干寺。善解詩，人争傳誦之。性宕不羈，後數年行歌於市，命童子圍繞踏歌，曰：「老雪梅，今日不歸幾時歸。」輒自答曰：「歸，歸。」一夕端坐而化。溥洽，有傳畧。永隆。有傳畧。皇清居讓。少謹戒行，資質弘明。首倡歲修，井然條陳。官僧綱司報恩寺住持，兼理《大藏經》板。時加典對，缺者重修，斷者增新。其歷事廉能公謹，而所諸言成人之法，光廕後昆，利諸末學，真當世之高僧也。師壽九十，無疾而示。

流寓

平南王尚，王係興京奉天滿洲大清世祖季弟，封平南王，來守金陵。首助寺之大殿捐施。靖南王耿，王係平南次弟，封靖南王，鎮守京口。亦倡助大殿捐施。沈豹。公諱恒文，江寧人。官潼關、固原等處總戎。募建大殿、常住之領袖，皈依本寺性天和尚。

釋氏源流

史記：周昭王甲寅二十四年四月初八日，夜光徹天，來照殿庭。次日，召大史蘇由問曰：「昨夜有光來照殿庭，是何祥瑞？」蘇由對曰：「西方有聖人生，此所現之靈瑞也。」王曰：「於國何如？」由曰：「即今無事，後一千年，聲教彼於此土。遂以此事記勒諸石，埋於南郊。」〔四〕

會典：當周之時，正月建子，即今二月八日是也。如二十四年，當書壬子。甲寅則二十六年也。

史記：周穆王壬申五十二年二月中，有白虹一十二道，南北貫通，連宵不滅。王問太史扈多曰：「是何瑞也？」多對曰：「此西方大聖人滅所現相也。」王曰：「吾常以此爲患。今既滅矣，吾何患哉。」扈多曰：「王何必患？前代大史蘇由嘗置勒于石曰：千年之後，聲教流被此土，方今七十九年矣。」〔五〕

會典：壬申，當書周穆王五十三年二月十五日，世尊涅槃。

辯疑：商大宰〔六〕問孔子曰：「夫子聖者與？」孔子曰：「聖，則丘何敢？然丘則博學多識者也。」又曰：「三王聖者與？」孔子曰：「三王善任智勇者。聖，則丘不知。」曰：「五帝聖者與？」孔子曰：「五帝善任仁義者。聖，則丘不知。」曰：「三皇聖者與？」孔子曰：「三皇善任因時者。聖，則丘不知。」大宰大駭曰：「然則孰爲聖乎？」孔子動容有間，曰：「西方有聖者焉。不治而不亂，不言而自信，不化而自行。蕩蕩乎民無能名焉。丘疑其爲聖，不知真聖與真不聖與。」

折疑：「夫子有推尊之意，爲此不定之辭。」

《通鑑》：嬴秦始皇帝壬戌八年，有梵僧室利房等二十七人來秦。時帝方急其并吞，七雄爭勝，甲兵相持，不遑崇信，反爲譎誕，遂以房等陛而執之。夜有金甲祖神從空而下，以金鎚擊鎖，援僧而去。〔七〕

折疑：「始皇名政，吕氏子也。暴士坑儒，重于李斯。何暇敬信，幾將夫子之道置于陰室。又何況僧人乎！」

漢史：漢護左都水使劉向曰：「吾搜檢藏書，緬尋大史，創造《列仙傳》。黄帝而下六世，迄今得仙道者七百餘人，撿實得一百四十六人，其七十四人已見佛經矣。以此較之，自上古至今而成佛者，又不計算矣。」〔八〕

折疑：「劉向之言，可謂謬矣。然既七十四人見于佛經，其餘七十二人見于何書？未具本末。其證仙成，必有方着。何以突云七百餘人，撿實得一百四十六人，見于佛經者七十四人？但未知仙籍曾有七十二人否？斯未題明，故曰其言謬矣。」

西域：前漢武帝元狩三年，於長安城西南鑿昆明池，得黑炭，問東方朔。朔曰：「此非臣能知，陛下問西域胡僧，必能知。」帝遂遣人往問，僧曰：「乃劫壞時所積炭耳。」〔九〕

折疑：「世言仙近有，佛法無。更言道盛釋，夫呼佛無應，求仙則響。斯言悖矣。今以此黑炭之難，道不能云，惟僧對之。此誠佛有應，而僧亦神；道不能云，而仙亦不響。故曰：釋盛于仙，可以信夫！」

史記：後漢明帝永平三年四月八日，夜夢金人長丈六，放大光明。次日，問羣臣。丞相韓憲奏曰：「此西方聖人也。周朝備云，千年之後教來此。」皇帝悦，遣蔡愔等一十八人，齎勑西國，尋訪聖典。至流沙，遇摩騰、竺法蘭白馬馱經箱。永平十年十月，到洛陽。帝大悦，重賞譯經。於時方流入中國。〔十〕

折疑：「摩騰、竺法蘭以白馬馱經而來，中國始有佛教。而寺院亦自白馬之名始矣，故爲天下寺院之首。」

《三寶録》：漢明帝永平十四年，五岳道士褚善信等上表滅佛。帝命二教於白馬寺，以二教經置於二臺，同時舉火。道教皆毁，唯佛典獨存。於是君臣愕然，愈加崇信。〔十一〕

折疑：「火然二經，唯釋典焉。然可見佛法大矣哉！信夫。」

《三國志》：吴孫權赤烏四年，康居國沙門僧會至，顯大神異，廣陳如來之玄妙。王求舍利，立壇祈，三七乃至。王試真僞，火焚，砧鎚，俱無所損，王乃建浮圖，名曰建初。〔十二〕

折疑：「建初，乃報恩寺之始名也。」

晉史：晉孝武帝大元年間，聞遠公法師道風，帝幸于山，修東林寺以師禮之。〔十三〕

唐詩，詩曰：「遠公遁跡廬山岑，虚谷迢遥野鳥聲。禪室從來雲外賞，香臺豈是鏡中情。」等句〔十四〕，即題遠公之别居也。

《釋氏通鑑》：姚秦即姚興也，都長安。因討龜慈（兹）得羅什，於終南山賜立逍遥園，翻譯衆經。乃以香華敬禮待之，合國王臣事禮也。

折疑：「羅什，法號鳩摩，註經頗衆，行于天下。」

《釋鑑》：宋文帝元嘉年間，帝見求那般摩法師云：「弟子常欲齋戒，不遂，望師教之。」師曰：「帝王與匹夫修之各異。匹夫身賤名劣，帝王乃四海爲家，與萬民爲王，不殺之德亦爲重矣。」帝曰：「師言真開悟人心，明達物理」，帝深敬仰。〔十五〕

折疑：「帝王尚且欽敬若是，亦以殺字爲要，夫爲民者，可不戒哉。然爲僧家，猶宜要切。」

齊史：齊世祖武成帝大寧三年，受上統法師，朝中大臣無不敬禮。創報德寺，請師居之。〔十六〕

會典：北齊武帝並無大寧年號，當書永明三年乙丑。此史誤書大寧二字。〔十七〕

梁史：武帝三入金田舍身。百官以百萬金珠贖帝歸朝。因與達磨未洽，遂禮誌公爲師。□梁皇懺度郗氏夫人。〔十八〕

折疑：「世譏武帝之修，而不知帝棄塵紛，將入無爲之境，與天地同休□在此寶位而繫心乎！」

隋史：曇延法師，中條山西宮寺僧。文皇同輦，帝以師禮之。封弘仁大師。〔十九〕

折疑：「一曇延而光榮緇梵，何世僧不修正法，豈不愧哉！」

唐史：太宗真（貞）觀年間，法師玄裝（奘）于西天求教回，親迎於儀鳳殿，對言西域勝境。奉詔於洪福寺譯經，帝及公卿國戚皆傾心禮也，而緇素亦超用者若干。

折疑：「崇信釋教，莫過唐明二季，其宋元兩朝未見事跡，不敢輒云。夫前明已見斯志，不復重録。而以上歷代釋種，世人以爲漫無考覺，今逐一註明，庶使釋氏源流有證也。」

【校記】

〔一〕「歲在丁卯」，應在乾德五年，非是八年。事實上也不存在乾德八年。又按，宋太祖征李煜在開寶八年，非在乾德年間。

〔二〕當作元順帝，下同。

〔三〕元順帝在位之六年，乃至元四年，歲在戊寅。丙寅誤。

〔四〕事出《周書紀異》，爲《廣弘明集》卷十一所引。

〔五〕事出《周書紀異》，見《廣弘明集》卷十一。

〔六〕據《廣弘明集》卷十一《上秦王論啓》，「商大宰」實爲吴太宰嚭。

〔七〕所謂《通鑒》，指《釋氏通鑒》，南宋釋本覺撰。

〔八〕所謂「漢史」，指劉向《列仙傳》，事見《世説新語・文學》劉孝標注引《列仙傳》。

〔九〕事先見於南朝劉義慶之《幽明録》，後見於《高僧傳》。

〔十〕「永平求法」事先見於牟子《理惑論》（收於《弘明集》），後東晉袁宏《後漢紀》、宋范曄《後漢書・西域傳》並載此事。

〔十一〕《三寶録》即釋道宣《集神州三寶感通録》。事見載於北魏僞書《漢法本内傳》，爲道宣所引。

〔十二〕據《廣弘明集》卷一，所謂「三國志」，實爲所引之《吴書》。

〔十三〕據《高僧傳》、《出三藏記集》之慧遠本傳，「東林寺」爲桓伊在太元年間所建。此處所言，出入甚大。

〔十四〕詩爲唐張説《滬湖山寺》。原詩前四句爲「空山寂歷道心生，虚谷迢遥野鳥聲。禪室從來塵外賞，香台豈是世中情。」此處所引句有出入。

〔十五〕《釋鑒》，即《釋氏通鑒》。

〔十六〕事見《續高僧傳》卷八《釋法上傳》。報德寺建於北齊天保二年，爲北齊文宣帝高洋所建，非是武成帝高湛。

〔十七〕此處有誤。北齊武成有「太寧」年號，「永明」爲南齊武帝年號。

〔十八〕武帝捨身事，《南史》本紀見載。

〔十九〕曇延法師事見《續高僧傳》本傳。

敕建報恩寺梵剎志　卷二

前明寺内洲田等事

發　明

折疑：「洪武初，賜長干寺戴子、臘真莊田地，至永樂勅建改額報恩，復賜蘆洲，永供梵剎。萬曆中，寺經火蕩，爲（惟）塔及禪殿存焉，其寺遂廢。至國朝康熙初，因寺宇圮敗，孤塔荒凉，是以將前明各田地、洲塲，題奉兩江總督部堂傅奏准，改易民人，以廣國賦，以整梵院，重新得垂永久。」

附前明欽賜蘆洲田地今一概俱無。

戴子莊，丈過實在田、地、塘蕩，共伍千捌佰伍拾玖畝柒分叁厘。坐落上元縣長寧鄉麒麟門外。對江相連一塊。田多係膏腴。惟黑魚蕩、大圩二處，間有低窪。離寺水路一百八十里，陸路九十里。渡江至洲十里。

夏租銀共壹百伍拾伍兩肆錢捌分肆厘。每兩外加耗銀叁分。現今無。

冬租米共壹千伍百肆拾貳石陸斗叁升。每石外加耗脚米壹斗。現今無。

田肆千壹百壹拾畝玖分柒厘。現今無。

夏租銀每畝叁分，共銀壹百貳拾叁兩叁錢貳分玖厘。現今無。

冬租米每畝叁斗，共米壹千貳百叁拾叁石貳斗玖升壹合。現今無。

上蕩田肆百玖拾玖畝叁分肆厘。現今無。

夏租銀每畝貳分伍厘，共銀拾貳兩肆錢捌分叁厘。現今無。

冬租米每畝貳斗伍升，共米壹千貳百貳拾肆石捌斗叁升伍合。現今無。

下蕩田圩灘貳百伍拾柒畝捌分肆厘。現今無。

夏租銀每畝壹分，共銀貳兩伍錢柒分捌厘。現今無。

冬租米每畝壹斗，共米貳拾伍石柒斗捌升肆合。現今無。

塘柒拾叁畝叁分陸厘。現今無。

冬租米每畝壹斗，共米柒石叁斗叁升陸合。現今無。

草地叁拾貳畝陸分。現今無。

夏租銀每畝陸分，共銀壹兩玖錢。現今無。

溝埂剗塲壹百貳拾捌畝柒分。免科。現今無。

蘆課，無。現今無。

本莊盤費。現今無。

銀共貳拾玖兩陸錢。現今無。

一夏季用銀拾肆兩捌錢。現今無。

正副管莊僧連帶跟隨，每日工食及費用銀壹錢捌分。夏季限貳個月，該銀拾兩零捌錢。現今無。

甲首二名，工食銀肆兩，冬季同。現今無。

一冬季用銀拾肆兩捌錢，舡家飯食在内，俱夏租銀扣用。現今無。

以上除盤費銀外，實上寺夏租銀。臈真莊盤費不足，代給銀壹拾兩玖錢捌分，係戴子莊貼用。淨銀壹百壹拾肆兩玖錢肆厘。現今無。

冬租米壹千伍百肆拾貳石陸斗叁升。現今無。

以上各項，現今俱無。
臘真莊，丈過實在田、地、塘溝，共叁千捌拾柒畝柒分肆厘。與戴子莊相連。
夏租銀共壹百玖拾陸兩伍錢柒分柒厘。每兩外加耗銀叁分。現今無。
冬租米伍百貳拾肆石陸斗玖升伍合。每石外加脚耗米壹斗。現今無。
田貳千叁百壹拾捌畝玖厘。現今無。
夏租銀每畝柒分，共銀壹百陸拾貳兩貳錢陸分陸厘。現今無。
冬租米每畝貳斗，共米肆百陸拾叁石陸斗壹升肆合。現今無。
地叁百玖拾畝貳厘。現今無。
夏租銀每畝肆分，共銀拾伍兩陸錢。現今無。
冬租米每畝壹斗伍升，共米伍拾捌石伍斗叁合。現今無。
塘貳拾伍畝柒分肆厘。現今無。
冬租米每畝壹斗，共米貳石伍斗柒升肆合。現今無。
蘆地，貳百叁拾叁畝捌分玖厘。現今無。
共地租銀拾捌兩柒錢壹分壹厘。現今無。
溝埂、剗塲、泥灘，壹百貳拾畝，免科。現今無。
蘆課、臘真洲、臘真畔洲、新生洲，共叁票。現今無。
銀共壹百捌拾伍兩伍錢伍分柒厘。現今無。

一、正銀壹百陸拾捌兩陸錢捌分玖厘。現今無。

加耗並使費銀壹拾陸兩捌錢陸分捌厘。現今無。

本莊盤費，現今無。

銀共貳拾貳兩。本莊除納蘆課銀外，止餘銀拾壹兩貳分，尚欠銀壹拾兩玖錢捌分。現今無。

一、臘真莊缺銀，於戴子莊借用。現今無。

一、夏季用銀拾壹兩。正副管莊僧連帶跟，每日工食及費用銀壹錢伍分。夏季限貳個月，該銀玖兩。現今無。

甲首壹名，工食銀貳兩。冬季同。現今無。

一、冬季用銀拾壹兩。裝載在内。現今無。

以上除官錁銀盤費外，實上寺夏租銀無。現今無。

冬租米伍百貳拾肆石陸斗玖升伍合。現今無。

以上各項，現今俱無。

寺内菜地，伍拾肆畝伍分壹厘。

夏租銀每畝貳分伍厘，共銀壹拾貳兩貳錢陸分肆厘。

冬租銀每畝貳分伍厘，共銀壹拾貳兩貳錢陸分肆厘。

共銀貳拾肆兩伍錢貳分捌厘上寺。現今俱無。

寺内基地，基地壹塊。

夏租銀壹錢。

冬租銀壹錢。

實上寺租銀貳拾肆兩柒錢貳分捌厘。現今俱無。

寺前浴室，浴堂壹所，每年租銀貳拾貳兩。内除僧衆洗浴，夏租銀每年柒兩伍錢，冬租銀每年柒兩伍錢。現今無。

廊房，計肆拾貳間。壹間，每年租銀叁兩陸錢，銀共壹百伍拾壹兩貳錢。今無。

附宣德三年撥賜大報恩寺蘆地廊房菜地勅諭

四月初拾日，鎮守南京襄城伯李欽奉勅書：「洪武年間，太祖皇帝原撥賜大報恩寺當江沙洲等處蘆塲，砍斫蘆柴入寺應用。比聞爲人所占，勅至即照舊與之。及寺西越王臺下有空地一段，原做木廠，如今空閑不用，就撥與大報恩寺種菜供衆。如非原舊撥賜蘆塲及空閑，仍具奏來。故勅。欽此。」

計開：

句容縣撥下新洲蘆塲貳拾伍頃。

江浦縣撥臘真洲尾貳拾頃。

浦子口巡檢司撥臘真洲壹拾柒頃。

坐落揚子江當江沙洲，通大四至：東至布裙套高資鎮巡檢都司塲，南至絲網港句容縣塲，北至龍骨洲馬腰洪浦子口巡檢司場，西至芹菜港及孝陵。

陸月拾陸日，御用監太監尚義于左順天門奏：「南京大報恩寺洪武年間撥賜官廊房肆拾貳間，與常住討房錢用。永樂拾年，蓋寺展拆了。如今將本寺前面的廊房照數撥與他。奏知。」奉聖旨：「是。着工部兵馬司還撥與他。欽此。」

計開：

撥廊房肆拾貳間：叁百壹拾陸號至叁百伍拾柒號，房肆拾壹間；南字柒百捌拾伍號壹間。每間壹年租銀叁兩陸錢，共銀壹百伍拾壹兩貳錢。

附舊卷撥還報恩寺蘆洲礼部执照帖文

僧録司爲禮部近奉劄付，准户部咨，准中軍都督府照會，准鎮守南京襄城伯李咨，准本府咨該户部咨，承准本府照會、准本府爵咨，委官指揮同知徐仲善呈，及户部咨，承該差辦事官龍克嵩，與同本寺僧善相，前去踏勘前項蘆塲及空地緣由，移咨户部，欽遵施行。照會到部，不見開到緣由，難以施行。照到部，咨呈該府定奪，希報備呈。查得先同户部欽奉勑書，欽遵各委官員踏勘，得前項蘆塲及空地緣由，轉行户部，欽遵施行。照會到部，左侍郎郝咨。宣德叁年肆月初拾日，同鎮守南京襄城伯李節該欽奉勑書：「洪武年間，太祖高皇帝原撥賜大報恩寺當江沙洲蘆塲等處，砍斫蘆柴入寺應用。比聞爲人所占，勑至即照舊與之。及寺西邊越王臺下，有空地一段，原本細木廠，如今空閑不用，就撥與大報恩寺種菜供衆。如非原舊撥賜蘆洲及非空閑之地，仍具奏來聞。故勅。欽此。」欽遵行，咨工部，咨開：洪武年間，本部擬定本寺歲撥蘆柴叁萬陸千束，移文咨爲無開到蘆塲緣由，行准禮部咨，備僧録司申。據大報恩寺善相管寺僧呈，查得洪武貳拾年伍月貳拾陸日，鞍轡局大使黄立恭于大庖西等處，節該欽奉太祖皇帝聖旨：「當江沙洲蘆塲與天禧寺砍柴供衆。」欽遵開差辦事官龍克嵩，同鎮守南京襄城伯李差指揮同知徐仲善、應天府委官陰陽正術薛仲得等，同本寺僧善相，指引到當江沙洲戴子洲前項蘆塲踏勘。得除高資鎮巡檢司等各衙門照舊採辦官用外，除(餘)有陸拾頃餘畝，及寺西邊越王臺下有空地一段空閑。據呈。欽遵將前項蘆塲空地與本寺砍柴種菜供衆已。與鎮守南京襄城伯李行該府，將原奉勅書奏繳外，合行咨該部頒行僧録司，轉行該寺，欽遵施行。准此。查得先准户部咨爲前事，據僧録司申，已經備行前去，今准前因，合行本司該寺欽遵施行。奉此。案先于前事，已行備申去後，該今奉前因，擬合就行。爲此文書到日，仰寺欽遵，知會施行。須至帖者。右帖下大報恩寺。准此。

宣德叁年陸月貳拾捌日帖。

附舊卷撥賜報恩寺廊房帖文

南京禮部祠祭清吏司文，行到工部，爲廊房事。宣德叁年陸月貳拾日，該主事任禮于内府賫出白帖，開本月貳拾陸日，御用監太監尚義于左順門奏：「南京大報恩寺洪武間撥賜官廊房肆拾貳間，與常住討房錢用。永樂拾年蓋寺殿宇折了，如今合無前面的廊房照數撥與他？奏知〔一〕。」〔奉〕聖旨：「工部兵馬司[還][二]撥與他。欽此。」揭帖開數，傳奉到部，除欽遵外，欲行工部查照明白，轉行該城兵馬司，將前項廊房照數撥與他本寺討房錢用。原奉傳奏事理，未敢擅便。宣德叁年陸月貳拾陸日，本部官于右順門題奏。奉聖旨：「是。欽此。」欽遵合行，移咨該部，及行該城兵馬司，照依奏，奉欽依内府事理，欽遵施行。須至咨者。

計撥：廊房肆拾貳間，南字叁百拾陸號至叁百伍拾柒號肆拾壹間，南字柒百捌拾伍號壹間。每間壹年房租銀叁兩陸錢，差辦事官李信賫捧右咨工部。宣德叁年陸月貳拾捌日對同都吏賈晶。

古志新卷礼部查復放生池菜地劄付

南京禮部爲議復勅建寺蹟事。祠祭清吏司案呈，奉本部送准南京内守備廳揭帖，内開准南京禮部手本前事。查報恩寺放生池壹口，臨池地貳條並庫司小房叁間緣由等因。准此。隨行司禮監查得放生池壹口，臨池地貳條，先年池内淤填，地土抛荒。有提調官張潤挑挖開墾，召人佃種，取租錢。後故退與奉御張喜。仍查庫司小房叁間，向係奉御侯朝居住，果屬空閑。今各官將前項池地房屋退讓本寺，内其所議糧米願輸常住公費。回報前來看得前向情由，雖未用過工夫，佃種多年，但係寺中之跡，其池塘照舊爲放生之壑，房屋聽憑修理，所議糧米拾石貯收，稍助僧衆之需。擬合回覆緣由到部，送司准此案照。先爲前事已經内廠行令退還去後，今准前因，看得放生池雖經退還，如看守不得其人，恐後又復湮没。今責委本寺禪堂僧管理，池塘仍舊放生，不許網魚取利。房叁間仍歸常住。公用菜地，即與禪堂種菜供衆。租米不必給與，以成内監退讓之合，給劄刻碑，永遠遵照。又經稟堂奉批准劄勒碑，永遠遵照守奉。此案到部擬合就行。爲此劄仰該寺官住持並禪堂主僧照劄事理前池，責委禪堂管理，照舊放生，不許網魚取利。臨池地貳條亦入禪堂種菜供衆。其庫司房叁間，仍歸常住。永遠遵照施行，俱毋違錯。

劄付報恩寺官住並禪堂主僧收執。

萬曆叁拾伍年肆月初肆日。

國朝大報恩寺公産

折疑：「所有前明之産俱無。今國朝本寺存有現在之田地、基址、房間、曬場、浴堂、東厠、溝渠等，或租錢則實，如銀則虚。何也？凡書銀壹兩，則折足錢柒百文，如銀壹錢，折錢柒拾文。」

大殿施捨田，其田康熙中周姓者所施。丈過實在田地貳拾伍畝捌分。坐落江寧縣城外牛首西塘堡地方。其田皆係山跟之瘠薄者，與大眼香廟相近，離寺陸路貳拾伍里。夏租銀每畝肆錢。折疑：「共銀約拾兩叁錢奇。」冬租米每畝肆斗。折疑：「共米約壹拾石有奇。」地丁、津漕正銀每畝銀肆分玖厘貳忽。折疑：「共銀約壹兩貳錢捌分。」

糧米每畝肆升貳合。折疑：「共米約壹石壹斗。皆係正租内完。」

基地貳條。佃户種菜，無租。

打場壹方。

莊房叁間。

大報恩寺修藏社公産

永豐莊，丈過實在田地、溝壩，共柒百叁拾壹畝。坐落安徽省盧洲（州）府無爲州（洲）水溪渡永豐圩地方，其田多係圩蕩低窪之産，離寺水路約貳百陸拾里。夏租銀每畝肆錢。折疑：「共銀約貳百玖拾肆兩肆錢。」冬租米每畝叁斗伍升。折疑：「共米約叁百叁拾陸石陸斗陸升。」地丁，津漕，每畝捌分貳厘。折疑：「共銀約伍兩玖錢玖分肆厘。」

糧米每畝肆升肆合。折疑：「共米約叁拾貳石壹斗陸升肆合。」裝載、水脚，每石銀叁分。折疑：「共銀約拾兩零玖分玖厘。連耗在内。」管莊僧貳員，跟隨人貳員，夏季每日工食銀叁錢。折疑：「夏陸拾日爲限，共銀約拾捌兩整。」管莊僧貳員，跟隨人貳員，冬季每日工食銀叁錢。折疑：「冬陸拾日爲限，共銀約拾捌兩整。」

夏季使費銀肆兩。

冬季使費銀肆兩。折疑：「每壹年用出銀陸拾兩零玖分叁厘有奇。」折疑：「每壹年用出米叁拾貳石壹斗陸升肆合。」

除用外實上社，每年餘銀，折疑：「共餘銀貳百叁拾肆兩叁錢零柒厘。」每年餘米，折疑：「共餘米叁百零肆石肆斗零陸合。」瓦莊房全。折疑：「以上所餘銀米，僅足修板各項使用，並及修藏社内收拾。」

大報恩寺前浴堂，浴堂壹所，賃民貿易。每年租銀貳拾捌兩伍錢柒分。折疑：「合柒折制足錢貳拾仟文。」

東厠，東厠壹所，係浴堂内。每年租銀拾兩伍錢壹分。折疑：「合柒折制足錢柒仟伍百文。」

寺内放生池，在行宫下。每年租銀捌兩。折疑：「合柒折制足錢伍仟陸百文。」

寺内地租，折疑：「共寺内地租壹百肆拾貳號有奇。」每年壹號租銀貳錢。折疑：「合柒折制足錢拾玖仟捌百捌拾文。」

南山門寺外基地，南山門至郭府園，地租共捌拾肆號。每年壹號租銀貳錢。折疑：「合柒折制足錢拾壹仟柒百陸拾文。」

寺外東厠，在南山門外。每年租銀壹兩。折疑：「合柒折制足錢柒百文。」

官墻，官墻披及借寺址出水地租共柒號。每年壹號租銀肆錢。折疑：「合柒折制足錢壹仟玖百陸拾文。」

北山門寺外基地，至掃箒巷内地租共柒拾叁號。每年壹號租銀貳錢。折疑：「合柒折制足錢拾仟零貳百文。」

水路，借寺址水溝出路地租，共叁道有奇。每年壹道租銀肆錢。折疑：「合柒折制錢捌百肆拾文。」

寺外基地，重義橋至板門内共地租肆拾叁號。每年壹號租銀壹錢伍分。折疑：「合柒折制足錢肆仟伍百壹拾伍文。」

寺外基地，板門外至虢國公神道，共地租叁拾伍號。每年壹號租銀壹錢。折疑：「合柒折制足錢貳仟肆百伍拾文。」

寺外東厠，在板門外。每年租銀肆錢。折疑：「合柒折制玖捌足錢貳百捌拾文。」

寺内曬塲，折疑：「其地在寺之來賓橋南偏，即古前明欽賜本寺戴子莊、臘真莊，所收租籽運寺曬塲。因年久荒弛，且前産更易，而經理事僧又係輪流交代，其間勤惰不一，各項多被侵占難查。僅存磚瓦砌礓曬塲壹大方。于國朝康熙初，有民人開張怡怡酒坊，每年取租銀貳兩捌錢。嗣後，乾隆間怡怡改爲静興坊，仍租此以作曬塲，其地廣柒丈，闊約柒丈伍尺。」每年租銀壹兩貳錢玖分。折疑：「合柒折制足錢玖百文有奇。」

大報恩寺歲修市房

折疑：「歲修市房共肆拾壹號，計房陸拾伍間。其中叢雜不一，或共值年而建，或與寺僧而啓，不能悉歷端詳。今歲修房號，謹按《千字文》以『天』字壹號起編註，而值年以《百家姓》趙字起編註，則庶乎不致年遠互相而成間錯矣。」

天房壹號。

玄房壹號。

宇房壹號。

洪房壹號。

日房壹號。

盈房壹號。前進係值年，後進歲修房。

辰房壹號。

列房二間。頭進貳間係值年，貳進壹間，叁進貳間，係歲修。

寒房叁號。

暑房貳號。

秋房壹號。

冬房壹號。

閏房壹號。前貳進修(係)歲修，後貳進北廊僧私。

地房壹號。

黄房貳號。

宙房叁號。

荒房壹號。

月房壹號。

昃房肆號。門面係值年，後進係歲修。

宿房二號。門首二間兼二進，東首一間係值年，西首二間二進，係歲修。

張房壹號。

來房叁號。係寺内金剛殿南首下傍邊横厦。

往房叁號。

收房壹號。

藏房叁號。

餘房一號。前一間與下廊會合山。中上厦後一間與下廊會合山。

成房壹號。　歲房壹號。
律房壹號。　吕房壹號。
調房壹號。　陽房壹號。
雲房叁號。係寺内金剛殿北首下傍邊横厦。　騰房貳號。
致房壹號。　雨房貳號。
露房壹號。　結房壹號。
爲房叁號。　霜房壹號。
金房貳號。
披厦雨搭，係寺内歲修房披雨搭。
生房披壹厦。　丽雨搭壹號。
每年壹號租銀柒兩捌錢有奇。折疑：「共銀約叁百壹拾玖兩捌錢。」折疑：「合柒折制足錢貳百貳拾叁仟捌百陸拾文。」
本寺提點市房。折疑：「按本寺值年輪次交代市房共拾肆號，其租則低本寺各項差徭使費。」
趙房貳進壹間，與歲修宿字號合。　錢房壹號。
孫房壹號。　李房壹號。
周房壹號。　吴房壹號。
鄭房壹號，與歲修盈字號合。　王房壹號。

馮房壹號。　陳房貳間。頭進貳間，後與歲修列字號合。

褚房壹號。　衛房壹號。

蔣房門面肆號，與歲修昃字號合。　沈房壹號。

每年壹號租銀柒兩有奇。折疑：「共銀約玖拾捌兩。」折疑：「合柒折制足錢陸拾捌仟陸百文。」

東厠，在南碑亭下。每年租銀捌兩伍錢柒分。折疑：「合柒折制足錢伍仟玖百玖拾玖文。」

東厠，在北山門内。每年租銀貳拾貳兩捌錢陸分。折疑：「合柒折制足錢壹拾伍仟肆百玖拾捌文。」

東厠，在南山門内。每年租銀貳拾壹兩肆錢叁分。折疑：「合柒折制足錢拾伍仟零壹文。」

提點公廨。折疑：「在寺之天王殿八字墻南，下房壹號。」

役夫房。折疑：「寺在前明賜有内監叁名守門，禁止遊人入寺混雜。後于萬曆間撤回，另換汎役叁名，以作晨昏啓閉之胥。積年久，不能效古之遺，且亦稍蹈前朝之蹟。今仍以役夫叁名守門，伺其出入，更備早晚啓閉之捷。各於門傍建立小房壹號安止。」

提點塔班，折疑：「值年之塔班，共有伍班，其内有半班另折改租，而整班係肆班半，又另出租。」每年肆班半，租銀壹拾伍兩。折疑：「合柒折制足錢壹拾叁仟伍百文。」每年半班租銀壹兩零柒分。折疑：「合柒折制足錢柒百肆拾玖文。」

附前明本寺各殿丈尺

附本寺各殿工竣文：宣德叁年陸月拾陸日，御用監太監尚義於左順門奏：「南京大報恩寺已完，殿數多，合無留經手人匠五十六名在寺修理，應天府撥人夫五十名常川（用）打掃，疏通溝渠，南城鳳臺街四舖總甲輪流巡緝，仍着原管工指揮劉勳帶管提調？奏知。」奉聖旨：「是。着該衙門撥用。欽此。」

金剛殿，高三丈一尺二寸，深三丈五尺二寸五分，長七丈六尺。左碑亭，高四丈五分，深二丈一尺，長三丈三尺五寸。

右碑亭，高四丈五分，深二丈一尺，長三丈三尺五寸。

天王殿，高四丈六寸五分，深四丈八尺五寸，長八丈三尺五寸。

佛殿，高七丈一尺五寸，深十一丈四尺三寸，長十六丈七尺五寸。

穿廊，高二丈六尺，深二丈七尺二寸，長三丈二尺九寸。

遊巡廊，高二丈四尺四寸六分，深三丈二尺九寸，長一丈七尺五寸。

觀音殿，高四丈二尺四寸五分，深三丈六尺，長五丈九尺。

法堂，高三丈八尺，深四丈六尺五寸，長八丈一尺。
御亭，高三丈一尺二寸，深三丈五分，長七丈六尺。
祖師殿，高二丈八尺五寸，深三丈五尺五寸，長四丈六尺六寸五分。
伽藍殿，高二丈九尺，深三丈五尺五寸，長四丈六尺六寸五分。
藏經殿，高四丈一尺八寸，深五丈三尺五寸，長五丈三尺五寸。
輪藏殿，高四丈一尺八寸，深五丈三尺五寸，長五丈三尺五寸。
畫廊，共一百一十八間，高二丈二尺六寸，深二丈四尺五寸，每間長二丈四尺五寸。
禪堂，高四丈三尺五寸，深六丈四尺，長十一丈二尺。
厨房，高三丈三尺四寸，深五丈六尺三寸，長十一丈九尺。
庫房，高二丈八尺一寸，深五丈一尺八寸，長七丈五尺。
經房，高二丈三尺五寸，深三丈五尺，長七丈二尺。 兩邊房三十八間。
東方丈，高二丈八尺五分，深五丈一尺八寸，長七丈五尺。
西方丈，高二丈八尺五分，深五丈一尺八寸，長七丈五尺。
三藏殿，高二丈六尺五寸，深四丈三尺，長五丈五尺。
寶塔丈尺： 寶塔一座，九層，通高地面至寶珠頂二十四丈六尺一寸九分。 地面覆蓮盆口高二十丈六寸。
寶塔并各殿香燭燈油數。 寶塔點燈用油數： 每一層十六盞，每一盞該油陸兩肆錢，每一層見一日該油陸斤陸兩肆錢。八層共油伍拾壹斤叁兩貳錢。月大該油壹千伍百拾叁斤，月小該油壹千肆百捌拾壹斤壹拾貳兩捌錢。

紅臘燭，叁斤重拾枝，計陸對。壹斤重拾陸枝，計捌對。捌兩重貳拾肆枝，計拾貳對。

香油，月大用貳千貳百肆拾陸斤肆兩，月小用貳千壹百斤。佛殿并兩廊等處，月大用叁百拾伍斤，月小用叁百肆斤捌兩。

塔上點燈用，月大用壹千玖百叁拾壹斤肆兩，月小用壹千捌百陸拾陸斤拾肆兩。燈草壹斤叁兩叁錢壹分。

告示點燈僧人：仰輪班點燈僧，行各依牌次。該點燈日期，一一親身早赴邪廊門下，候領官油上塔。務要各層燈盞添注平滿，心（芯）照舊燈根數，不許奸計省尅。每於申、未時分，該班會同上塔，添油剔燈，各要明亮，毋許早晚昏炖蒙昧。仍令該班班頭，逐層點視，遇有此等報知，次日決責。至若輪班已滿之日，層掃抹乾淨器皿，見數交代。每月上下掃剔刮抹燈盞油盤等處，巡有燈牕蜊殼處所，以及損壞，即着該修補，毋致延碍日久，遞相支吾，臨期決不容辦，倍罰修理。自今之後，務要遵守常規不失。如有仍前奸計疎慢蹈犯不遵者，各照該班挨名究治。

六月二十日早，御用監太監尚義遞出揭帖，開於左順門奏：「南京大報恩寺預會誦經行童金勝保一千一十三名，告要關給度牒。」奉聖旨：「着禮部南京關與他度牒，就着在那裏各寺住坐誦經。欽此。」

國朝大報恩寺各殿丈尺

折疑：「本寺丈尺，豈能以任口而言，端非尋常有能知其事者。今謹依織造部堂曹所載圖式，丈尺係命工人估量矣。其大殿竇塔之工材仍又列於大字丈尺之末，以備君子檢閱。」

金剛殿，高貳丈叁尺陸寸肆分，深壹丈捌尺，長陸丈叁尺。

左碑亭，高肆丈伍分，深貳丈壹尺，長叁丈叁尺伍寸。

右碑亭，高肆丈伍分，深貳丈壹尺，長叁丈叁尺伍寸。

御碑亭，高貳丈捌尺陸寸玖分，深壹丈，方圓陸丈肆尺貳寸。

天王殿，高伍丈叁寸捌分，深叁丈陸尺，長捌丈叁尺伍寸。

大佛殿，高柒丈壹尺伍寸，深拾壹丈肆尺叁寸，長拾陸丈柒尺伍寸。

上三仝寸宮殿造法：

一、下簷前簷至後簷，共深九丈六尺五寸。

一、下簷中簷至前柱中，深一丈八尺九寸。前後仝。

一、上簷前簷中至後簷中，共深七丈三尺七寸。

一、前擎柱中至後擎柱中，深五丈八尺七寸。

一、通柱通高七丈四尺五寸五分，上至脊，下至柱頂石，通脊至吻，加七尺四寸。

一、上吻至下柱頂石，通共高八丈一尺九寸五分。

一、擎柱通高四丈八尺二寸五分。

一、上簷至下簷柱頂石，通高四丈四尺五寸。

一、上至下下簷，通高二丈四尺四寸五分。

一、正中闊二丈七尺七寸。

一、左右中闊二丈四尺八寸五分。

一、左右次闊二丈四尺四寸五分。

一、左右山間闊一丈一尺四寸。

進深類

大過明梁十二根：中擎柱至前後擎柱長二丈九尺三寸五分，中至上簷柱中七尺五寸，至挑簷中三尺九寸九分，外加梁頭一尺八寸，外加榫六寸，每根長四丈三尺二寸四分，高四尺，厚二尺四寸。

九架明梁六根：下步至副步長七尺五寸，外加梁頭一尺八寸，外加榫一尺二寸，每根共長一丈五寸。

七架明梁六根：前副步中至後副步中長四丈零七寸，中外加梁頭三尺七寸，每根共長四丈四尺三寸，高四尺，厚二尺三寸。

五架明梁六根：前正金至後正金共二丈五尺三寸，中外加梁頭三尺六寸，每根共長二丈八尺九寸，高三尺六寸，厚二尺二寸。

三架明梁六根：前副金至後副金中長一丈三尺九寸，外加梁頭三尺六寸，每根共長一丈七尺五寸，高三尺三寸，厚二尺二寸。上簷兩山挑尖梁六根：每根長二丈四尺六寸，外帶昂頭長七尺五寸，共長三丈二尺一寸。

前後下簷一架，明梁十二根：擎柱中至上簷中七尺五寸，上簷中至下副簷五尺一寸，副簷中至下簷中六尺三寸，下簷中至挑簷中三尺一分，外加梁頭一尺八寸，加榫二尺一寸，每根共長二尺八寸一分，高三尺，厚二尺二寸。

前後下副簷梁十二根：上簷柱至下副簷中五尺一寸，外加梁頭一尺八寸，加榫二尺，每根共長八尺九寸。高二尺四寸，厚一尺六寸。

左右兩山挑簷梁六根：次擎柱至山簷柱中長一丈一尺四寸，山簷柱至挑簷中三尺一分，外加梁頭一尺八寸，加榫二尺一寸，每根共長一丈八尺三寸一分，高二尺，厚二尺二寸。

左右兩山副簷梁六根：擎柱中至下副簷中五尺一寸，外加梁頭一尺八寸，加榫二尺，每根共長八尺九寸，高二尺四寸，厚一尺八寸。

高低類

通柱柱頂石至脊高七丈四尺五寸五分，內除副脊木八寸五分，又除桁嶺一尺七寸。頂石至桁嶺底七丈二尺，內除瓜柱各長五尺九寸四分。頂石至正步四丈八尺二寸四分，內除三尺八寸，空從正步至上簷桁底又除桁□木一尺二寸五分，又除枅栱六才四尺二寸。枓底三寸，平盤枋七寸。

中擎柱并前後擎柱共十八根：長三尺八寸，上徑二尺四寸，下徑二尺八寸。

下簷柱二十二根：共長二丈四尺四寸五分，內除桁嶺八寸，又除桁灣一尺一寸五分，又除平盤枋七寸，又除枅栱五才三尺五寸，又除枓底三寸，淨長一丈八尺。

上簷柱十二根：長一丈四尺三寸五分，上徑二尺一寸，下徑二尺二寸五分。

正脊瓜柱六根：長五尺九寸五分，上徑同前，下徑二尺一寸六分。

副金柱十二根：長同前，上下徑俱同前。

正金瓜柱十二根：長同前，上下徑俱同前。

副步瓜柱十二根：長同前，上下徑俱同前。

正步瓜柱十二根：長三尺八寸，上徑二尺一寸，下徑二尺一寸四分。

共各項瓜柱五十四根。

正中開間類

大額枋上下七根：長二丈七尺七寸，中外加榫一尺二寸，共長二丈八尺九寸，高二尺，厚一尺。中外加榫一尺二寸，共長二丈六尺零五分，高二尺，厚一尺。

小額枋四根：每根長同前，外加榫二尺五寸，共長二丈七尺三寸五分，高一尺，厚八寸。

承椽枋四根：每根長同前，榫同前，共長同前，高二尺，厚一尺二寸。

隨梁枋十四根：每根長同前，外加榫一尺二寸，共長二丈六尺零五分，高一尺六寸，厚八寸。

平盤枋十四塊：每塊長同前，榫同前，共長同前，闊一尺，高七寸。

通替枋十四根：每根長同前，高七寸，厚五寸。

下副簷机枋四根：每根長同前，高七寸，厚四寸二分。

前後上下正心枋七十根：每根長、高、厚，俱同前。

枡口枋一百二十根：每根長同前，高七寸，厚三寸二分。

擎柱墊板枋四塊：每塊長同前，高一尺二寸，厚五寸。

墊板枋十四塊：每塊長同前，高一尺，厚三寸。

又八塊：長同前，高一尺二寸，厚五寸。

帽耳梁十六根：每根長同前，高七寸，厚三寸二分，加帽耳三寸八分，共厚七寸。

左右二次開間類

大額枋十根：小竅枋二根：長同前，加榫二尺五寸，共長三丈零二寸，高一尺六寸，厚八寸。

承椽枋二根：長同前，榫同前，共長三丈零二寸，高二尺，厚一尺。

隨桁枋七根：長同前，榫同前，共長同前，高一尺六寸，厚八寸。

平盤枋七根：長同前，外加榫一尺二寸，共長二丈八尺九寸，高七寸，闊一尺。

一正心挑簷枋一根：長三丈七尺六寸，高一尺四寸，厚一尺六寸。

通替枋七根：長二丈七尺七寸，中高七寸，厚五寸。

下副簷机枋二根：長同前，高七寸，厚四寸二分。

前後上下正心枋三十五根：長同前，高七寸，厚四寸二分。

下簷前後枡口枋八枋：長同前，高七寸，厚三寸二分。

上前後簷步共枡口枋四十根：每根長、高、厚同前。

上中道枡口枋共十二根：每根長、高、厚俱同前。

又枡口枋帶帽耳梁八根：每根長、高、厚俱同前。加帽耳三寸八分，共厚七寸。

墊板枋七塊：每塊長同前，高一丈二寸，厚三寸。

擎柱墊板四塊：每塊長同前，高同前，厚五寸。

左右二中開間類

大額枋上下十四根：〔三〕每根長二丈四尺四寸五分，中外加榫三尺，共長二丈七尺四寸五分。高二尺。厚一尺。

又大額枋四枋：每根長同前，加榫一尺二寸共長二丈五尺六寸五分，高二尺，厚一尺。

小額枋四根：每根長同前，加榫三尺五寸，共長二丈七尺九寸五分，高一尺六寸，厚八寸。

承椽枋四根：每根長同前，加榫三尺五寸，共長二丈七尺九寸四分，高二尺，厚一尺。

隨桁枋十根：每根長同前，加榫二尺六寸，共長二丈七尺零五分，高一尺六寸，厚八寸。

又隨桁枋四根：每根長仝前，加榫二尺六寸，共長二丈七尺零五分，高二尺，厚一尺六寸。

上中步平盤枋六枋：每根長仝前，加榫六寸，共長二丈五尺零五分，高七寸，闊一丈。

又下平盤枋四根：每根長仝前，加榫一尺二寸，共長二丈五尺六寸五分，高、闊俱仝前。

又平盤枋四根：每根長仝前，加榫二尺五寸，共長二丈六尺九寸五分，高、闊俱仝前。

通替枋十四根：每根長仝前，加榫頭二尺五寸，共長二丈六尺九寸五分，高七寸，厚五寸。

下副簷机枋四枋：每根長仝前，加副簷五尺一寸，又加箍頭二尺，共長三丈一尺五寸五分，高七寸，厚四寸二分。

下簷前後枅口枋八根：長仝前，高七寸，厚三寸二分。

上前後簷步共枅口枋四十根：每根高、厚、長，仝前。

上中道枅口枋共十二根：每根高、厚、長，俱仝前。

又枅口枋帶帽耳梁八根：每根高、厚、長，俱仝前。加帽耳三寸八分，共厚七寸。

墊板枋七塊：每塊長仝前，高一尺二寸，厚三寸。

擎柱墊板四塊：每塊長仝前，高仝前，厚五寸。

左右二中開間類

大額枋上下十四根：每根長二丈四尺八寸五分中，外加榫一尺二寸，共長二丈六尺零五分，高二尺，厚一尺。

小額枋四根：每根長仝前，外加榫二尺五寸，共長二丈七尺三寸五分，高一尺六寸，厚八寸。

承椽枋四根：每根長仝前，榫仝前，共長仝前，高二尺，厚一尺二寸。

隨梁枋十四根：每根長仝前，外加榫一尺二寸，共長二丈六尺零五分，高一尺六寸，厚八寸。

平盤枋十四塊：每塊長仝前，榫仝前，共長仝前，闊一尺，高七寸。

通替枋十四根：每根長仝前，高七寸，厚五寸。

下副簷机枋四根：每根長仝前，高七寸，厚四寸二分。

前後上下正心枋七十根：每根長、高、厚俱仝前。

枡口枋一百二十根：每根長仝前，高七寸，厚三寸二分。
擎柱墊板枋四塊：每塊長仝前，高一尺二寸，厚五寸。
墊板枋十四塊：每塊長仝前，高一尺，厚三寸。
又八塊：長仝前，高一尺二寸，厚五寸。
帽耳梁十六根：每根長仝前，高七寸，厚三寸二分，加帽耳三寸八分，共厚七寸。

左右二次開間類

大額枋十根：每根長二丈四尺四寸五分中，外加榫三尺，共長二丈七尺四寸五分，高二尺，厚一尺。
又大額枋四根：每根長仝前，加榫一尺二寸，共長二丈五尺六寸五分，高二尺，厚一尺。
小額枋四根：每根長仝前，加榫三尺五寸，共長二丈七尺九寸五分，高一尺六寸，厚八寸。
承椽枋四根：每根長仝前，加榫三尺五寸，共長二丈七尺九寸五分，高二尺，厚一尺。
隨桁枋十根：每根長仝前，加榫二尺六寸，共長二丈七尺零五分，高一尺六寸，厚八寸。
又隨桁枋四根：每根長仝前，加榫二尺六寸，共長二丈七尺零五分，高一尺六寸，厚二尺。
上中步平盤枋六根：每根長仝前，加榫六寸，共長二丈五尺零五分，高七寸，闊一丈。
又下平盤枋四根：每根長仝前，加榫一尺二寸，共長二丈五尺六寸五分，高，闊俱仝前。

又平盤枋四根：每根長仝前，加榫二尺五寸，共長二丈六尺九寸五分，高、闊俱仝前。

通替枋十四根：每根長仝前，箍頭二尺五寸，共長二丈六尺九寸五分，高七寸，厚五寸。

下副簷机枋四根：每根長仝前，加副簷五尺寸，又加箍頭二尺，共長三丈一尺五寸五分。高七寸，厚四寸二分。

前後上簷正心枋帶三才昂十根：每根長仝前，加昂頭四尺零六分，共長二丈八尺五寸一分，高七寸，厚四寸二分。

帶四才昂正心枋十根：每根長仝前，帶四才昂五尺零四分，共長二丈九尺四寸九分，灣四寸，高、厚俱仝前。

帶稱頭木正心枋十根：每根長仝前，加稱頭木五尺零四分，共長二丈九尺四寸九分，高、厚俱仝前。

帶實拔木正心枋十根：每根長仝前，加實拔木三尺九寸九分，共長二丈八尺四寸四分，高、厚俱仝前。

帶挑桁底正心枋十根：每根長仝前，加挑桁底三尺九寸九分，共長二丈八尺四寸四分，高、厚俱仝前。

帶桁灣正心枋十根：每根長仝前，加長三尺零一分，共長二丈七尺四寸六分，高七寸，厚四寸二分。

正心枋十根：每根長仝前，高七寸，厚四寸二分。

前後上簷帶昂枅口枋四根：每根長仝前，加五尺零四分，共長二丈九尺四寸九分，高七寸，厚二寸八分。

帶稱頭木枅口枋十六根：每根長仝前，加五尺零四分，共長二丈九尺四寸九分，高七寸，厚二寸八分。

帶榫枅口枋二十四根：每根長仝前，加二尺三分，共長二丈六尺四寸八分，高七寸，厚二寸八分。

帶帽耳枅口枋十六根：每根長仝前，加二寸八分，共長二丈四尺七寸三分，高七寸，厚二寸八分。

又中至中枅口枋七十二根：每根長仝前，高七寸，厚二寸八分。

毘隨挑桁底枅口枋四根：每根長仝前，高、厚俱仝前。

墊板十四塊：每塊中至中長二丈四尺四寸五分，高一尺二寸，厚三寸。

墊板八塊：每塊長仝前，高一尺二寸，厚五寸。

擎柱墊板四塊：每塊長仝前，高、厚俱仝前。

左右二瓰開間類

大額枋四根：每根長一丈一尺四寸中，加箍頭并榫木三尺，共長一丈四尺四寸，高二尺，厚一尺。

手擎枋六根：擎柱中至簷柱中，每根長一丈一尺四寸中，加榫四尺，共長一丈五尺四寸，高一尺六寸，厚八寸。

平盤枋四根：每根長仝前，加二尺六寸，共長一丈四尺，高七寸，闊一尺。

下簷帶三才出頭昂正心枋四根：每根長仝前，加四尺六分共長一丈五尺四寸六分，七寸高，厚四寸二分。

下簷帶稱頭木正心枋四根：每根長仝前，加四尺六分，共長一丈五尺四寸六分，高七寸，厚四寸二分。

下簷帶實拔木正心枋四根：每根長仝前，加三尺一分，共長一丈四尺四寸一分，高七寸，厚四寸二分。

下簷帶簷桁底正心枋四根：每根長仝前，加三尺一分共長一丈四尺四寸一分，高七寸，厚四寸二分。

下簷帶桁灣正心枋四根：每根長仝前，加二尺三分，共長一丈三尺四寸三分，高七寸，厚四寸二分。

帶稱頭木枡口枋四根：每根長仝前，加四尺六分，共長一丈五尺四寸六分，高七寸，厚二寸八分。

帶實拔木枡口枋八根：每根長仝前，加三尺一分，共長一丈四尺四寸一分，高七寸，厚二寸八分。

帶机枋頭枡口枋四根：每根長仝前，加五尺一分，共長一丈六尺四寸一分，高七寸，厚二寸八分。

上簷進深類

承梁枋八根：每根中至擎柱中長二丈九尺三寸五分，擎柱中至上簷柱中長七尺五寸，外加榫二尺六寸，共長三丈九尺四寸五分，高二尺，厚一尺。

平盤枋八塊：每塊長仝前，擎柱中長仝前，加榫二尺六寸，共長三丈九尺四寸五分，高七寸，闊一尺。

大額枋四根：每根長仝前，擎柱中長仝前，加榫箍頭三尺，共長三丈九尺八寸五分，高二尺，厚一尺。

下簷大額枋四根：每根長仝前，擎柱中長仝前，加榫一尺二寸，共長三丈八尺五分，高二尺，厚一尺。

平盤枋四根：每根長仝前，擎柱中長仝前，加榫三尺，共長三丈九尺八寸五分，高七寸，厚一尺。

下簷平盤枋四根：每根長仝前，加榫一尺一寸，共長三丈五寸五分，高七寸，闊一尺。

压山大額枋四根：每根擎簷柱中至角簷柱中長一丈八尺九寸，加箍榫三尺，共長二丈一尺九寸，高尺，厚一尺。

压山平盤枋四根：每根長仝前，箍榫三尺，共長二丈一尺九寸，高七寸，闊一尺。

下簷前後守擎柱十二根：每根中至擎柱中長二丈九尺三寸五分中，加榫二尺五寸，共長三丈一尺八寸五分，高一尺六寸，厚八寸。

上簷進深前後小額枋四根：每根擎柱中至上簷柱中長七尺五寸，加榫三尺，共長一丈五寸，高一尺六寸，厚八寸。

上簷承椽枋四根：每根長七尺五寸，加榫三尺，共長一丈五寸，高二尺，厚一尺。

上簷桁香料枋四根：每根中至擎柱中長二丈九尺三寸五分，高一尺，厚八寸。

上簷桁香料枋四根：每根擎柱中至簷柱中長七尺五寸，高一尺六寸，厚八寸。

上簷墊板四塊：每塊中至擎柱中長二丈九尺三寸五分，高一尺二寸，厚五寸。

上簷墊四塊：簷每塊擎柱中至角簷柱中長七尺五寸，高一尺二寸，厚五寸。

進深枅口枋類

一、枅口枋共一百三十六根：每根中至擎柱中長二丈九尺三寸五分，高七寸，厚二寸八分。

一、枅口枋六十四根：每根擎柱中至簷柱中長七尺五寸，高七寸，厚二寸八分。

一、枅口枋四根：每根長七尺五寸，外帶三才昂加四尺六分，共長一丈一尺五寸六分，高七寸，厚二寸八分。

一、枅口枋八根：每根長七尺五寸，外帶稱頭木加四尺六分，共長一丈一尺六寸七分，高七寸，厚二寸八分。

一、枡口枋四根：每根長七尺五寸，外帶挑簷底加四尺一寸七分，共長一丈一尺六寸七分，高七寸，厚二寸八分。

一、枡口枋共二十八根：每根長七尺五寸，外帶實拔木加三尺九寸九分，共長一丈一尺四寸九分，高七寸，厚二寸八分。

一、帽耳枡口枋共二十根：每根中至擎柱中長二丈九尺三寸五分，高七寸，厚二寸八分。

一、枡口枋共二十根：每根擎柱中至簷柱中長七尺五寸，高七寸，厚二寸八分。

一、机枋七根：每根中至擎柱中長二丈九尺三寸五分，擎柱中至簷柱長七尺五寸，簷柱中至副簷柱中長五尺一寸，加梁頭一尺八寸，共長四丈三尺七寸五分。

一、帶昂正心枋十二根：每根長仝前，擎柱中長仝前，簷柱中至昂頭長四尺二，加榫六寸，共長四丈一尺六寸五分。

一、帶昂正心枋十二根：每根長仝前，擎柱中長仝前，簷柱中至昂頭長六尺二寸四分，加榫六寸，共長四丈三尺六寸九分。

上簷桁條類

正中明間桁條共一十九根：每根長二丈七尺七寸，加榫一尺二寸，共長二丈八尺九寸；內正脊徑一尺七寸；挑簷副簷六根，徑一尺四寸，共十二根，一尺六寸。

左右中二間桁條共三十八根：每根長二丈四尺八寸五分，加榫六寸，共長二丈五尺四寸五分；正脊徑全前。

左右次二間桁條二十二根：每根長二丈四尺四寸五分，正金步加出山二尺五寸，共長二丈六尺九寸五分；正脊徑一尺七寸，餘徑一尺六寸。

一、副簷桁條四根：每根長全前，加挑出山簷五尺一寸，出頭一尺八寸，共長三丈二尺三寸五分；徑一尺四寸。

一、挑簷桁條四根：每根長全前，老簷中至挑簷中長三尺九寸九分，加出頭一尺八寸，共長三丈二寸四分，徑一尺四寸。

一、下老簷桁條四根：每根長全前，加榫六寸，共長二丈五尺五分，徑一尺四寸。

一、下挑簷桁條四根：每根長全前，加榫六寸，共長全前，徑一尺四寸。

一、上簷前後挑簷桁條四根：每根中至中長七尺五寸，老簷至簷長三尺九寸九分，頭一尺八寸，共長一丈三尺九寸九分，徑全前。

一、上簷前後老簷桁條四根：每根長全前，出頭二尺，共長九尺五寸，徑一尺六寸。

山間老簷桁條四根：每根中至中長一丈一尺四寸，加出山二尺二寸，共長一丈三尺六寸，徑一尺六寸。

一、挑簷桁條四根：每根長全前，老簷至挑簷長三尺一分，加出頭一尺八寸，共長一丈六尺二寸一分，徑一尺四寸。

一、下挑簷桁條四根：每根長仝前，加榫一尺二寸，共長三丈五寸五分，徑一尺四寸。
一、下老簷桁條四根：每根中至中長一丈八尺九寸，加出頭二尺，共長二丈九寸，徑一尺六寸。
一、下前後挑簷桁條四根：每根長仝前，老簷至挑簷長三尺一分，加出頭一尺八寸，共長二丈三尺寸一分，徑一尺四寸。
一、下副簷桁條四根：每根長二丈九尺三寸五分，加副步七尺五寸，加出頭一尺八寸，加榫六寸，共長三丈八尺六寸五分，徑一尺四寸。

老角梁類

一、上簷老角梁四根：每根長二丈八尺二寸，高一尺六寸，厚一尺二寸。
簷子角梁四根：每根長三尺六寸六分，加套獸榫五寸，後壓尾長一丈一尺，共長一丈五尺一寸六分，高一尺四寸，厚仝前。
一、下簷老角梁四根：每根長三丈三尺六寸，高一尺六寸，厚一尺二寸。
一、下簷子角梁四根：每根長一丈五尺一寸六分，高一尺四寸，厚仝前。
承海梁二根：每根長五丈九尺，高一尺六寸，厚一尺。
一、正中副脊木一根：長二丈七尺七寸，加榫一尺二寸，共長二丈八尺九寸，高八寸五分，六方做。

一、左右中二間副脊木二根：每根長二丈四尺八寸五分，加榫六寸，共長二丈五尺四寸五分，高八寸五分，六方做。

一、左右次間副脊木二根：每根長二丈四尺四寸五分，加出頭二尺五寸，共長二丈六尺九寸五分，高八寸五分，六方做。

一、漫凮壁欹中二根：每根長一丈九尺，方一尺；横桃四十八根，每根長五尺九寸。

一、副金柱壁欹二根：每根長一丈三尺，方一尺。横桃二十四根，每根長六尺七寸。

一、下金柱壁欹二根：每根長七尺二寸，方一尺；横桃十二根，每根長七尺七寸。

一、撲風板四塊：每塊長四丈。闊六尺。厚五寸。

一、漫凮板二凮：每凮長二丈一尺，闊六尺，厚三寸。

一、望板深一十六丈，闊十八丈五尺，共該淨板二百九十六丈。

正中椽花裏口木連簷數類

一、正中上下簷椽花四根：每根長二丈七尺七寸中，闊七寸，厚三寸五分。

一、正中上下簷裏口木四根：每根長二丈七尺七寸中，闊六寸，厚仝前。

一、正中上下簷連簷四根：每根長仝前，闊、厚俱仝前。

一、左右中上下簷連椽花八根：每根長二丈四尺八寸五分中，闊七寸，厚仝前。

一、左右中上下簷裏口木八根：每根長仝前，闊六寸，厚仝前。

一、左右中上下簷連簷八根：每根長仝前，闊、厚俱仝前。

一、左右次上下簷椽花八根：每根長二丈四尺四寸五分中，闊七寸，厚仝前。

一、左右上簷裏口木四根：每根長三丈二尺，闊六寸，厚仝前。

一、左右上簷連簷四根：每根長三丈五尺，闊、厚俱仝前。

一、左右下簷裏口木四根：每根長二丈四尺四寸五分中，闊、厚俱仝前。

一、左右下簷連簷四根：每根長仝前，闊、厚俱仝前。

一、左右山間下簷椽花四根：每根長一丈一尺四寸，闊七寸，厚仝前。

一、左右山間下簷裏口木四根：每根長一丈八尺五寸，闊六寸，厚仝前。

一、左右山間下簷連簷四根：每根長二丈三尺，闊、厚俱仝前。

一、兩瓜上簷前後角椽花四根：每根長七尺五寸，闊七寸，厚仝前。

一、兩瓜上簷前後角裏木四根：每根長一丈五尺五分，闊六寸，厚仝前。

一、兩瓜連簷前後角上簷四根：每根長一丈八尺五寸，闊、厚俱仝前。

一、兩瓜下簷前後裏椽花四根：每根長一丈八尺九寸，闊七寸，厚仝前。

一、兩瓜下簷前後裏口木四根：每根長二丈六尺，闊六寸，厚仝前。

一、兩瓜下簷前後連簷四根：每根長二丈九尺，闊、厚俱仝前。

椽子類

一、上架椽共二百八十根：每根長八尺九寸。

一、中架椽共二百八十根：每根長九尺五寸。

一、下架椽共二百八十根：每根長一丈一尺四寸。

一、花架椽共二百八十根：每根長一丈三寸。

一、上簷正椽共二百四十八根：每根長一丈七尺三寸。

一、上脇凪椽共一百三十根：每根長一丈七尺三寸。

一、上飛簷椽共一百三十根：每根長三尺，帶尾四尺五寸，共長七尺五寸。

一、下簷前後并脇凪正椽共四百四十四根：每根長二丈一尺。

一、下簷前後并脇凪飛椽共四百四十四根：每根長三尺，帶尾四尺五寸，共長七尺五寸。

上簷扇骨椽類

一、一號八根：每根長二丈三尺，折一寸。

一、二號八根：每根長二丈二尺七寸，折九分。

一、三號八根：每根長二丈二尺一寸七分，折八分。
一、四號八根：每根長二丈七尺一寸九分，折七分。
一、五號八根：每根長二丈一尺八分，折六分。
一、六號八根：每根長二丈五寸，折五分。
一、七號八根：每根長二丈一寸五分，折四分。
一、八號八根：每根長一丈九尺七寸三分，折三分。
一、九號八根：每根長一丈九尺三寸四分，折二分。
一、十號八根：每根長一丈八尺九寸八分，折一分。
一、十一號八根：每根長一丈八尺六寸五分。
一、十二號八根：每根長一丈八尺三寸五分。
一、十三號八根：每根長一丈七尺八寸四分。
一、十四號八根：每根長一丈八尺三分。
一、十五號至二十二號止，每號十六根：各長二丈三尺。

竄飛類每號十六根

一、一號：每根長四尺五寸六分，折一寸四分。

一、二號：每根長四尺三寸二分，折一寸三分。

一、三號：每根長四尺一寸，折一寸二分。

一、四號：每根長三尺九寸，折一寸一分。

一、五號：每根長三尺七寸九分，折一寸。

一、六號：每根長三尺五寸六分，折九分。

一、七號：每根長三尺四寸二分，折八寸。

一、八號：每根長三尺三寸，折七分。

一、九號：每根長三尺二寸，折六分。

一、十號：每根長三尺一寸二分，折五分。

一、十一號：每根長三尺零六分，折四分。

一、十二號：每根長三尺零二分，折三分。

一、十三號：每根長三尺，折二分。

一、十四號：每根長三尺，折一分。

一、十五號至二十二號止，每號十六根：各長三尺，無折。

枡科類

計上簷前後進正中右左兩瓜開間，共科三百二十座。每科長九寸，闊一尺二寸，高七寸。一五扣算，四六開口凹定其高下。

内進深正中左右兩瓜開間，每科長九寸六分，闊一尺二寸，高七寸，四六開口凹。

前後簷正中左右兩瓜進深，開間柱頭科枋闊、高開口凹，俱仝前。

上簷前後科六十座，每座用正心瓜栱一枝，長二尺二寸，高七寸，厚三寸二分。共十六枝。

正心方栱一枝，長三尺，高、厚枝，俱仝前。

頭竅一枝，長二尺三寸六分，高、厚枝，俱仝前。

頭材頭昂一枝，裏帶蔴葉，長五尺一寸，高、厚，俱仝前。

二材二昂一枝，裏帶耍頭，長七尺五寸三分，高、厚枝，俱仝前。

三材三昂一枝，裏帶雲頭，長一丈零五寸六分，高、厚枝，俱仝前。

四材稱頭木一枝，裏帶蒲頭，長九尺六寸，高、厚枝，俱仝前。

五材挑簷桁灣一枝，裏帶蒲頭，長一丈一尺九寸四分，高、厚枝，俱仝前。

六材三撲頭一枝，裏帶蒲頭，長一丈一尺三寸四分，高、厚枝，俱仝前。

七材桁灣一枝，裏外三撲頭，長五尺，高一尺四寸，厚枝俱仝前。

單材瓜栱四枝，長二尺二寸，高五寸一分，厚三寸二分。共二百四十枝。

單材萬栱四枝，高、厚枝仝前，長三尺。

單材香栱二枝，長二尺六寸，高、厚，俱仝前。共一百二十枝。

槽枡四箇，長四寸，闊六寸，高三寸二分。共二百四十枝。

實拔枡科六箇，方闊五寸一分，高仝前。共三百六十箇。

單材枡二十箇，長四寸，闊、高，俱仝前。共一千二百箇。

上簷兩瓜科三十二座。

上簷前後柱頭科八座。

上簷兩瓜柱頭科六座。

上簷四角柱頭科四座。

上簷内進深正中左右兩次，前擎至後擎共科四十座。

上簷前後開間共科四十座。

上簷中開間科二十座。

上簷擎柱頭科前後共八座，四面帶科四座，共科四十座。

擎柱頭科周圍帶科四座，共三十二座。

上簷正中擎柱頭科四座，周圍帶科四座，共科二十座。

上簷正中柱頭帶科四座，共十六座。

九龍八掛頂三座。

前面枋三根：中一根，長二丈二尺一寸。次二根長一丈八尺四寸，厚□寸二分，高一尺四寸四分。

抹角枋二十四根：每根長七尺三寸六分，高、厚仝前。

抹角平盤枋二十四根：長仝前，闊七尺二分，高四寸三分。

象眼枋二十四根：長、高、厚，俱仝前。

象眼平盤枋二十四根：長、高、厚，仝前。

井口枋二十四根：長四尺四寸，高、厚，仝前。

井口平盤枋二十四根：長、高、厚，仝前。

正面頂龍三條。

垂蓮柱二十四根：長一丈零五寸，徑七寸二分。垂蓮盤龍二十四條。

面枋科二十四座：高四寸三分，長六寸。

象眼科九十六座：高、長仝前，拱竅秤三材。

井口二十四座：中七材，次五材。

槅窻類

菱花槅三十扇。又窻四扇。後方眼槅十八扇。

木材類

紫椿一十二株段。

松木一千三百八十株根。

樟木一百五十四株段。

楠木二十二塊段。

柏樹四十五株段。

白菓樹四株。

雜木五百五十一株段。

栗木八株。

舊木三十七株段。

毛竹四百五十根。
魚膠六十斤。
工八萬九百二十四工半。

石　作

每條雲梯寬窄厚薄不等，共用石條一百五十九丈。
墊脚生熟鐵片一百六十九斤。工二千九百零五工半。

磚瓦作

大吻一副。
鐵椿四根。
正脊五十三段。
小獸上下共十二箇。
鐵椿五十三根。
馬鞍二百八十四箇。

披水條磚七萬五千三百六十塊。
方磚九十塊。
駁脊鐵椿三百二十四根。
尺板磚七萬五千三百六十塊。
垂帶脊共一百二十四段。
鐵索二十四丈。
萬年鐵椿共五十二根。
挑角鐵條上下八根。
駁脊共六百五十四段。
合脊同瓦共一百二十二塊。
蠏臍一千二百一十箇。
蓋瓦四萬九百四十四塊。
底瓦六萬五千二百三十塊。
鈎頭一千二百一十塊。
滴水一千二百一十塊。
强出頭二箇。
上下套獸八箇。

劍靶共上下十箇。

小獸鐵椿八根。

鶏子磚七萬五千三百六十塊。

滚子磚七萬五千三百六十塊。

鶏子滚磚共七萬五千三百六十塊。

外郎(廊)帽一千二百一十箇。

抱捅一千四百三十八塊。

上簷前後共二百四十四行,每行底瓦九十五塊,蓋瓦五十七塊。

下簷前後共二百四十四行,每行底瓦六十二塊,蓋瓦三十五塊。

上下兩瓜共二十九丈六尺,計□百九十六行,每行底瓦六十二塊,蓋瓦三十五塊。

上下八攢共二百四十四行,每行底瓦二十塊,蓋瓦十塊。

上下銅鉋釘一千七百零八箇。

上下平頭釘一千二百一十根。

上下底瓦釘六萬二千七百二十根。

正脊長十二丈二尺。

下簷前後通脊二十四丈二尺。

上簷兩瓜通脊十四丈八尺。

下簷兩瓜通脊十四丈八尺。

垂帶蓋瓦二百零四塊。

瓦條七萬五千三百六十塊。

墁地大方磚三千零四十塊。

墁地城磚一萬七千四百四十塊。

鋑脚城磚三千九百二十塊。

堦沿城磚二千塊。

廂邊琉璃滚磚七百塊。

墁拜單白玉石二百零四塊。

廂扉等項雜用城磚二萬九千六百塊。

桐油八十三石。

石灰二千三百石。

紙觔一百八十石。

水膠五十斤。

蔴觔五十石。

大小繩索二百五十根。

大小挑箕秧籃四百一十副。

土笆八十箇。
挽子一百八十箇。
提桶二十箇。
水桶十石。
兜土拍布十疋。
大工九千八百六十九工半。
小工七千三百零八工。

搭材

蘆蓆大小不等，一萬二千五百領。
大小長短不等蔴繩，共三百三十石。
雜用蔴六十斤。
篾一百四十三萬九千五百八拾根。
捎棍七千二百根。
工七千一百三十一工半。

鋸　作

工二萬四千八百四十四工。

銕　作

鐵八萬九千六百八十斤。

煤四百二十石。

除化工外，做三百七十一工。

漆　作

番硃三十斤。

密陀生五斤。

桐油九十斤。

水膠二十斤。

工八十七工。

捐銀類

一、内外執事行人四年辛力，借銀俱沈自辦交納，不開於左。

一、自順治十七年庚子興工，至康熙三年甲辰正月工竣，通共收過捐銀二萬八千零三十二兩四錢六分五厘九毫一絲。

一、内色銀一千五百七十四兩九錢三分二厘八毫六絲。

一、折淨紋銀二萬六千九百五十七兩五錢一分三厘三毫八絲。

一、自順治十七年，至康熙三年正月完工，共賣過柴板木屑等項銀三千二百二十九兩八錢一分二厘三毫八絲。

一、内耗色銀一百五十二兩六錢二分九厘七毫五絲。

一、折淨紋銀三千零七兩一錢八分二厘六毫三絲。

建殿緣啓

夫報恩寺者，其由來久矣。始自後漢而名建初。歷晋、宋、齊、梁、陳、隋、唐、宋，并于元，又復歸于明。及成祖尚而封之，極千百餘年而綿長如舊，豈非如來之精靈不昧斯可哉。無如大劫于嘉靖癸亥，或罹天灾，斯亦非佛法無靈而實如來輪迴之運限也。及我國家定鼎，統華夷，無思不服，雖山谷修煉之沙門，亦覩太平而欣慶。余亦奔馳仕路，歷有年矣。後休林下，見其寺傾圮難興，而無一大護法者，因慨然發大慈之念。稽首受如來三摩之戒，志願興崇，而無和者，又因獨力難支，故囑督使管公及都使危相共營之，而二公亦喜而樂之。後值海氛飄忽，管公去任，此事復爲寢矣。己亥春，織造周公復爲建議，時三宜和尚暨本師華山見老人，科長黄、内翰鄧、監司曾、協鎮陳等諸紳力讚其舉。比都使危公云：「此第一善事。數年來，惟慮工浩費繁，非可以時日計，非可以錢穀計。且現前之功德不及數千，而約費金錢何啻數萬！謀之始者，必計其終。與其中道而廢，莫若慎之於始。譬如成衣者，先有身材，後配襬袖。未聞始得其袖，即欲置衣，恐難成耳。」三宜老人亦曰：「是。」時，本師和尚曰：「不然，護法所言，功合世法，而於佛法則未當也。且僧家之名衲衣者，得一尺縫一尺，得五寸縫五寸，終久湊成。況佛法有不思議者乎！惟在監督者行願堅固，再無不成之理，非世間成衣之可喻也。」斯時周護法輩踴躍歡呼，大聲疾言曰：「今日縫衲頭了。」衆議以此任付余董理。余亦因屢經舉而復爲中阻，且難得周護法之歡倡捐助，又屬本師和尚之委令，敢惜身命，敢避怨嫌，勉爲承當。隨于本年正月十五日開工，至壬寅秋竪柱，冬上梁，癸卯冬上自佛像、幡幢、供器，下及甬道、街沿，煥然一新。昔之劫灰瓦礫，今之棟宇簷阿；昔之莓苔塵土，今之金碧琉璃。所費不足四萬，時日僅以四年，而木植之採辦，瓦石之收集、運用，則有城南五百餘姓，力行三年，不取一值。經營則有善姓緇素，躬親四載，不間一時。其中風波險阻，折挫坎坷，憂思脆腕之事，種種不一。始信危公之云難也。每當其會，或然香，或打七，益加精進。非謀之於宰官檀越，即禱之于護法韋馱。凡至絶處逢生，轉逆爲順之際，皆非人力之能爲，實有得於神助，咸賴諸佛菩薩六時成就之慈威，仗大檀善信十方子來之樂助，乃得厥成，以遂初願。隨卜甲辰正月，延請諸山戒德五十三位，恭就大殿。自初八日爲始，至十八日云終，諷經禮懺，安謝圓滿畢。將現在莊嚴器具，及所存料物，并書過未完錢糧，備造清册，交付本寺住持，聽其焚修。余仍歸樓下，以待餘生。今將建殿之始末，工用之多寡，料物若干，價值若干，所入功德若干，竹頭木屑變價若干，暨殿之方廣尺寸，刊成一册，以爲後鑑。惟願本寺當來僧衆，須知此殿成於不思議境也。康熙甲辰仲春建殿行人致仕信官　　沈　豹恒文述。

首建捐助大護法功德主：

平南王尚

靖南王耿

兩廣總督部院王國光

江南總督部院郎廷佐
江南漕撫部院蔡士英
共捐大護法功德主各信官姓氏：
周公天成　危公列宿
黄公國琦　曾公延孔
鄧公　旭　李公翀霄
張公思明　陳公世昌
薛公必科　王公　端
魏公書儀　黄公旋相
姜公　鼎　張公　光
馮公顯功　魏公之都
陳公光祖　黄公　僎
李公如栢　陳公應龍
各紳士等
比丘：
華山見和尚　字讀體
報恩寺三宜　字逸州

性天和尚　字休然

發願助修協辦十大功各行僧名諱：

普行　字未度

輔義　字助可

性受　字依雪

庸之　字然敬

崇存　字慧屐

如林　字法一

成源　字穎白

大弘　字非橫

信然　字融宗

恒忠　字蓮月

率衆運力行人：

戴世後　王士聖

方成業　温紹吉

殷世臣　夏書成

崔廷乾　李　一

監造執事行人：

李良桂　郎國賢

徐起元　詹日永

嚴坤元　沈天瑞

方建侯　王之瑞

郭士英　姚世昌

馬行式　倪　虎

馬天華　方登庸

劉云程　周　顯

鄒　陞

木作作頭：

吳嘉相　吳嘉勛

吳嘉瑞　朱　華

朱應昌　陶繼太

陸鼎臣　吳宗聖

張茂生　潘　生

陳　洪
石作作頭：
范明元
瓦作作頭：
張應魁　田國祥　龔得貴
搭材作頭：
阮印科　楊　明　徐　奉
鋸作作頭：
吕愛連　唐禹稷
銕作：
汪奉宇　陳祥宇
夏仁甫　曹　坤
沈桂宇　韓道人
漆作：
李　琨
五墨：
陳坤明

穿廊，高貳丈陸尺，深貳丈柒尺貳寸，長叁丈貳尺玖寸。
無量殿，高肆丈貳尺肆寸，深叁丈陸尺，長伍丈玖尺。
萬佛閣，高肆丈陸尺，深貳丈叁尺半分，長捌丈壹尺。
七佛閣，高肆丈陸尺，深壹丈，長捌丈壹尺。
伽藍殿，高貳丈玖尺，深叁丈伍尺伍寸，長肆丈陸尺伍分。
祖師殿，高貳丈叁尺陸寸，深叁丈伍尺，長肆丈陸尺陸寸伍分。
大常住，高叁丈捌尺柒寸，深貳丈伍尺，長肆丈玖分。
鐘樓，高貳丈玖尺陸寸捌分，四圓僅肆丈捌尺捌寸肆分。
西方殿，即古建初寺正殿，高叁丈壹尺捌寸，深伍丈叁尺伍寸，長伍丈叁尺伍寸。
藏經殿，高叁丈壹尺捌寸，深伍丈叁尺伍寸，長伍丈叁尺伍寸。
修藏社，高叁丈叁尺伍寸，深壹丈捌尺貳寸，長伍丈貳尺。
三藏禪堂，高叁丈陸尺伍寸，深伍丈肆尺，長柒丈柒尺柒分。

寶塔丈尺

寶塔壹座，玖層，通高地面至寶珠頂貳拾肆丈陸尺壹寸玖分。地面至覆蓮盆口，高貳拾丈陸寸。

實録

康熙三十七年，歲在戊寅四月初九日夜，天火焚塔，級内罄然一空。復于五月十八日，内搭蔿架，掃除零碎木石。又於六月初八日，外搭蔿架。至八月初六日下頂，十二日上梁，十八日竪柱，九月十一日上頂。而頂内供奉各件：

烏絲藏金佛一十三尊。

銀法身佛六尊。

銅法身佛九尊。

香法身佛四尊。

皇上御書《心經》一卷。

御書《金剛經》一部。

《仁王護國般若經》一部。

《大報恩經》一部。

《大灌頂神咒》十二卷。

《大方廣佛華嚴經》八十一卷。

《大佛頂首楞嚴經》一部。

《佛説守護國王大千經》一部。

《大乘妙法蓮華經》一部。

《阿彌陀經》一部。

《大悲神咒》一卷。

諸經皆係泥金書寫。

古香一段。

沉香一塊。

堅固子二粒。

鏡光一面。

金簪一支。

沉檀香八段。

萬曆錢五十箇。

珍珠二十一粒。

寶石二十一顆。

本國製錢十一千文。

諸經皆用黄緞包裹，内用倭緞大紅經袱十三箇，盛貯楠木箱四隻之内。

塔頂高一丈一尺，圓二丈三尺六寸，徑八尺。風波銅鍍金。

一、繞塔八方殿内，地面至簷口，高二丈三尺。

一、殿外八方石座，高四尺四寸，闊三丈七尺五寸。

一、殿外石欄杆高四尺四寸。

一、殿内八方，每方闊三丈二尺六寸，接塔深一丈五尺。

第一層

正門首上扁額，聖祖御書：一乘慧業。高宗御書：真入覺路。

一、塔身連須彌座底，共高四丈四尺三寸六分。

一、塔身連墻徑過四丈五尺，墻厚一丈一尺一寸。

一、塔外八方，每方闊一丈八尺六寸五分。

一、塔底須彌座，高二尺八寸八分。八方。每方闊一丈九尺八寸，深簷一尺八寸八分。

一、塔内地面至天花板，高二丈二尺九寸。

一、塔内徑過四方，二丈二尺六寸。

一、塔身八面八門，暗明各四。每門各高一丈，闊五尺。暗門四方，每方門中大佛一尊，四方共四尊。每方門兩旁墻上菩薩各四尊，共八尊，四方共三十二尊。明門四方，每門兩旁墻上金剛像各一尊，共二尊，四方共八尊。

一、八方塔門外，每方門頭墻上五方佛像五尊，八面共四十尊。

一、八面塔門外，每方門外邊上大□徑袱十三箇，盛貯楠木箱。□□□塔門外□□□□□□，正中雕畫大鵬金翅鳥一箇，共八箇。兩旁龍子龍孫二箇，共十六箇。羚羊二箇，共十六箇。青獅二箇，共十六箇。白象二箇，共十六箇。一級至九級，俱照一樣。

一、塔内墻四方，除樓梯一方，餘三方，每方墻上大佛二尊，共六尊。塔内塔跕墻上小佛三百二十八尊。

一、塔内中心裝金舍利塔一座。塔内四面，每面供釋迦佛一尊，四方共四尊。

一、塔内明門四方，每方閣内左右壁上諸天像共四尊，四面共十六尊。每面門閣内頂上彩畫壇場一座，共四座。每座圓光三箇。二級至九級俱照一樣。

一、樓梯曲折三架，共四十層。

第二層

正中龕内供大阿彌陀佛像一尊。龕上懸供扁額，聖祖御書：心儀有象。高宗御書：化城資福。

一、塔身高一丈九尺六寸八分。

一、塔身連墻徑過四丈一尺。墻厚一丈三尺。

一、塔外八方，每方各闊一丈七尺一寸五分。

一、塔内門板磚面至天花板，高二丈三尺。

一、塔内四方徑過二丈四寸。

一、塔身八方八門，明暗各四。每門各闊四尺五寸，高六尺二寸五分。

一、塔外八方，每方沿深五尺四寸八分。

一、每方琉璃磚欄杆連下脚飛沿，通闊二丈二寸。

一、塔内墻壁佛像，共三百二十八尊。

一、塔内明門四面，闔墻内左右壁上各有小闔門，曲通長方小洞二箇，一在明門旁，一在暗門旁，外罩銕架明瓦燈各一盞，懸於塔外。在墻洞内然燈。八方共燈一十六盞。此級至九級俱照一樣。共燈一百二十八盞。

一、樓梯曲折二架，二十三層。

第三層

正中龕内供大釋迦牟尼佛像一尊。龕上懸供扁額，聖祖御書：三空勝地。高宗御書：舍衛莊嚴。

一、塔身高一丈九尺三寸八分。

一、塔身連墻徑過三丈九尺五寸，墻厚一丈。

一、塔外八方，每方闊一丈六尺五寸二分。

一、塔内閣板磚面至天花板，高一丈六尺九寸二分。

一、塔内四方徑過二丈二尺六寸。

一、塔身八方八門，明暗各四。每門各闊四尺，高五尺八寸五分。

一、塔外八方，每方沿深五尺四寸七分。

一、每方琉璃磚欄杆，連下脚飛沿，通闊一丈九尺二寸。

一、塔内墻壁佛像二百五十四尊。

一、塔内明門四面闇墻内，佛像共一百二十尊。

一、樓梯曲折二架，共二十一層。

第四層

正中龕内大悲佛像一尊。龕上懸供扁額，聖祖御書：四海無波。高宗御書：天際丹梯。

一、塔身高一丈八尺八寸八分。

一、塔身連墻徑過三丈八尺，墻厚九尺六寸。

一、塔外八方，每方闊一丈五尺八寸九分。

一、塔内四方徑過一丈八尺八寸。
一、塔内閣板磚面至天花板，高一丈五尺四寸五分。
一、塔身八方八門，明暗各四。每門各闊三尺七寸五分，高五尺五寸。
一、塔外八方，每方沿深五尺四寸四分。
一、每方琉璃磚欄杆，連下脚飛沿，通闊一丈八尺二寸。
一、塔内墻壁佛像二百五十一尊。
一、塔内明門四方閣墻内，佛像一百二十八尊。
一、樓梯曲折二架，共二十層。

第五層

正中龕内供大牟尼佛像一尊。龕上懸供扁額，聖祖御書：五律精嚴。高宗御書：攬妙鬘雲。
一、塔身高一丈八尺四寸三分。
一、塔身連墻徑過三丈六尺一寸五分，墻厚九尺。
一、塔外八方，每方闊一丈五尺一寸。
一、塔内徑過一丈八尺四寸五分。
一、塔内閣板磚面至天花板，高一丈五尺。

一、塔身八方八門，明暗各四。每門各闊一丈五寸，高五尺一寸五分。

一、塔外八方，每方沿深五尺四寸二分。

一、每方琉璃磚欄杆，連下沿脚飛沿，通闊一丈八尺。

一、塔内墻壁佛像二百五十四尊。

一、塔内明四方閣墻内，佛像一百二十八尊。

一、樓梯曲折二架，共二十二層。

第六層

正中龕内供觀音大士像一尊。龕内懸供扁額，聖祖御書：六通真諦。高宗御書：心遊萬仞。

一、塔身高一丈八尺一寸一分。

一、塔身連墻徑過三丈四尺一寸五分，墻厚八尺五寸。

一、塔外八方，每方闊一丈四尺二寸九分。

一、塔内閣板磚面至天花板，高一丈五尺五寸二分。

一、塔内四方徑過一丈七尺一寸七分。

一、塔身八方八門，明暗各四。每門各闊三尺二寸七分，高四尺三寸八分。

一、塔外八方，每方沿深五尺四寸。

一、每方琉璃磚欄杆，連下脚飛沿，通闊一丈七尺四寸。
一、塔内墻壁佛像二百五十四尊。
一、塔内明門四方閣墻内，佛像九十六尊。
一、樓梯曲折二架，共二十二層。

第七層

正中龕内供纓絡大士像一尊。龕上懸供扁額，聖祖御書：七寶蓮花。高宗御書：空外風濤。
一、塔身高一丈七尺七寸八分。
一、塔身連墻徑過三丈一尺八寸五分，墻厚七尺九寸五分。
一、塔外八方，每方闊一丈四尺。
一、塔内閣板磚面至天花板，高一丈五尺一寸八分。
一、塔内四方徑過一丈五尺九寸五分。
一、塔身八方八門，明暗各四。每門各闊三尺，高四尺六寸。
一、塔外八方，每方沿深五尺三寸。
一、每方琉璃磚欄杆，連下脚飛沿，通闊一丈六尺二寸。
一、塔内墻壁佛像二百四十八尊。

一、塔内明門四方閣門内，佛像四十八尊。

一、樓梯曲折二架，共二十層。

第八層

正中龕内供佛像四面，每面各供佛一尊。龕上懸供扁額，聖祖御書：八表同風。高宗御書：手捫星斗。

一、地面上對角安大横木二根，中載塔心柱一根，直至寶珠頂，共長七丈五尺三寸七分。

一、塔身高一丈七尺六寸三分。

一、塔身連墻徑過二丈九尺，墻厚七尺。

一、塔外八方，每方闊一丈二尺四寸。

一、塔内閣板磚面至天花板，高一丈四尺九寸五分。

一、塔内四方徑過一丈四尺二寸九分。

一、塔身八方八門，明暗各四。每門各闊二尺二寸五分，高四尺四寸五分。

一、塔外八方，每方沿深五尺二寸。

一、每方琉璃磚欄杆，連下脚飛沿，通闊一丈四尺五寸。

一、墻壁佛像一百七十尊。

一、塔内明門四方閣門墻内，佛像共四十尊。

一、樓梯曲折二架，共二十層。

第九層

正中龕内供佛像四面，每面各供佛一尊。龕上懸供扁額，聖祖御書：九有弘觀。高宗御書：無上法輪。

一、地面中載塔心柱一根，直至寶珠頂，共長六丈八尺四分。

一、塔身高一丈三尺三寸三分。

一、塔身連墻徑過二丈八尺，墻厚七尺。

一、塔外八方，每方闊一丈一尺二寸。

一、塔内閣板磚面至八極天花板，高一丈二尺三寸。

一、塔内四方徑過一丈三尺一寸六分。

一、塔身八方八門，明暗各四。每闊二尺一寸二分，高四尺二寸四分。

一、塔外八方，每方沿深五尺。

一、每方琉璃磚欄杆，連下脚飛沿，通闊一丈二尺二寸。

一、塔内墻壁佛像一百五十六尊。

一、塔内明門四方圈墻内，佛像四十八尊。

嘉慶五年歲在庚申。五月十五日寅時，大雨滂沱，雷擊塔至傷，九級瓦石皆被隕落。復於辛酉二月上旬，大興工役，至四月下浣克成。

嘉慶丁卯六月二十九日未時，大雨如注，雷復損塔，其内受傷若干處。遂於克日興工，經月而竣。

折疑：「實録出自内卷，然歲久必亡，後無一知其事者，則有負前人建始之勞。寺雖在目，而其役未有知者，使後世茫然。即如前有十大功，皆建始之僧也。無如及今，事方百年，殄滅其裔，輒另更换，何不令附而行之。其選督者又不知根源，之役如瞽者行於野，有叩其徑者，而瞽目嘿焉。誠現在之事，皆隨而和之。人或曰可，彼亦曰可。或曰近日缺材，答曰果然缺矣。并不能巧設一法，而另畫一策，徒有其名，枉負建始之力。若果能韜前人之跡，精勤不懈，始終無惰，其工師皆悦而欣之，共羡督役者，是寺得其人歟！或曰：『何耶？』曰：『諸師督吾工者，量才而用木爾。賞罰均平，吾儕何以不慶。』衆曰：『然。』如斯方可以稱督工也，豈不賢乎哉。又何必徒受虚名，而無一技，仍被他人唾詈，其聲名又何加焉！」

塔燈油數

每壹層拾陸盞，每壹盞該油肆兩，每壹層見壹夜該油肆斤，捌層該油叁拾貳斤。塔下琉璃燈捌盞，每壹盞該油貳斤，見壹夜該油壹拾陸斤。塔心琉璃燈肆盞，每壹盞該油貳斤，見壹夜該油捌斤。月大該油壹千陸百捌拾斤，月小該油壹千陸百貳拾陸斤。

紅素燭，壹斤重捌枝，計肆對。肆兩重肆拾肆枝，計貳拾貳對。燈草壹斤伍兩。

佛殿并各殿等處

折疑：「佛殿則正佛殿，各殿則金剛殿、天王殿、圓通殿、大悲殿、西方殿、三藏殿、藏經殿、修藏社、伽藍殿等處是。」

素燭，壹斤重陸枝，計叁對。係大佛殿肆兩重，貳百捌拾捌枝，計壹百肆拾肆對。見壹日該素燭貳百玖拾肆枝，計叁拾玖斤。月大燭計捌千陸百貳拾枝，重該壹千壹百柒拾斤。月小燭計捌千叁百貳拾陸枝，重該壹千壹百叁拾壹斤。

附前明御製記勅碑文及修寺記

御製侍郎黄立恭完塔記

洪武戊辰十二月　日

京南闕左廂朱雀橋之左有浮圖〔一〕，層高九級，根入厚坤。塔之由來，乃孫吳開創金陵建邦之時。紀年赤烏，而有異人康僧者，抱釋迦之道至斯，以説吳主權，權乃悦。塔之所建，金陵之客山也。其山自西南來，濱江〔二〕一帶，或蜿或蜒，或起或伏，或蹲或立。低昂俯仰之態，〔三〕若人之狀，以朝鍾山。毓秀磅礴，川野結帝王之居若是也。其康僧指謂權曰：「是山之麓，深若干丈，下有如來真身舍利。」「何謂之舍利？」曰：「佛行周圓，精魂運化，結實如珠，水火不避。昔如來入涅槃之時，天上人間，龍宮海藏，天人鬼神，各持以去，建塔以安之。故有天上人間龍宮之塔。塔有八萬四千，皆阿育王始。此間鬼神將至，佛法未施，塔未建也。」權乃信，剴山以驗之，果得舍利。權故難之：「此雖有驗，難以敷誠。既有大神通，必以神力更致一顆，方乃是信。」僧於是設壇，虔恭齋沐，遥望西乾，役己之軀，運己之神七晝夜，佛之威靈所至，乃降一粒。權乃大悦，許建浮圖於是。今之觀浮圖者，豈知其來遠矣。始孫吳至今，一千一百餘年。緣及歷代，廢弛疊疊，塔之頹壞，凡經革故而及葺理者，修德施功之人〔四〕，又非一人而已。洪武十三年，〔五〕胡、陳亂政。朕觀七朝居是土者，皆臣愚君昏者多矣〔六〕。考〔七〕山川之形勢，大江西來，淮山弼之。山龐川巨，右勢足矣。以此觀之，龍虎均停，擇帝居者，宜其然也〔八〕。何故？臣下之不臣，無乃虎方坤位、浮圖太聳之故。於是命搆架，將移塔于鍾山之左。工將完，塔將毁，有來告者：工人有墜于塔下者不绝〔九〕。於是罷役。未幾，今工部左〔十〕侍郎黄立恭稽首頓首再拜入奏，其辭曰：「臣立恭寓於世，而無益于世，羣于人〔十一〕而無善于人。生無名於宇宙之間，死不能同聰明之神遊于上下。臣切慕之，故思欲有爲，未知可否？」朕謂曰：「丈夫天地間，五欲不生，十惡不作，何爲而不可也哉。」對曰：「臣見南闕有如來真身舍利之塔，經兵被火，周迴欄楯并九層圖畫仙靈，俱各頹壞。

欲完之，特請旨以施爲。」朕許之。立恭再拜而退，詣所在，經方定向，若山則高益下損，故基則增微壯廣，施財劭工以營繕。京之軍民，聞立恭作佛之善事，有施財以阿之者，有誠然爲生死而布施〔十二〕者。一時從者如流之趨下〔十三〕。諸費折黄金二萬五千兩。三年而來告：塔已完矣；大雄之殿，僧房兩廡，重門樓觀，亦皆備矣。羣僧會集〔十四〕，有僧録司右講經守仁者，書通東魯，經備西來，於是命住持是寺。仍勑禮部并光禄寺饌素饈以飯諸人。時機冗未暇親至。逾半載，勑禮部曹召僧録司首官左善世弘道、右善世夷簡等五人。朕謂曰：「塔完寺備數年以來，征討弗停。陣没軍將，欲報其忠，仗佛願力，作大善事。」期日朕至，仰視則塔穿鳥道，平視則殿宇巍然，俯看綺砌，無不精專。遊目塔殿〔十五〕，所在金碧熒煌。雖至愚而至魯者，入其門首，作爲建如是之功〔十六〕，可謂罕矣。且立恭職工部，掌諸名材，諸匠屬焉，一一皆傭其工，未嘗上煩於朕，下挾于工者。其傭工之資皆厚之，世人有所不及〔十七〕。設若〔十八〕立恭操愚夫之智，日侍左右，言頗信行，倘有所需，安不有微助？今絶然〔十九〕無需。入其門，觀其境，孰不爲之起敬。噫！方今智士居官食禄，不能起造民福之心，乃以禄不足，上亂朝政，下虐生民。其黄立恭，昔本技藝所得者甚微；然而設心爲善，夫婦異處，三十餘年，朝出暮歸，其妻送迎若賓禮焉，未嘗有間。以一夫之智，赤手成此善事，是其美也。然而事成則成矣，又其妻與閨内者，盡皆爲尼。嗚呼！立恭之誠，豈止外成于塔寺，于家化及閨門。然一家修善，處於是方將必成矣。〔二十〕佛之願力所處〔二十一〕之處，非至善而必至險。諺云：天下名山，惟僧所居。而乃佛處也。今南關之山，俯伏于鍾山〔二十二〕之前，峯拱崗伏，所以鍾來氣之精，英雄一千一百餘年，法輪常轉。今立恭增煇佛日，豈偶然哉。故述記爾。

遊寺記

朕因憂慮既多，特入寺中，與禪者盤桓，暫釋幾冗之一時[一]。入寺既行，凡所到處，無不有佛。及至方丈，平視兩壁，皆懸水墨高僧，凡四軸六人：一軸三禪海水，一軸了經松下，一軸撫鹿溪邊，一軸樂水於巖前。嗚呼！住持者志哉。所以設此，意在感動心懷，堅立寂寞之機，甚得其宜也。何以見之？如三禪海水者，其海潑天飛浪，煙海四際，其高僧凝然舉麈[二]而揮，鼎足而坐，可謂奇矣。動修者一也。又了經于松下[三]，對月于昊窮，可謂清之極[四]矣。復有一僧前撫鹿于溪，後山神以密護，可謂行至矣。又坦然而無慮，樂然而無憂[五]。樂水于山根，可謂寂寞而已。斯四軸六人，足可堅修者之心。朕爲斯而樂，至暮而歸。餘月復至寺[六]，由東廡[七]而入，見畫像圖形，皆男女夾雜，濃梳艷裹者紛然，將謂動《小乘》而堅《大乘》也。徐至苑中，見有數架修上薔薇[八]，朕亦謂非宜也。少時憩方丈，顧左右壁，亡其[九]前日所有高人四軸，不覺興嘆矣[十]。何哉？所以歎者，不惟畫於薔薇不合有，而[十一]有四軸高僧當懸，除去皆非所宜。故興歎息焉。

報恩寺修官齋敕

永樂五年十月十五日

勑諭天下赴會僧衆：朕惟[一]佛氏之道清淨慈仁，弘深廣大，包含萬有，貫徹妙微，利益幽明，功德無量。比者仁孝皇后崩逝，舉薦揚之科，啓無遮之會，廣集僧伽，諷揚經典，百日之間，嘉禎翕集。慧燈降于金剎，法雲覆于紺園。綉絢五紋，煇燦諸品，毫光累現，衆彩畢呈。天花雨空，滿祇林之寶樹；縞鶴飛舞，繞碧落之旛幢。佛之舍利，或流煇[二]於梵宫，或騰燿于寶塔。開照空之[三]菡萏，爛湧地之摩尼。動若驪珠，炳焕午夜；晃如虹彩[四]，燭影丹霄。寶塔之前，圓結金梅之果；長干之境，秀産瓊芝[五]之祥。若斯顯靈，難以悉舉。皆由爾衆毘尼克謹梵行清修，瀾飜八藏[六]之文，悟解三乘之旨。秉其志誠，以奉朕命，攄精義以叩佛慈。其中亦有至人，道化高妙，飛行變化，隱顯莫測，感朕誠心，來臨法會，證盟善功。朕德薄，有未能知。藉兹衆善，遂致感通。睹瑞應之蕃臻，想神靈之濟度。[七]超遊極樂，信有明徵，朕實懽愉，特加褒獎[八]。夫觀百川之流者，必至海乃止；虧一簣之功者，則爲山不成。爾等益勤精進，庶永謝於塵緣；究竟真空，期早登於覺地。利生助化，翼我皇家。欽哉！故諭。

重修報恩寺勑

永樂十一年

天禧寺，舊名長干寺，建于吴赤烏年間。緣及歷代，屢興屢廢。宋真宗天禧年間，嘗經修建，遂改名曰天禧寺。至我朝洪武年間，寺宇稍壞。工部侍郎黄立恭奏請募衆財，畧爲修葺。朕即位之初，遂勑工部修理，比舊加新。比年，有無籍僧本性，以其私憤，懷殺人之心，潛於僧室放火，將寺焚毁。崇殿修廊，[一]寸木不存；黄金之地，悉爲瓦礫。浮圖煨燼，頹裂傾欹。周覽顧望，坵虚草野。[二]朕念皇考皇妣罔極之恩[三]，無以報稱[四]。況此靈跡，豈可終廢。乃用軍民人等，勤勞其力。趨事赴工者，如水之流下，其勢[五]莫禦。一新創建，充廣殿宇，重作浮圖。比之于舊，工力[六]萬倍。以此勝因，上薦父皇母后在天之靈，下爲天下生民祈福。使雨暘時若，百穀豐登，家給人足，妖孽不興[七]，災沴不作。乃名曰

「大報恩寺」。表兹勝刹，垂耀無窮，告於有衆，咸使〔八〕知之。

御製大報恩寺左碑

朕惟佛氏之道，清淨堅固以爲體，慈悲利濟以爲用。包含無外，微妙難名，匪色相之可求，無端倪之可測。圓明普偏，顯化〔一〕無方，有不可〔二〕思議者焉。朕皇考太祖聖神文武欽明啓運俊德成功統天大孝高皇帝，皇妣孝慈昭憲至仁文德承天順聖高皇后，開創國家，協心致理，德合天地，功在生民。至盛極大，無以復加也。朕以菲德，統承大寶，負荷不易，夙夜惟勤。惕惕兢兢，祗循成憲。重惟大恩罔極，未由報稱。且聖志惓惓，惟欲斯世斯民，暨一切有情，咸得其所。繼述之重，其在朕躬。仰惟如來萬法之祖，弘濟普度，慈誓甚深，一念克誠，宜無不應。增隆福德，斯有賴焉。南京聚寶門之外，有寺舊名長干，吳赤烏之歲所建。歷世既遠，興替相因。宋真宗時，改寺額爲「天禧」。國朝洪武中，撤而新之。歲月屢更，將復頹圮。永樂乙酉，嘗命修葺，未幾厄于回禄。今特命重建，弘拓故址，加于舊規。像貌尊嚴，三寶完具，殿堂廊廡，煇焕一新。重造浮圖，高壯堅麗，度越前代。更名曰「大報恩寺」，所以祈靈迎貺，上資福于皇考皇妣，且祈普祐海宇生靈，及九幽滯爽，咸獲濟利。用仰承我皇考、妣之聖志，而表朕之孝誠。今將竣事，特志其本末志於碑，用昭示如來之道，化我皇考皇妣之功德，配天地之廣大，同日月之光明，而相爲悠久於萬萬年。永樂二十二年二月〔三〕　日

御製大報恩寺右碑

夫大覺之道，肇自西域，入中國，行于天下。其要歸于導民爲善，一切撤其迷妄之蔽，而内諸清淨、

安隱之域，以輔翼國家之治，而功化之妙〔一〕，下至幽冥淪滯，靡不資其開濟。是以功超天地，澤及無窮。歷代人主，咸崇奬信。我國家自太祖高皇帝受命爲君，功德廣大，同乎覆載。太宗皇帝奉天中興，大德豐功，海宇悦服。仁宗皇帝嗣臨大寶，功隆繼述，遠邇歸仁。三聖之心，與天爲一，與佛不二。是以道高帝王，恩周普率〔二〕，四方萬國，熙皡同春。朕承天序，寅奉鴻圖，惟祖宗之心，操存不越。惟祖宗之道，率履弗違。至於事神愛民，一惟先志。南京聚寶門之外，故有天禧寺，我太祖皇帝加修葺之，致清理之功，歲久而燬。太宗皇帝更新作之，名曰「大報恩寺」。上以伸聖孝，下以溥仁恩。經營之精深，規模之廣大，極盛而無以加焉。垂成之日，龍輿上賓。仁宗皇帝臨御，用竟厥功，制作之備，巋焉，焕焉。跱立宇宙，光映日月。于以奉萬德之尊，會三乘之衆，永宣靈化，弘建福德，顯幽萬類，覆被無窮。蓋自古所未有也。〔三〕其興造之由，已見永樂甲辰御製之碑，龍章丽文〔四〕，本末完具。兹謹述三聖所以嘉厚象教之盛心〔五〕，刻文貞石，昭示悠久。於戲！鍾山〔六〕巍巍，大江洋洋，聖德長存〔七〕，慧化不息。億萬年，與天同壽。宣德三年三月十五日

長干寺設無礙法喜食詔★　《廣弘明集》

大同四年八月，月犯五車，老人星見。改造長干寺阿育王塔，出佛舍利、髮爪。阿育，〔一〕鐵輪王也。王閻浮〔二〕一天下，一日夜役鬼神造八萬四千塔，此其一焉。乘輿幸長干寺，設無礙法喜食。詔曰：「天地盈虚，與時消息，萬物不得齊其蠢生，〔三〕二儀不得恒其覆載。故勞逸異年，懽慘殊日。去歲失稔，斗粟貴騰。民有困窮，遂臻斯濫。原情察咎，或有可矜。下車問罪，聞諸往誥，責歸元首，實在朕

躬[四]。若皆以法繩，則自新無路。《書》不云乎，與殺不辜，寧失不經。《易》曰：『隨時之義大矣哉。』今真形舍利復見於世。逢希有之事，起難遭之想。今出阿育王寺，設無礙會，耆年童齒，莫不欣悦，如積飢得食，如久别見親。幽顯歸心，遠近馳仰。士女霞布，冠蓋雲集。因時布德，允叶人靈。凡天下罪無輕重，皆赦[五]除之。」

附歷代名臣記

長干寺衆食碑　陳徐陵

昔炎皇肇訓，稷正修官，信矣民天之言，誠哉國寶之義。自非道登正覺，安住於大般涅槃。行在真空，深入於無爲般若。則菩薩應化，咸同色身，諸佛淨土，皆爲摶食[一]。證常住者，爰乞[二]乳糜；補尊位者[三]，猶假香飯。亦有三心未滅，七反餘生，應會天宮，就齎龍海。況復[四]繪居地轉，咸甜珠庭，固以皆種仙禾，并資靈粟者矣。法師常[五]願以智慧火，燒煩惱薪，普施衆生，同飡甘露。況復安居自恣，願學高年；或次第于王城，猶棲遑於貧里。迦留乞麵[六]，苦用神通，須提請飯[七]，致遺豪貴[八]。於是思營衆業，願造坊厨，庶使應供之僧，皆同自然之食。升堂濟濟，無勞四輩之頻[九]；高廪峩峩，恒有千食之糒。[十]其外鐵市銅街，青樓紫陌，辛家黑白之里，甲第王侯之門，莫不供施相高，資儲轉衆。法師善巧方便，漚合含羅〔十一〕，教授滋生，隨年增長。假使桑林不雨，瓠水揚波，猶厭稻粱〔十二〕，永無飢乏。加以五鹽〔十三〕具足，七菜芳軟〔十四〕，麰〔十五〕類天厨，果同香樹。爨鼎之大，殷王未逢；糜鑊〔十六〕之深，齊都非擬。昆吾在次，皆鳴鷲嶺之鐘；暘谷初升，同洗龍池之鉢。

天禧寺新建法堂記

宋李之仪

天禧寺者，乃長干道場，葬釋迦真身舍利。祥符中建塔，賜號聖感舍利寶塔。至天聖中，又賜今額。按《梁書》：大同三年，高祖改造阿育王塔，出舊塔下舍利及爪髮。髮青紺色，衆僧以手伸之，隨手長短；放之，則屈爲蠡形〔二〕。始，吳時，有尼居其地〔三〕，爲小精舍。孫綝〔四〕尋毁除之，塔亦同泯。吳平後，諸道人復於舊處建立焉。中宗渡江，更修飾之。至簡文〔五〕咸安中，使沙門安法師程造小塔，未及成而亡，弟子僧顯繼而修之。至孝武太元〔六〕九年，上金相輪及承露。其後，西河離石縣有胡人劉薩何〔七〕遇疾暴亡，而心下猶煖，未敢便殯〔八〕。經七日更甦，説云：「有兩吏見録，至十八地獄，隨報重輕，受諸苦毒〔九〕。見觀世音，語云：『汝緣未盡，若得活，可作沙門。洛下、齊城、丹陽、會稽，並有阿育王塔，可往禮拜，則不復墮地獄。』」因此出家，遊行禮塔。次至丹陽，未知〔十〕塔處。乃登越城，望見長干里有異氣色〔十一〕，因就禮拜，果是阿育王塔所放光明。由是定知有舍利，乃集衆掘之，入一丈，〔十二〕得三石碑。中一碑有鐵函，函中有銀函，銀函中有金函，盛三舍利〔十三〕及爪、髮各一枚，長數尺。即還舍利近北，對簡文所造塔，造一層塔。十六年，沙門僧尚加爲三層，即高祖所開者也。

琉璃塔記

明行太僕寺卿鄞陳沂

南都城之南有大佛宇，孫吳時云神僧所居。南朝始有寺，因地長干，曰長干寺。趙宋改名天禧寺。國朝永樂初大建之，準宫闕規制，名大報恩寺。故有舍利塔。文皇詔天下，盡甄工之能者，造五色琉璃，備五材百制，隨質呈色，而陶埏〔一〕爲象，品第甲乙，鉤心門角，合而甃之，爲大浮圖。下周廣四十尋，重屋九級，高百丈。外旋八面，内繩四方。外之門牖實虚其四，不施寸木，皆埏埴而成，連大宫後。疊玉砌數級，上爲五色蓮臺，座高擁尋丈。乃列朱楹八面，闢爲四門，懸十有六牖於八隅。門繞以曼陀優鉢曇花，壁刻以天王金剛四部大神，具頭目，手足異相。〔二〕冠簪纓，胄衣帶，鎖甲〔三〕異制。戈戟、輪鐸、器飾異勢〔四〕，種種不類。載以獅象，承以棼橑。井栱〔五〕翔起，光彩璀璨。覆以碧瓦鱗次，螭頭豹尾，交結上下。又蔽以鏤檻雕楹，青瑣〔六〕綉闥。於外二級至九級，不設瑣闥，惟楹檻皆朱，壁皆黝，至榱栱則間以玄朱〔七〕，其花蕚旋繞。牖户懸闢之制，皆如初級焉。盡九級之上，爲鐵輪盤，盤上輪相疊起數仞，冠以黄金寶珠。頂維以鐵綍，墜以金鈴。每級飛櫩，皆懸鳴鐸。明牖以蚌蠣薄葉障之，冒出楹外，凡百四十有四。晝則金碧照燿雲際，夜則百四十有四篝燈，如火龍自天而降，騰焰數十里。風鐸相聞數里，響振雨夜。舍利如火珠數顆，次第出入，輪相間有聲。浮圖之内，懸梯百蹬，旋轉而上。每層布地以金，四壁皆方尺小釋像，各具諸佛如來因緣，凡百種，極致〔八〕精巧。眉髮悉具，布砌周遍。井栱疊起，皆青碧穹覆如華蓋。列牖設篝燈處，若蝸殼〔九〕宛轉，一竅穿出。門至絶級亦洞敞，首不低縮，出櫩檻外，則心神惶怖，不能久佇。四顧羣山大江，關阻旁達，無遠不在。近觀宫城、廨舍、陸衢、水道、民居、巷市，人物往來動息，罔不畢見。飛鳥流雲，常俯視在下矣。

遊報恩寺塔記畧

明南刑部尚書王世貞

寺之二山門、前後殿、周廡，久委劫火，獨一塔在。塔故文皇下京師、纂大寶，傾天下之財力〔一〕，爲高帝及后營福者也。其雄麗冠于浮圖，金輪聳出雲表，與日競麗。余劇欲一登之，而僧頗尼以不任。余乃易便服，行幐，憑小吏肩而上。甫三級，則已下視萬雉矣。級益高，階益峻，兩股踸踔者久之。强自奮，盡九級，宫殿樛轇，萬棟櫛歷〔二〕，與平疇相映。長江如白龍蜿蜒而來，惟鍾山紫氣與天闕、方山不相伏，餘無所不靡。塔四周鎸四天王〔三〕、金剛護法神〔四〕，中鎸如來像，俱用白石，精細巧緻若鬼工，余摩娑久之。

大報恩寺徐府匯善庵緣啓

永樂二十二年，有南京僧録司右覺義妙乘，係南京大功坊中山王府下人也。于洪武十九年舍送天禧寺出家，投禮僧玹清爲師。洪武二十一年二月内，魏國公徐輝祖于奉天門口奏：「臣父親在時，有箇小的願舍與天禧寺，替臣父親出家。」奉聖旨：「着他天禧寺出家，欽此。」當年披剃，請給禮部宙字七十號度牒。洪武二十二年三月内，給到僧録司地字一百六十三號半印勘合。洪武二十三年，游方至鳳陽搓芽山修行。洪武二十五年，魏國公徐輝祖于奉天門奏：「臣家有箇出家的小和尚，在鳳陽搓芽山歸山。」欽奉聖旨：「仍着他回來天禧寺，蓋庵與他住。欽此。」洪武二十九年二月十七日，右軍左都督徐增壽晚朝于奉天門，奏：「臣天禧寺有箇和尚，是臣父親舍出家的。」欽奉聖旨：「是。着他天禧寺住。欽此。」永樂六年正月二十六日，僧妙乘于靈谷寺口奏：「臣僧有師父清古澗，仁孝皇后曾請禮爲師。

現今年老，無處養老，有北門橋烏龍潭，原係古刹白塔永慶寺。」欽奉聖旨：「與你修蓋，着你師父養老。欽此。」永樂二十二年十月初二日，于右順門欽奉聖旨：「妙乘與你僧録司做右覺義，住持匯善庵，到任管事。欽此。」是僧繇此庵之始也。當開國時，君臣咨詘靄若家人，而今將二百年後，猶存此殘石。回思當日之立庵、剃度，豈非紹隆三寶之一大因緣也哉。自今而往，守此庵者，其毋忘俶始，勉之可也。

崇禎己卯孟冬朔日，前軍都督同知蔭襲魏國公徐久爵重刊。

國朝名臣記

報恩寺重建萬佛閣記萬佛閣即宋之法堂址

報恩浮圖之勝，名甲寰中。其下有阿育王舍利〔一〕靈異之蹟，時時顯見，任人耳目。其左爲大禪殿，後爲萬佛閣，相傳故少師姚恭請公説法堂址也。規制閎傑，香烟馝馞，遠近瞻禮，鷲院偉觀舊矣。戊子孟夏，行者不戒于火，遂使巍峩丹碧，立成煨燼。如是者八年，所荒榛滿目，景象瑟然。遊人惝怳咨嗟，孰不咤爲勝地缺事！值時方俶擾，闤左空匱，無計復睹崢嶸。休然長老發大願力，蹣跚蓬席者匝歲。宰官長者尚公，檀施護法，十方信善，雲委源輸。金轂不脛而集，爰庀材鳩工，丁丁翕翕，鱗鱗翼翼。興役于壬辰夾鐘，以甲午陽月落成。梓礎輪奂〔二〕，翬革壯麗，一準原式。丹雘晶彩，金碧熒煌。閣上下像設以及淨室、齋堂、厨庫，一還舊觀。閣後垣門，更闢餘地，創維摩、文殊、龐居士像。其中兩廂爲繙藏屋，左右承隅緣霤，合十二楹，則昔無而今有者。是役也，費白鏹三千餘金，米若干石。咸因聞而喜捨，未嘗持鉢沿門，頓變焦墟爲靈境。焕乎！諸佛于人天異哉。夫建寺者，豈得以一手一足辦，自非本真實心，行真實行，欲其感孚捷應如此，何可得也。以此知尚公誠信協人，仁聲著特。加之五老戒律精嚴，慈悲普度，故能勝因化愚。而慧力攝慳，使貧者不有其力，富者不有其財，當周敝之秋，一旦共然，成就大因緣功德。璀燦嵸聳，莊嚴圓滿，讚嘆具足，無少毛髮，虧久且復，有心于前。誠所謂一人發心歸圓，十方盡皆回向者乎。從此四時梵唄，二六香燈，傳少林之心印，作東土之津梁。千百年永永無窮，利益佛事，不愧此山第一香火矣。若能更傳一法，則有不住一相，而行布施。法在如此，則大師長者檀信禪悦，福德性又安在乎。長老法諱性天，河南祥符人。辛官尚公諱三畏，山西蒲州人。記其事者，前史氏蜀人陳盟也。諸布施善信長者居士，法俱得列名碑陰〔三〕。

順治乙未季夏月之吉前吏部侍郎兼翰林院侍讀學士蜀人陳盟撰。

【校記】

附舊卷撥賜報恩寺廊房帖文

〔一〕原文「欽此」二字，與前後句意不合，據《金陵梵刹志》卷五十《報恩寺常住》改。

〔二〕據《金陵梵刹志》卷五十《報恩寺常住》增。

御製侍郎黄立恭完塔記

〔一〕原文「之左」下有「首」，乃衍字，據《金陵梵剎志》卷三一刪。
〔二〕原文「濱」下遺一「江」字。
〔三〕原文「若人」前有「仿彿」二字，乃衍字，刪。
〔四〕原文「葺理」下遺「者」字。原文「施功」下有「者」字，乃衍字，刪。
〔五〕原文「十三年」下有「故」，衍字，刪。
〔六〕原文「多矣」在「是土者」之後，誤；據《梵剎志》刪，補至「君昏者」後。
〔七〕「考」，原文誤作「攷」。
〔八〕「宜其然也」，原文作「宜其矣夫」，誤。據以改。
〔九〕「墜于塔下者不絶」，原文遺「塔下」、「不」。
〔十〕「左侍郎」，原文遺「左」。
〔十一〕「羣于人」，原文作「羣于世人」，「世」乃衍字，刪。
〔十二〕原文「而布施」三字在「者」字後，誤，據以改在「者」前。
〔十三〕「從者如流之趨下」，原文作「從流如之者趨下」。
〔十四〕「會集」，原文作「集會」。
〔十五〕「塔殿」，原文作「殿塔」。
〔十六〕原文漏一「之」字。
〔十七〕「不及」，原文下有「者」，乃衍字，刪。

校者按，校《折疑梵剎志》（手抄本）卷二、卷三之書，凡未標明者，均爲明人葛寅亮《金陵梵剎志》。

〔十八〕「設若」，原文少一「設」字。

〔十九〕「絶然」，原文作「絶不」，誤。

〔二十〕此句「然」後多一「而」字，删。「方將」，原文作「於將」；「必成」，原文漏一「必」字。據以改。

〔二十一〕「所處」，原文作「所深」。據以改。

〔二十二〕「鍾山」，原文作「終山」，據以改。

遊寺記

〔一〕「之一時」，原文漏一「之」字，據《金陵梵刹志》卷一補。以下凡未註明出處者，均依此書，不另註。

〔二〕「舉麈」，原文作「舉塵」，誤。

〔三〕原文漏一「于」字。

〔四〕「清之極」，原文「極」前多一「至」，衍字，删。

〔五〕「無憂」，原文作「忘憂」。

〔六〕「復至」，原文漏一「復」字。

〔七〕「東廡」，原文作「東廊」。

〔八〕「修上」，原文作「修竹」。

〔九〕「亡其」，原文漏一「其」字。

〔十〕「矣」，原文作「焉」。

〔十一〕「畫於薔薇不合有」，原文「於」作「與」，又漏一「有」，據以改。

報恩寺修官齋勅

〔一〕「惟」，原文作「爲」。

〔二〕「流煇」，原文作「煇流」。

〔三〕「之」，原文作「於」。

〔四〕「虹彩」，原文作「紅彩」。

〔五〕「瓊芝」，原文作「靈芝」。

〔六〕「八藏」，原文作「入藏」。

〔七〕原文漏一「之」字。

〔八〕原文「特加」前有「故」，乃衍字，删。

重修報恩寺勅

〔一〕「殿修廊」，原文作「廟竣殿」，誤。

〔二〕「坵虚草野」，原文無「草野」二字，據以補。

〔三〕「之恩」，原文作「之深恩」，「深」乃衍字，删。

〔四〕「無以」，原文前多一「朕」字，乃衍字，删。

〔五〕「其勢」，原文作「其功」。

〔六〕「工力」，原文漏一「力」字。

〔七〕「不興」，原文作「不生」。

〔八〕「咸使」，原文作「咸始」，誤。

御製大報恩寺左碑

〔一〕「顯化」，原文作「現化」，誤。

〔二〕原文漏一「有」字。

〔三〕「皇考太祖」，原文無「太祖」二字，據以補。

〔四〕「高皇帝」，原文前有「太祖」二字，乃衍字，删。

〔五〕「二月」，原文無「二」，據以加。

御製大報恩寺右碑

〔一〕「普率」，原文作「普覆」。

〔二〕「有也」，原文「也」前有一「者」，乃衍字，删。

〔三〕「麗文」，原文作「麗法」。

〔四〕「盛心」，原文作「聖心」。

〔五〕「鍾山」，原文作「鐘山」。

〔六〕「長存」，原文作「常存」。

長干寺設無礙法喜食詔

〔一〕「阿育」，原文下有「王」，乃衍字。

〔二〕「閻浮」，原文不清，據改。

〔三〕原文「蠢生」後有「二消息萬物歸」六字，乃衍文，删。

〔四〕「朕躬」，原文作「朕弨」。

〔五〕「赦」，原文作「悉」。

長干寺衆食碑

〔一〕「摶食」，原文作「揣食」，誤。據《徐孝穆集箋註》卷四（《四庫全書·集部》）改。

〔二〕「爰乞」，原文作「爰訖」。

〔三〕「尊位者」，原文作「尊者位」。

〔四〕「況復」，原文作「汎復」。

〔五〕「法師常願」，原文漏一「常」字。

〔六〕「乞麵」，原文作「乞麨」。

〔七〕「請飯」，原文作「請餅」。

〔八〕「遺豪貴」，原文作「貽辭責」。

〔九〕「頻」，原文作「慮」。

〔十〕「精」，原文作「備」。

〔十一〕「漚合含羅」，原文作「漚和舍羅」。

〔十二〕「稻粱」，原文作「稻粱」。

〔十三〕「五鹽」，原文作「五味」。

〔十四〕「七菜」，原文作「七飯」。

〔十五〕「麨」，原文作「餅」。

〔十六〕「鑊」，《四庫全書》本作「護」，非，當以原文「鑊」爲是。

天禧寺新建法堂記

〔一〕原文「寳塔」後遺漏「至天聖中，又賜今額」八字，據《景定建康志》卷四四補。

〔二〕「屈爲蠡形」，原文作「屈形如蠡形、如嗚蚓」，誤。據以改。

〔三〕「居其地」，原文作「居之是地」，誤。

〔四〕「綝」，原文作「琳」，誤。

〔五〕「簡文」，原文後有「帝」字，乃衍字。

〔六〕「太元」，原文作「大元」。

〔七〕「劉薩何」，原文作「劉薩訶」。（《金陵梵刹志》卷二亦同）

〔八〕「殯」，原文作「殮」。

〔九〕「苦毒」，原文作「毒苦」。

〔十〕「未知」，原文作「考知」。

〔十一〕「異氣色」，原文漏一「氣」。

〔十二〕「入一丈」，原文作「入一丈深」，「深」乃衍字，删。

〔十三〕「盛三舍利」，原文漏「三」字。

琉璃塔記

〔一〕「珽」，原文作「埏」，筆誤。據《金陵梵刹志》卷三一改。

〔二〕「異相」，原文缺「相」字，據以補。

〔三〕「鎖甲」，原文漏「甲」字。

〔四〕「異勢」，原文作「異埶」。

〔五〕「井栱」，原文作「井拱」。（下同，不另出條）

〔六〕「青瑣」，原文作「青鎖」。

〔七〕「玄朱」，原文作「玄珠」。

〔八〕「極致」，原文作「極緻」。

〔九〕「殻」，原文作「角」，誤。

★《金陵大報恩寺塔》題作《報恩寺琉璃浮屠記》。

遊報恩寺塔記畧

〔一〕「財力」，下原文有「焉」，乃衍字。據《金陵梵刹志》卷三一刪。

〔二〕「櫛歷」，原文作「節歷」，誤。

〔三〕「四天王」，原文作「四璧天王」，「璧」乃衍字，刪。

〔四〕「護法神」，原文前有「之」，乃衍字，刪。

報恩寺重建萬佛閣記

〔一〕「舍利之」，「之」疑似衍字。

〔二〕「梓礎輪」，「輪」下疑漏一「奐」字。

〔三〕「利名碑陰」，「利」疑當作「列」。

敕建報恩寺梵刹志　卷三

前明欽録集

《折疑志》内所有各上諭，皆係藩司内卷。今悉行採入，不致後世有負本朝之恩沐矣。

洪武六年癸丑

普給天下僧度牒。前代多計僧鬻牒，名曰免丁錢。詔特蠲之。

洪武九年丙辰

試經給沙門度牒。

洪武十年丁巳

三月十三日，禮部尚書張等奉天門奏，准奉聖旨：「就批本着落禮部知道：一切南北僧道，不論頭陀人等，有道善人，但有愿歸三寶，或受五戒，或受十戒，持齋戒酒，習學經典，明心見性，僧俗善人許令齋持戒牒，隨身執照。不論山林、城郭、鄉落，村中，恁他結壇上座，拘集僧俗人等[二]日則講經説教，化度[三]一方，夜則取靜修心。欽此。」

洪武十一年戊午

禮部郎中袁子文建言度僧，詔許之。

五月十三日，賜僧誥命。[一]

洪武十四年辛酉

六月二十四日，禮部爲欽依開設僧道衙門事，照得釋、道二教，流傳已久。歷代以來，皆設官以領之。天下寺觀僧道數多，未有總屬。爰稽宗制，設置[一]僧道衙門以掌其事，務在恪守戒律[二]，以明教法。所有事宜，開列于後：

一、在京設置僧録司、道録司，掌管天下僧道。選精通經典、戒行端潔者銓之。其在外布政、府、州、縣，各設僧綱、僧正、僧會、道紀等司衙門，分掌其事。

僧録司，掌天下僧教事：善世二員，正六品，

左善世，右善世；

闡教二員，從六品，
左闡教，右闡教；
講經二員，正八品，
左講經，右講經；
覺義二員，從八品，
左覺義，右覺義。
各府僧綱司，掌本府僧教事：〔三〕都綱〔四〕一員，從九品，副都綱一員。
各州僧正司，掌本州僧教事：僧正一員。
各縣僧會司，掌本縣僧教事：僧會一員。
一、各府、州、縣寺觀僧道，並從僧録司、道録司取勘置文册。須要開寫：某僧、某道姓名，年甲，某布政司、某府、某州、某縣籍，某年於某寺、觀出家，受業其師，先爲行童幾載，至某年、某〔五〕施主披剃簪戴，某年給受度牒，逐一開報。
一、供報各處有額寺觀，須要明白開寫：本寺、本觀始於何朝，何僧、何道啓建，或何善人施捨。
一、僧、道録司衙門全依宋制〔六〕，官不支俸，吏與皁隸合用人數，並以僧、道反佃僕人等爲之。
一、僧、道録司官體統與欽天監相同〔七〕。出入許依合用本品傘蓋，遇官高者即斂之。
一、各處寺觀住持，從本處僧道衙門舉保有戒行、老成、諳通經典者，申送本管衙門，轉申僧録司、道録司，考試中式，具申禮部奏聞。

一、各府、州、縣未有度牒僧、道，許本管僧道衙門具名申解。僧綱司、道紀司轉申僧録司、道録司，考試能通經典者，具申禮部類奏出給。

一、在京、在外僧道衙門，專一檢束僧道，務要恪守戒律，闡揚教法。如有違犯清規，不守戒律，及自相爭訟者，聽從究治，有司不許干預。若犯奸盗非爲，但與軍民相涉，在京申禮部酌審，情重者送問；在外即聽有司斷理。

洪武十五年壬戌

三月初六日，曹國公欽奉聖旨：「天下僧道的田土，法不許買。僧窮、寺窮，常住田土，法不許賣。如有似此之人，藉没家産，欽此。」四月二十二日，准吏部咨：除授各僧、道録司咨，本部知會僧録司：左善世戒資，右善世宗泐；左闡教智輝，右闡教仲羲；左講經玘太樸，右講經仁一初；左覺義來復，右覺義宗鬯。

四月二十五日，禮部爲欽依開設僧道衙門事，今將定列本司官員職掌事理，開坐前去〔一〕，仰照驗遵依施行：

一、戒資掌印，宗泐封印。

凡有施行諸山，須要衆僧官員坐署押眼同用印。但有一員不到，不許輒用。差故者不在此限。

一、戒資宗泐提督衆僧坐禪，參悟公案，管領教門之事。

一、智輝、仲羲，亦督修者坐禪。

一、如玘、守仁，接納各方施主，發明經教。

一、來復、宗䂓，檢束諸山僧。行不入〔二〕清規者，以法繩之。并掌天界寺一應錢糧、産業，及各方〔三〕布施財物，置立文簿，明白稽考。其各僧官職掌〔四〕之事，宗䂓皆須兼理。

一、考試天下僧人，能否公同圓議，具實奉聞。

命鞍轡局大使黄立恭修天禧寺塔。

五月二十一日，禮部照得佛寺之設〔五〕，歷化分爲三等：曰禪，曰講，曰教。其禪不立文字，必見性者，方是本宗。講者務明諸經旨義。教者演佛利濟之法，消一切見造〔六〕之業，滌死者宿作之愆，以訓世人。

六月十七日，本部官于奉天門欽奉聖旨：「各處府分止設僧綱司、道紀司，就管附郭縣僧道，附郭縣〔七〕不必再設僧會司、道會司。欽此。」本部欽遵施行。

洪武十六年癸亥

五月二十一日早朝，僧録司官于奉天門欽奉聖旨：「即今瑜伽顯、密法事儀式及諸真言密咒，盡行考較穩當，可爲一定成規，行於天下。諸山寺院，永遠遵守，爲孝子順孫慎終追遠之道，人民州里之間祈禳伸情之用。恁僧録司〔一〕行文書，與諸山住持并各處僧官知會，俱各差僧赴京，于内府關領法事儀式回還。習學後三年，凡持瑜伽教僧赴京試驗之時，若於今定成規儀式，通者方許爲僧。若不省解讀，念且生須容周歲再試。若善於記誦〔二〕無度牒者，試後就當官〔三〕給與。如不能者，發爲民庶。欽此。」

禮部爲減繁事。照得本部出給僧道度牒，自洪武十五年五月内開設〔四〕僧道衙門，至洪武十七年閏十月，終給過僧道度牒二萬九百五十四名〔五〕。即日申請〔六〕不絶，妨占有司差役。本部議得一次出給，庶得〔七〕便益。洪武十七年閏十月二十九日，本部尚書趙瑁等官于奉天門奏，奉聖旨：「三年一次出給的，是照舊〔八〕日試他那幾般經。通曉得，與他度牒，恁禮部行個令，與他知道。欽此。」除外，今〔九〕將榜文隨此前去合下，仰照驗即便行移各處〔十〕僧道衙門。自洪武十七年十一月初一日截日住罷。候至洪武二十一年爲始，方許〔十一〕請給其考試。僧道務要依奉榜文内事理施行，毋得將不識經典僧道朦朧申請，違錯不便。

洪武十八年乙丑

三月初五日，本部官於奉天門欽奉聖旨：「雲南來的那十個僧人，恁禮部依先的僧人一般與他文書，着他去浙江地面裏遊玩。所至寺院，即令隨堂。欽此。」〔一〕本部給批付僧妙聞等，欽遵前去遊方。仰各處僧綱、僧會司，如遇各僧到寺，即令隨堂。咨兵部應付脚力，送至鎮江交卸，聽從遊玩。

十月二十八日，本部官于奉天門欽奉聖旨：「金齒來的僧，恁禮部與文書，着他去浙江地面裏遊玩。欽此。」劄付應天府應付脚力，遞送至鎮江府，聽從遊玩。

洪武十九年丙寅

勅天下寺院有田糧者，設砧基道人，一應差役，不許僧膺。

八月初八日，禮部奏：據僧性海等告給護持山門榜文。欽奉聖旨：「出榜與寺家張掛，禁治諸色人等，毋得〔二〕輕慢佛教，罵詈僧人，非禮攪擾。違者本處官司約束。欽此。」欽遵出給〔三〕榜文，頒行天下各寺，張掛禁約。

八月十六日，本部官于奉天門欽奉聖旨：「『雲南僧人性海等回還，與他遞運船隻。欽此。』咨兵部

欽遵施行。該驛傳送來京，欽此。」〔三〕

洪武二十年丁卯

四月十一〔一〕日，禮部尚書崔等復奉聖旨：「將戒牒頒行天下，重出曉諭。欽此。」

五月二十六日，鞍轡局大使黄立恭于大庖西欽奉聖旨：「當江沙蘆塲，你天禧寺與靈谷寺平分。欽此。」

洪武二十一年戊辰

遷僧録司於天禧寺，試經度僧〔一〕，給與度牒。

三月十四日，僧録司左善世弘道等于中右門欽奉聖旨：「着僧録司行文書各處僧司去，但有〔二〕討度牒的僧，二十已上的，發去烏蠻、曲靖等處，每三十里造一座〔三〕庵，自耕自食，就化他一境的人。欽此。」

四月二十六日，僧録司左善世弘道等於奉天門欽奉聖旨：「天禧等寺，係京刹大寺。今後缺大住持，務要叢林中選舉有德行僧人，考試各通本教，方許着他住持，毋得濫舉。〔四〕欽此。」

洪武二十二年己巳

八月初九日，僧録司申該本月初一日早，本司左善世弘道等，于奉天門欽奉聖旨：「西河、洮州等處，多有不曾開設僧司衙門，恁僧録司差漢僧、番僧去打點，着本處官司就舉選通佛法〔一〕的僧人，發來考試，除授他去。欽此。」選到〔二〕漢僧、番僧人〔三〕一十名。本月初八日，本司左善世弘道等于奉天門奏，奉聖旨：「着禮部出劄付，恁僧録司出文書與他，八月二十日起程去。欽此。」當即將僧花名申部，欽遵施行。

八月十七日，僧録司左善世弘道等於奉天門丹陛奏：「天禧寺管塔和尚福興帶鐵牌點燈不便。」奉聖旨：「舒了他。欽此。」

洪武二十三年〔一〕庚午

三月〔二〕二十三日，僧録司蒙給事中差力士欽依宣：「天禧寺僧官，明日早朝來，先取知帖回報。」

洪武二十四年辛未

五月初九日，左講經守仁又奏：「天禧等寺廊房開舖的，多是句容縣人。」奉聖旨：「教他起去，着蘇杭人來開舖。教他把舊日的文書照出關去。欽此。」

附前明申明佛教榜册

六月初一日，欽奉聖旨：佛教之始，自東漢明帝，夜有金人入夢。是後，法自西來。明帝勅臣民：願崇敬者，許。於是，臣民從者衆，所在建立佛刹。當時，好事者在法入之初，有去鬚髮而捨俗出家者，有父母以兒童子出家者。其所修也，本苦空，甘寂寞，去諸相慾，必欲精一己之英靈。當是時，佛教大彰。古刹列聖相繼而較者，佛之教，本中國之異教也。設使堯、舜、禹、湯之時，遇斯闡演，未審興止何如哉。今天下僧寺，以上羣修者雖不能盡爲圓覺，實在修行，次第之間，豈有與俗混淆，與常人無異者？今佛法自漢入中國，歷歷數者，一千三百三十年，非一姓爲君而有者也。所以不磨滅者爲何？以其務生不殺也。其本面家風，端在苦空寂寞。今天下之僧，多與俗〔一〕混淆，尤不如俗者甚多。是等其教而〔二〕敗其行，理當清其事，而成其宗。令一出，禪者禪，講者講，瑜伽者瑜伽，各承宗派，集衆爲寺。有妻室願還俗者聽，願棄離者聽。僧録司一如朕命，行下諸山，振揚佛法以善世。仍條于後：

一、自經兵之後，僧無統紀，若府若州，合令僧綱司、僧正司，驗倚郭縣，分僧會司驗本縣。僧人雜處民間者，見其實數。於見有佛刹處，會衆以成叢林，守清規以安禪。其禪者務遵本宗公案，觀心目形，以證善果。講者務遵釋迦四十九秋妙音之演，以導愚昧。若瑜伽者，亦於見佛刹處，率衆熟演顯、密之教，應供是方，足孝子順孫報祖父母劬勞之恩。以世俗之説，斯教可以訓世；以天下之説〔四〕，其佛之教，陰翊王度可也。

一、令之後，敢有不入叢林，仍前私有眷屬，潛住民間，被人告發到官，或官府拿住，必梟首以示衆。容隱窩藏者，流三千里。

一、顯、密之教儀範科儀，務遵洪武十六年頒降格式。内其所〔五〕演唱者，除内外部真言難以字譯，仍依西夷之語，其中最「密」者，惟是所以曰密。其餘番譯經〔六〕及道場内，接續詞情，懇切交章，天人鬼神，咸可聞知者，此其所以曰「顯」。于兹科儀之禮，明則可以達人，幽則可以達鬼。不比未編之先，俗僧愚士，妄爲百端〔七〕，訛舛規矩，貽笑智人，鬼神不達。此令一出，務謹遵毋增減，爲詞訛舛紊亂。敢有違者，罪及首僧及習訛謬者。

一、令出之後，有能忍辱，不居〔八〕市廛，不混時俗，深入崇山，刀耕火種，侣影儔燈，甘苦空寂寞於林泉〔九〕之下，意在以英靈出三界者，聽。

一、瑜伽僧既入佛刹，已集成衆，赴應世俗，所酬之資，驗日驗僧，每一日，每一僧錢五百文。假若好事三日，一僧合得錢一千五百文。主磬寫疏，[十]召請三執事，凡三日道場，每僧各五千文。

一、道場諸品經咒布施則例：

《華嚴經》一部，錢一萬文。

《般若經》一部，錢一萬文。

《内外部真言》，每部錢二千文。

《涅槃經》一部，錢二千文。

《梁武懺》一部，錢一千文。

《蓮華經》一部，錢一千文。

《孔雀經》一部，錢一千文。

《大寶積懺》一部，錢一萬文。

《水懺》一部，錢五百文。

《楞嚴咒》一會，錢五百文。

已上諸經施錢，誦者三分得一二分，與衆均分。雲遊暫遇者同例。若有好事者額外布施，或施主親戚、隣里、朋友棄齋下襯者，不在此限。

一、陳設諸佛像、[十一]香燈、供給闍黎等項，勞役錢一千文。

一、凡僧與俗齋，其合用文書，務依修齋行移體式，除一表、三申、三牒、三帖、三疏、三榜外，不許文繁别立名色，妄費紙札，以耗民財。

一、今後所在僧綱、僧正、僧會，去處其諸散寺應供民間者，聽從僧、民兩便，願請者願往任從之。僧綱、僧正、僧會毋得恃以上司出帖，非爲拘鈐，假此爲名，巧取散寺民施。此等之例，自宗元無大槩。只因曩者天下兵爭之日，朕居金陵，軍士在征者多，金陵在城巨細僧寺庵觀數多。當是天界一寺，重門樓觀，金碧熒煌，可謂寺之大者矣。其齋僧布施者，鮮入其内。其房一間，爲庵三五間，爲寺、道觀如之。朝天宫亦然。金碧熒煌，重門樓觀，人皆不入。〔十二〕其香火燈燭，晝夜不息。〔十三〕於小庵、小舍何也？實非求福，乃搆淫佚，敗常亂俗。當是時，朕將諸寺院庵觀，一槩屏除之。僧不分禪、講、瑜珈〔十四〕，盡入天界寺。道不分正一、全真，俱入朝天宫。於斯之時，僧道出入，頗有可觀。然一二載間，天界首僧慧曇，信從羣小，不才如忘瑜伽諸僧假以出入有驗。凡有經齋去處，驗帖驗〔十五〕僧而出。其歸也，巧取民施，以爲常例，如此剥削瑜伽諸僧。近年以來，分寺清宗，禪者禪，講者講，瑜伽者瑜伽，天界不復斯例矣。即今能仁寺首僧不悟，天界寺首僧爲非，仍前尚拘，散寺〔十六〕僧人出入是爲不便，巧取是爲貪財。出帖一節，驗本寺出入則可，取財則不可。此令一出，〔十七〕悉令改過，從各有緣。僧有道高行深者，或經旨精通者，檀越有所慕從，其齋禮毋以法拘。敢有仍前倚勢拘鈐者，其僧綱、僧正、僧會杖一百，工役三年。

一、瑜伽之教，顯、密之法，非〔十八〕清淨持守，字無訛謬，呼召之際，幽冥鬼趣，咸使〔十九〕聞知，即時而至。非垢穢之軀，世俗所持者。曩者，民間世俗多有倣僧瑜伽，教者呼爲善友。爲佛法不清，顯、密不靈，爲汙濁之所，污有若是〔二十〕。今後止許僧爲之。敢有似前如此者，罪以遊食。

一、令出之後，所有禁約事件，限一百日内，悉令改正。敢有仍前汙染不遵者，許諸人捉拿赴官，治以前罪。

七月初一日，本部官于奉天門欽奉〔二十一〕聖旨：「恁禮部出批，着落僧録司差僧人將榜文去，清理天下僧寺。凡僧人不許與民間雜處，務要三十人以上聚成一寺，二十人以下者，聽令歸併成寺。其原非寺額，創立庵堂、寺院名色，並行革去。欽此。」本部當差僧人善思等五名，賫榜前去各布政司〔二十二〕清理僧人，歸併成寺。仰各處僧寺遵守。

八月十八日，錦衣衛差力士何旺賫到手勅：「着善世、天禧、能仁三寺僧官宗泐等，明早有雨，不要來；若無雨天晴，早赴奉天門。欽此。」

洪武二十五年壬申

試經給僧度牒勅僧録司行移天下僧司：造僧籍册刊布寺院，互相周知。名爲《周知板册》。

三月十六日，本部官于華蓋殿欽奉聖旨：「今春雨少，恁禮部去天禧寺，着僧官潔淨壇場祈禱。户部與齋米一百石、鹽一百斤、醬八十斤。欽此。」移咨户部，欽遵施行。當日本部官又于奉天門題奏：「天禧寺啓，明早用香，就部祠部關油賫去。」奉聖旨：「是。再與他清油一百斤，着就庫裏支。欽此。」咨工部關油祠部放香。

四月十七日，禮部祠部試員外郎何呈于奉天門奏：「禮部出給僧道度牒，止憑僧録司來文，照名出給〔一〕，並不見開稱，曾無揭籍明白，恐一槩〔二〕出給不便。」奉聖旨：「都教他揭籍明白時給與他。欽此。」

五月初四日，僧録司左善世夷簡等同本部官于奉天門欽奉聖旨：「各處差〔三〕去清理佛教僧多，又不停當，恁僧録司好生省會與他。若要〔四〕將寺宇完全有僧去處拆毁了的，着他改正了。體察出來不饒。欽此。」

八月初六日，本司左善世了達等于右順門欽奉聖旨：「各處僧道多有假托〔五〕化緣騙人錢鈔的，恁僧、道録司拿將來，將疏頭來看料治他。欽此。」

十二月二十一日，欽依關領《清教録》一百四十五本，發與各處僧綱司，依本刊板印造，俵散所屬寺院僧人。

閏十二月十八日，禮部據僧録司申，該司〔六〕官等本年月〔七〕十四日于奉天殿欽奉聖旨：「各處僧寺多隱〔八〕逃軍、逃囚，好生不停當。只如南關外百福寺，止有僧人四名，爲隱藏刺字逃囚，寺都廢了。前日説與僧録司，行文書各處，僧司着落寺院編號造册。如今定下格式，不用多費紙劄，火速催併他成〔九〕造將來。欽此。」當日蒙力士蕭貴送到册式樣一紙，欽依寫一二名來看。本月十九日早，欽依將本司官并善世、天禧、能仁三寺僧一百二十八名，開寫二紙進呈。本月二十七日，本司官于右順門欽奉聖旨：「前日册式刊板了，着人印與僧録司，照依天下僧司寺院數目，頒降與他。着他依式刊板印造，務要天下僧籍互相周知。欽此。」當日又題奏：「各處清理册内未請度牒僧人合無如何？」奉聖旨：「也着他入册。欽此。」當年十一月初五日，本司官于奉天門欽奉聖旨：「如今定册式好生停當。僧録司差僧去説與各處僧司并寺院，這回造册，好生要清切。有容隱奸詐等人朦朧入册的，事發時，連那首僧都不饒他性命。各處僧人都要於原出家處明白供報。俗家户口入籍，不許再在掛搭處入籍。待造册成了，方許遊方掛搭。欽此。」除行各處僧司所屬寺院，欽遵造册外，具申到部，立案遵守。

洪武二十六年癸酉

六月初五日，僧録司官一同禮部官，于奉天門欽奉聖旨：「近日各處進來僧册，多有不知朝庭（廷）禮體。今後着他將原印板僧名上面邊欄增高三個字來地位，好寫進呈册前頭由，中間休動。」當又禮部官題奏：「其餘給散天下僧册。」奉聖旨：「准他。欽此。」

七月二十二日，僧録司官左善世夷簡等於奉天門欽奉聖旨：「各處寺院原設砧基道人，本着他寺家管事當門户。如今多有人來告他，好生無禮。戴帽穿圓領衣，行坐要在僧人之上，凌壓衆僧，惱害寺家。僧録司行文書去，今後各處砧基道人，敢有仍前無禮，凌壓衆僧，惱害寺家的，拿來杖一百，發邊遠充軍。欽此。」

八月十九日抄：蒙欽依天禧、能仁、靈谷、鷄鳴大住持僧官，二十日早，將引有見識的僧來赴内府。

九月二十六日，本司左善世夷簡等晚朝於奉天門題奏：「欽蒙撥與各寺蘆柴，合無就僧録司出批文與各寺去砍斫？」奉聖旨：「是。欽此。」

十月初三日，前軍都督府都督同知陳遜奉聖旨：「着他自倔倩人夫砍斫。行文書工部知道，免他抽分。欽此。」

洪武二十七年甲戌

命僧録司行十二布政司選僧補官。於是居頂、道成、淨戒等應召除授。

正月初八日，欽奉聖旨：「釋迦佛發大悲願心，歷無量劫，至於成道、説法、度人一切來歷，備載《大藏》。愚者安能知〔一〕義，聰者未能盡目〔二〕。有佛以來，效佛之修者無量。自漢入中國，至今一千三百餘年。其教不治而不亂，不化而自化。凡所説法，人天會聽。愚者雖無知，補於時君者多矣。自佛去世之後，諸祖踵佛之道，所在靜處，不出户牖，明佛之旨。官民趨向者累代。如此效佛宣揚者，智人也。所以佛道永昌，法輪常轉。邇年以來，踵佛道者，未見智人，但見奸邪無籍之徒，避患難以偷生，更名易姓，潛入法門。以其修行之道不足以動人，一槩窘於衣食，歲月實難易度。由是奔走市村，無異乞覓者，致使輕薄小人，毀辱駡詈，有玷佛門。特勅禮部條例所避所趨者，榜示之：

一、僧合避者，不許奔走市村，以化緣爲由，致令無籍凌辱，有傷佛教。若有此等，擒獲〔三〕到官，治以敗壞祖風之罪。

一、寺院庵舍，已有砧基道人。一切煩難答應〔四〕官府，並在此人。其僧不許具僧服，入公聽跪拜。設若己身有犯，即預先去僧服，以受擒拿。敢有連僧服跪公廳者，處以極刑。

一、欽賜田地，税糧全免。常住田地，雖有税糧，仍免雜派。僧人不許充當差役。

一、凡住持并一切散僧，敢有交結官府、説俗爲朋者，治以重罪。

一、凡僧之處於市者，其數照歸併條例，務要三十人以上聚成一寺。二十人〔五〕以下者，悉令歸併。其寺宇聽僧拆改，併入大寺。如所在官司有將寺没官〔六〕及改充别用者，即以賦論。

一、可趨向者，或一二人，幽隱於崇山深谷，必欲修行者，聽。三四人則不許。山雖有主，阻當者以罪罪之。若近市井十五里内，不許；山主阻之，勿罪。十五里以外，許之。其幽隱者，遊居于山，或一年、半年〔七〕，或兩、三月；或棲崖，或屋樹，或廬野，止許容身，不許創聚。刀耕火種於叢林中，只許勾食而已。若有好善之家，入山送供者，聽。

一、若欲遊方問道，所在雲水者，親賫路費，循道而行。往無定止者，聽。民有善德之家，一見如此，禮而齋之者，受施財者納之。

一、除遊方問道外，禪、講二宗，止守常住，篤遵本教，不許有二，亦不許散居。及入市村，其瑜伽各有故舊檀越所請作善事，其僧如科儀教，爲孝子順孫以報劬勞之恩，在上而追下者，得舒慈受之意，此民之所自願，非僧窘於衣食而干求者也。一切官民，敢有侮慢是僧者，治之以罪〔八〕。

一、僧有妻室者，許人捶辱之，更索鈔五十錠。如無鈔者，打死勿論。

一、有妻室僧人〔九〕願還俗者，聽。願棄離修行者〔十〕，亦聽。若不還俗，又不弃離，許里甲隣人擒拿赴官。循私容隱不拿者，發邊遠充軍。

一、今後〔十一〕一切僧人，敢有將手卷〔十二〕并白册稱爲題疏，所在强求人爲之者，拿獲到官。謀首處斬，爲從者點刺充軍。

一、僧寺庵院一切高明之人，本欲與僧攀話，顯揚佛教；奈何僧多不才，其人方與和狎，其僧便起求布施之心。爲此，人遠不近。

一、今後秀才并諸色人等，無故入寺院坐食僧人粥飯者，以罪罪之。

嗚呼！僧若依朕《條例》，或居山澤，或守常住，或遊諸方，不干於民，不妄入市村，官民欲求僧以聽經，豈不難哉。如此，則善者慕之，詣所在焚香禮請，豈不高明〔十三〕者也。行之歲久，佛道大昌。榜示之後，官民僧俗人等，敢有妄論乖爲者，處以極刑。欽此。」

附前明清教録内禁约條例

一、諸山僧寺庵院，務要天下諸僧名籍造册在寺，互相周知。遇僧人遊方到來，即問本僧係某處、某寺、某僧、年若干，然後揭册驗實，方許掛搭。如是册内無名及年貌不對者，即是詐僞，許擒拿解官。

一、今後〔一〕僧寺不許收養民間兒童爲僧。兒童無知，止由父母之命，入寺披剃。及至年長，血氣方剛，慾心一動，能甘寂寞、誠心修行者少。所以僧中多有泛濫下才者，敗壞祖風，取人輕慢。令出之後，敢有收留兒童爲僧者，首僧凌遲處死，兒童父母遷發化外。若有出家者，務要本人年二十、三十者，令本人父母將户内丁口事産，及有何緣故情願〔二〕爲僧，供報入官奏聞。朝廷允奏，方許披剃。過三年後，赴京驗其所能。禪者問以禪理，講者問以講〔三〕諸經要義，瑜伽者試以瑜伽法事。果能精通，方給度牒。如是不通，斷還爲民，應當重難差役。

洪武二十八年乙亥

命僧録司設上、中、下三科〔一〕，考試天下沙門。賜善世天禧等寺糧米各三千石，以給其食。賜僧録司官大祐袈裟衣衾。

洪武二十九年丙子

三月初一日，本部官欽奉聖旨：「天下僧道，已前屢曾出榜曉諭，務要各遵〔一〕本宗教法，不許混同世俗，干犯憲章。近來僧録司、道録司考試天下僧道，其中多有不通經典者。蓋是平日不遵清理榜諭，其於〔二〕本教祖風茫然無知，以此不知趨善懲惡之方。恁禮部將已前出的榜文，編集成書，頒示天下僧道寺觀，申明周知。三年後，再來考試。不中者，發邊遠充軍。欽此。」本部今將節次聖旨榜文條例刊布，務要人各〔三〕一本，永遠鑑戒。

洪武三十年★丁丑

命僧録司行十二布政司：凡有寺院處所，俱建禪堂，安禪集衆。天竺泥巴喇國造秘密〔一〕圖像，勅僧録司會議焚之。

十一月二十九日，住持溥洽於右順門題：「原奏准〔二〕化米道人一十名，二十九年、三十年，病故了三名。今有羽林左衛水軍千户所百户劉旺下、替役老軍周文榮，情愿到寺打勤勞。」奉聖旨：「這個准他。欽此。」當又奏：「再有一名上元縣住坐脚夫康祖生，年六十四歲，見有親男應當夫役，也情愿到寺打勤勞，化米供衆。」奉聖旨：「這般行好，用他。欽此。」

洪武三十一年戊寅

二月二十九日，僧録司左善世大祐等，於右順門欽奉聖旨：「江東驛、江淮驛兩處，蓋兩座接待寺，着南北遊方僧道往來便當。你們明日去看定基址，了來回話。欽此。」

永樂元年癸未

★禮部爲申明教化等事，照得洪武十五年十一月二十一日早本部官同五府各部官於奉天門欽奉聖旨：「朕自即位以來，一應事務，悉遵舊制，不敢有違。爲何？蓋因國初創業艱難，民間利病，無不周知。但凡〔一〕發號施令，不肯輕易，必思慮周密，然後行將出去，皆是爲軍、爲民的好〔二〕勾當。所以三十一年天下太平，人受其福。允炆不守成憲，多有更改，使諸司將洪武年間榜文不行張掛遵守，恁衙門查將出來。但是申明教化，禁革奸弊[三]，勸善懲惡，興利除害，有益於軍民的[四]，都依洪武年間的聖旨，申明出去，教天下官吏軍民[五]人等遵守，保全身命，共享太平。敢有故違者，治以重罪。欽此。」

九月二十九日午時，本司官左善世道衍，一同工部侍郎金忠、錦衣衛指揮趙曦於武英殿題奏：「天禧寺藏經板，有人來印的，合無要他出些施利[六]？」奉聖旨：「問他取些個。欽此。」

永樂五年丁亥

二月初六日，文武等官[一]奉天門早朝奏，准奉聖旨：「着落禮部知道，重新出榜曉諭，該行脚僧道[二]持齋受戒，恁他結壇、説法，有人阻擋，發口外爲民。欽此。」

永樂十一年癸巳

七月十七日，工部尚書吳中于奉天門早朝欽奉聖旨：「如今京城起蓋大報恩寺。那軍夫人匠每好生用心，[一]出氣力，勤緊做工程，我心裏十分喜歡。恁部家便出榜去，分豁等第賞他，仍免他家下差撥。欽此。」本部今將欽定事例備榜前去，仰欽遵[二]施行。須至榜者：

一、軍夫人匠，做工一年以上，始終不曾離役者，每名賞鈔十錠，賞布二疋。夫匠免户下[三]雜差役，旗軍免餘丁差撥各二年。做工半年以上，始終不曾離役者，每名賞鈔八錠，賞布一疋，夫匠免户下雜撥差役，旗軍免餘丁差泛各一名(年)。做工三月以上，始終不曾離役者，每名[四]賞鈔五錠，夫匠免户下餘丁雜泛差役，[旗][五]軍免餘丁差撥各半年。做工中間曾離役一次，復自來上工者，再計其上工月日；或有一年以上，或半年以上，或三月以上，俱照前例給賞優免。做工中間，曾離役二次以上者，不賞，不免差撥。有做本名下工程已了，再情愿出力做工者，賞鈔二十錠，賞布四疋，免其差撥三年。一、爲事軍民官吏人等上工始終不逃者〔六〕，原犯笞杖罪名，蓋寺滿日，官吏復其職役，軍還原伍，民發寧家。原犯徒流罪名，蓋寺滿日，軍官復其原職，民官降等叙用〔七〕。吏役人等差役寧家。原犯死罪者，蓋寺完日，俱宥其死。右榜諭衆通知。

永樂十七年己亥

二月十三日〔一〕朝見。

十五日〔二〕早，於奉天門奏：「進《註解法華經》一部，佛像一軸。」欽奉聖旨：「收了。欽此。」

二月二十八日，宣僧録司右善世道成與一如、思擴於西紅門當蒙頒賜。一如佛像一軸，佛骨五塊，鈔一千貫，諸佛菩薩名稱歌曲大小三本；道成佛一軸；思擴佛一軸，大小歌曲各三本。當即入見，欽奉聖旨：「恁一如、思擴爲朕編類《禪宗語録》來看。欽此。」當即題奏：「中間合無去取？」奉聖旨：「祖師説的都是佛法，不要去取。欽此。」

三月初三日，宣道成、一如等八人於西紅門欽奉聖旨：「〔三〕將《藏經》好生校勘明白，重要刊板。經面用湖水褐素綾〔四〕。」當口題奏：「合無用花綾？」奉聖旨：「用八吉祥綾。」當又欽奉〔五〕聖旨：「每一面行數字數，合是多少？」當口題奏：「五行六行的，皆用十七字。今合無只用十七字？」欽奉聖旨：「寫來看。欽此。」

三月初五日，道成等於西紅門口題奏：「慶壽寺舊《藏經》不全，聞彰德府有，合無差人去取來，與新經校正？」奉聖旨：「着禮部差人去取。欽此。」

三月初七日，傳旨：「要寫經樣看。」當將侍讀學士沈寫五行十七字呈看。初九日，道成等八人將寫的五行十七字、六行十七字經板於西華門進呈。奉聖旨：「用五行〔六〕十七字的。欽此。」

四月二十九日，傳旨：「外面何處有舊《藏經》，再要取一藏來。欽此。」五月初五日早，一如、慧進於奉天門内題奏：「奉旨要取舊《藏經》，近日取來的僧〔七〕法湧，説蘇州承天寺有舊經〔八〕一藏，合無去取？」奉聖旨：「差人去取，就着説的僧〔九〕同去。欽此。」

五月初七日，禮部尚書呂震於奉天門口奏：「各處取到僧人八十九名〔十〕，見在慶壽寺打點書籍，合無於内選兩個能事僧人，把總提督？」奉聖旨：「是。着一如、慧〔十一〕進法主總調。欽此。」

五月十九日，禮部尚書呂震傳旨：「着一如、慧進法主來見。着他來。」欽依於本月二十二日，一如、慧進於内用作門裏，奉聖旨：「你兩個做僧官，校《藏經》再尋一人。欽此。」當又口奏：「外面人少，有能義見在慶壽寺，病將好了。」奉聖旨：「明早着午門上來。欽此。」二十三日早，於奉天門欽授〔十二〕，行在僧録司右覺義職，就呈看經樣。當又欽奉聖旨：「能義病好時〔十三〕，着他經筵去管事。欽此。」

六月十五日，於西華門進呈《禪語》式樣，口題〔十四〕：「有等始自世尊拈花，終至中峯，廣録機緣語句，照依年代次第編集，各分門類。如近代禪宗編的禪宗類聚，合無依那等編修？〔十五〕」奉聖旨：「只依禪類聚去編。」當奏：「其中或有但言事跡，不涉機緣語句，合無如何〔十六〕？」奉聖旨：「都編着。」當又口題：「佛祖語下，後來禪宗諸師多有拈頌，只恐煩雜，合無去取？」奉聖旨：「不要去。〔十七〕」又題：「禪林類聚門該一百零二條，臣恐煩碎，如錫杖、鞋履等，編〔十八〕入器用等門，併併二十八條。請旨定奪。」奉聖旨：「只依他。」當又題：「〔十九〕見修《藏經》臣僧等，共計一百二十名，已校過一番了。只今各僧互相校對，欲就七月初，將《般若》、《華嚴》等經差訛少者，先寫起。」奉聖旨：「如今天道熱，待七月半後。欽此。」

七月初九日〔二十〕，一如同思擴於御用作門裏呈看僧人子謨等六十四人所寫字樣。奉聖旨：「好。」當題：「後面有幾僧還欠寫。」奉聖旨：「只就今日好日，揀好的寫。」又題：「唐太宗刊的《藏經》，前面有《御製三藏聖教序》，今聖朝〔二十一〕重刊，合無亦用序文？」奉聖旨：「不要。」又題：「《藏經》裏面各品〔二十二〕上多有安經題。蘇州取來舊經品目上皆無經題。」奉聖旨：「不要。如《論語》，各篇目上有《論語》二字來？」又題：「且如《法華經》，世間讀誦者多，品目上亦有經。」奉聖旨：「也不要。欽此。」

九月十二日，一如等題奏：「《藏經》目録裏面，前是《經律論》，後是各宗祖師文字。聖朝所編的《佛名經》與《名稱歌曲》、《神僧傳》目録內，合無編寫在經律論後，諸宗文字之前？」奉聖旨：「安在後，只要有朕名時便了。」又奏：「太祖高皇帝有《御製心經序》，聖朝詣咒前，亦各有序。合無於各經前都寫上？」奉聖旨：「太祖皇帝於佛法上多用心，都寫上。」又奏：「累朝如〔二十三〕唐太宗、宋太宗等，經前多有序文。合無寫上？」奉聖旨：「都寫上。欽此。」

十一月初七日，賜紵絲綿直裰、偏衫中袖各一領，衆僧改機直裰等，皆用綿，亦各三領。次日傳旨：「免謝恩。着衆僧用心看寫《藏經》。欽此。」

永樂十八年庚子

正月十六日，入内觀燈，宴。

十七日早，宣一如、菴(慧)進法主，思擴未至。二人於西紅門見著，看獅子畢，勅問：「《藏經》校得好了？」當奏云：「已七番校過，好了。」奉旨〔一〕云：「上緊用心。」又令内官尚將《折桂令》、《醉太平》、《鴈兒落》三曲來看。奉旨：「你看，不要管他腔調，只看中間字義如何？」又勅問：「你夜來看燈來？」奏云：「曾看。」有旨云：「〔二〕着人尋你，如何不見？」奏云：「在後面。」又奉旨云：「不曾擠了麽？」奏云：「不曾。」又奉旨云：「與燒餅各五十，齋了去。欽此。」

徙都北京。三月初六〔三〕日午，宣入，同進擴、袁仁二道士。五人道官，於西紅門賜坐。奉聖旨：「道家的經好生紕繆，且老子稱淨樂國王，在於何時？」袁對云：「無年代。」又奉旨：「你每校證的《藏經》好麽？」奏曰：「已經多番校過，好了。」又奉旨：「且如有報恩重經等，不是佛説的，休入藏裏。」奏曰：「正如《分數珠經》、《血盆高王經》等，皆非佛説，不可入藏。」又，右講經琮奏曰：「道家有《太上實録》謗佛。」奉旨：「向年間着收來〔六〕還也不曾？這劉淵然該殺的。」道士袁奏曰：「《太上實録》多有好言語在内。」奉聖旨：「我敬佛，他謗佛，留了我心不喜。欽此。」

「這尼姑〔四〕無禮，稱唐菩薩，見着〔五〕去拿了。故着你每入來，説與你每知道。」又奉旨：

三月初七日〔七〕頒《御製經序》十三篇，《佛菩薩讚跋》十二篇，寫各經之首。

七月十八日早，一如等於奉天門口題：「《夢感功德經》，南京藏内已入大字函。今合無就《聖明諸佛名經》等編入後面？」奉聖旨：「荒唐之言，不要入。」如當又題奏：「昔日太祖皇帝取到各處高僧，命如玘、宗泐等註解《心經》、《金剛》、《楞伽》三經，頒行天下。内有太祖皇帝御製序文，合無寫入藏刊板？」奉聖旨：「寫入。」又題：「聖朝《佛菩薩名稱歌曲》作五十卷，《佛名經》作三十卷，《神僧傳》作九卷，即目見寫。」奉聖旨：「是，好。」又奉旨問：「《藏經》內字寫得好麼？」奏云：「得那兩個提調的中書好生用心，終日不停手。但是字有大小不均、偏邪不正的，一一皆令换過，以此寫得十分好。」又奉聖旨問：「經板着幾時刊？」奏云：「看工匠多少。」又奉聖旨：「着二千五百，一年了得麼？」不敢對。又奉聖旨：「經板刊後留在何處？」亦不敢對。當奉聖旨：「明日安一藏這裏，安一藏南京。」又奉聖旨：「石上也刻一藏，大石洞藏着。向後，木的壞了，有石的在。」又奉聖旨：「這裏蓋兩個大寺。如今僧內取來的〔八〕，有聰慧的，選下些。〔九〕明日〔十〕起大寺了，着他在這裏住。」當奏云：「僧裏面只是老的多了。」又奉聖旨：「有病的着他回去。」又如今寫經的都念經〔十一〕。奉聖旨：「也難遇着他念經。」當又欽奉聖旨：「寫經的〔十二〕寫經，也要辨我的事。欽此。」

七月二十七日午〔十三〕，宣聞禄天裔於西紅門見。奉聖旨：「勉力修行。」一如奏云：「且一心了《藏經》。」奉聖旨：「了《藏經》了過一二年，着人替你，你修行。欽此。」賜七佛偈，兼賜看子昂所書者。八月十九日，海、印、如等十二人，慶、壽、擴等四人入內，賜坐。就聽聖旨，問黄和尚《心經》。欽蒙賜齋而退。

十二月十八日，行在僧録司左覺義慧進等謹題：爲謄寫《藏經》事，除謄見行打點查對外，今查得《聯珠頌古》等，皆係南京藏内增入。請旨：合無除去，惟復刊入？爲此，今將〔十四〕各件名目、卷數開後，謹具題知。計四件，共一百四十二卷。今將作一百六十九卷。

附禪宗

《聯珠頌古》二十一卷。宋淳熙年間，僧法應原編。又，延祐年間，僧普會續編。今淨戒重校刊入。

《古尊宿語》。宋咸淳年間，僧頣藏主原編，今淨戒除去原編僧名，重校刊入。

《續傳燈録》三十六卷。不見原編集僧名，傳説是居頂將古人所編刊入。

附講宗

《佛祖統紀》四十五卷。宋景定間，僧志磐撰，今管藏經僧寶成募緣刊入。十九日傳：「奉欽依不入藏。欽此。」

永樂十九年辛丑

正月二十一日，僧録司左覺義慧進等題：「爲謄寫《大藏經》事，除謄寫已完，現行打點外，恭惟聖朝〔一〕校刊藏典，乃千載之希遇。臣慧進等伏請御製〔二〕序文，以冠經首，增輝佛日，流傳萬古，實爲教門至幸。爲此，謹具題知。」

正月三十日，司禮監太監孟取新經〔三〕五十函入内。至二月初一日晚，長隨官人來説：「初二日早，令官人、秀才、和尚入内朝見。」上御奉天門看經。有旨：「寫得好。明日年老的好看。」又奉旨：

「你刊經板了，看你每坐山去，我也結些緣。」又問：「板就那裏刊好？」不敢對。有旨：「就寺裏刊好。」慧進云：「前後是水好。」一如奏云：「校經寫字和尚，合無着他回去，留他？」奉聖旨：「恰不留他，刊板時字有差錯問誰？休着他去。」又勑太監孟：「十二布政司便去取匠人。欽此。」當賜《傳心妙訣》一本，衆僧各一本。

八月初十日，傳：「奉欽依校寫《藏經》的僧官、僧人，如今且着他回去。明年不來，後年來，是你教門的事。若待文書取時不便，修行的僧人，經板刊了，送你坐山，供你。欽此。」

永樂二十年壬寅

九月二十四日，宣衆僧官成進、如朗、住持擴擇至西華門賜齋。御讚觀音菩薩、輪子、金剛數珠，人各三件。有旨：「着天下衆僧七日齋後，各自回去。」次日傳：「宣至西華門。」有旨：「賜天下預會僧官、僧人輪子，次日即給，散。」

十月初一日，傳旨：「着衆僧[一]來成、光進、如朗并大住持擴擇，上御思善門，賜彌陀佛一軸，各人不定；西番文殊菩薩一軸，各人不定。」有旨：「多慎内隨意取。」

十月初六日，上御奉天門，賜僧道官宴，天下衆僧亦在丹墀。宴畢，先賜一如刻絲觀音菩薩。有旨問云：「你道是什麽？」不敢對。上云：「我兩年擺布的文水晶數珠一串，賜與你。」[二]

宣德三年戊申

行在僧録司近蒙行在禮部祠祭清吏司手本，奉本部連送爲度牒。宣德三年二月二十四日早，本部官于奉天門口奏：「本年二月二十四日，御用監太監孟繼、尚義等於武英門[一]欽奉聖旨：『南京大報恩寺佛殿寶塔完了，説與禮部知道，着僧録司選行童一百名，與他度牒，常用點塔燈〔二〕。欽此。』欲便欽遵施行，未敢擅便。奉聖旨：『是。欽此。』除欽遵外，擬合連送，仰行在僧録司欽遵各處行童内，選取能通經典、有戒行者一百名，送部看驗勘中。仍取勘年、籍、出家、披剃等項緣由，造册申繳，以憑出給度牒，送去常用點燈施行。連送到司合用手本，差辦事吏〔三〕陳福賫捧前去行在僧録司，欽遵施行。賫捧到司，除欽遵外，今〔四〕將選取堪中行童等，各年、籍、出家、披剃等項〔五〕緣由開坐，理合備造文册，施行須至册者。」

大報恩寺起工之初，監工官内官太監汪福等，永康侯徐忠、工部侍郎張信，軍匠〔六〕夫役十萬人，奉勅按月給糧賞。

三月十一日，勅太監鄭和等：「南京大報恩寺，自永樂十年十月十三日興工，至今十六年之上，尚未完備〔七〕。蓋是那監工、内外官員人等，將軍夫、〔八〕人匠役使占用，虚費糧賞，以致遷延年久〔九〕。今特勅爾等〔十〕即將未完處所，用心提督，俱限今年八月以裏，都要完成。遲悮了時，那監工的都不饒。寺完之日，監工、内官、内使止留李僧崇得〔十一〕在寺，專管然點長明塔燈。其餘都拘入内府該衙門辦事，故勅。欽此。」

三月十一日，勅太監尚義、鄭和、王景弘、唐觀、羅智等：「南京大報恩寺完成了。啓建告成，大齋七晝夜，然點長明塔燈。特勅爾等提調修齋合用物件，着内府〔十二〕該衙門、該庫關支物件，造辦打發供應物料及賞賜僧人，就于天財庫支鈔，着禮部等衙門買用。塔燈用香油，着供用庫按月送用，故勅。欽此。」

崇禎七年

禮部爲給度事，檢會到《大明律》一款：若僧道不給度牒，私自簪剃者，杖八十。若由家長，家長當罪。寺觀住持及受業師私度者，與同罪，並還俗。除欽遵外，今填△字△千△百△十△號度牒，給付本僧收執。須至出給者一名，僧△△，年△十△歲，係△處人氏，△民幾男，於△年△月△日捨送△寺，出投禮△師△△授講教。准此。

崇禎柒年六月初六日

又執照

户部爲厝處遼餉以佐軍興事，照得本部新餉款目書內，方外僧道輸納一款，合行印給空頭度牒，分發省直地方，設法召納。每僧道一名，納銀四兩，給牒一張。其召納之法，不强僧道所難，祇還僧道所有。海內何地不是緇黃？何人不有檀越？只行此法，可維户口之蕭條，可辨奸盜之出入，可濟國家之中乾，可作釋門之外護，等因題奉欽依，相應出給號紙，咨送禮部，印給度牒，送回本部頒發。省直有司官清查本治城鄉寺觀幾處，某寺觀僧道若干，照前完納款項，明白填註，用印鈐蓋，給發庶僧道，各有皈依，而無他釁之患矣。仍將所納銀兩逐號登記，類解藩司，解部濟遼。完日造册，併將愿發號簿繳部查考。須至出給者：

一名僧△△，係△府、△州、△縣民，納給度銀四兩，今實收到△府後項銀兩貯庫外，所有庫收理合先給，須至靜候部照可也。計開：△省僧録司申送行童△△，交例銀四兩正。當又欽奉聖旨：「該部銀赴遼送用，故勅。欽此。」欽遵録案。

國朝欽録集

折疑：「前明已録，今依遵國朝之《欽録集》出自《藏跋》經文之首，如戒牒各諭，雖天下僧道寺觀莫不有之，今採其至要者及至切者，悉行貫入。或有其文訛者，亦并删除。羅冠此志，廣布于諸方，庶萬世有知熙朝愷澤之恩，垂於本寺矣。」

康熙七年戊申

八月奉上諭：「前據禮部條奏，爲給度事，查得《大清律》開載：若僧道不給度牒，私自剃度者，杖八十。若由家長，家長當罪。寺觀住持及受業師私度者，與同罪，並還俗。如僧道擅收徒弟，不給度牒。及民間子弟户内不及三丁，或在十六以上而出家者，俱枷號壹箇月，并罪坐所由僧道官及住持知而不舉者，各罷職還俗。等因欽遵在案凡僧道尼，僧務要恪守清規，凛遵法律，不許擅行簪剃，違者依律治罪。須至度牒者，永遠刊布遵行。將此通諭中外知之。欽此。」

雍正十二年甲寅

五月初二日奉上諭：「命莊親王同超善、自塏等，將江南大寶華山慧居寺僧福聚奏呈本山三代所著《戒律》等書，懇恩入藏緣由。候旨校閲明白，編入《大藏》。今該部依奏遵照施行。欽此。」

五月十七日，上問莊親王止持五部等書入藏之事。莊親王覆奏：「臣同超善、自塏商議，華山三代所著《戒律》，堪爲入藏。但此内或有删去者，酌量删去明白，奏請入藏。」於本日奉上諭：「若有删改者，著令福聚帶往回南，删改明白。送到之日，請旨入藏。欽此。」

乾隆元年丙辰

十二月十八日，總理藏經館事務臣允禄、弘晝謹奏，爲請旨事：「據寶華山僧人福聚稟稱，雍正十二年五月初二日，在京請將華山《律宗五部》收録入藏。欽奉世宗憲皇帝諭旨：『將此書著令福聚帶回南去，删改明白。俟送到之日，請旨入藏。欽此。』欽遵令，謹將華山删定《律部五種》一併恭呈御覽，伏候欽定。爲此謹具請旨。」奉硃批：「知道了。」

乾隆二年丁巳

正月二十六日，交奏事太監王常貴等轉奏，於本月二十八日奉旨：「照所奏入藏。欽此。」

乾隆三年戊午

十二月十五日《大藏》工竣。

乾隆四年己未

六月二十六日，欽奉聖諭，頒發《藏經》。

乾隆五年庚申

五月初七日，江寧織造臣韓四格專誠齎送《龍藏》一部，計七千二百四十五卷到寺，欽遵供奉，望闕謝恩。

乾隆七年壬戌

四月十三日，欽依頒奉卷次，敬謹編刊《方策》入藏。

乾隆四十七年壬寅

四月二十三日午，工部尚書金簡一同拈花寺僧通理於圓明園正大光明殿題奏：「萬壽寺舊《藏經》不全。聞拈花寺僧通理口云本寺有。臣已差人去取來，與《大雲輪請雨經》校正。」奉聖旨：「好。着禮部差人去取。欽此。」欽遵該部妥辦可也。

四月二十五日奉上諭：「着工部尚書金簡、拈花寺僧通理一同務將《卸製大雲輪請雨經》勘對明白。欽此。」

十月十一日午，宣金簡、通理於内閣門，欽奉上諭：「將《請雨經》好生校對明白，似(俟)功成日重要刊板。欽此。」

十月十四日奉上諭：「交禮部繕畫請雨圖式，及寫每一面行數，字當用宋體，而數僅多少？」當口題奏：「六行的，皆用十七字爲式。合無只用十七字？」欽奉聖旨：「着禮部寫字樣圖式款格來看。欽此。」

十月十七日，内閣奉上諭：「朕《御製天雲輪請雨經序》，合無於此經首都要寫上？」當奏：「都寫了。」

十月十八日午，宣金簡、通理入内，賜坐。問：「你們校正的《大雲輪經》好麽？」當奏：「臣等已經多番校過，繕寫、刊刻好了。」又奉聖旨：「經面用杏黄綾。合無不許用雜絹裝訂？」當口奏：「已用明黄綾裝面。」奉聖旨：「裝釘好了，取來朕看。欽此。」

十月二十六日，奉聖旨：「着禮部賫捧朕《御製大雲輪請雨經》上、下計二卷，至藏經館。仍勅金簡等眼同編入《大藏》。欽此。」

十一月初八日，工部司郎中阿十三、拈花寺僧通理，於内閣門口覆奏：「昨奉聖旨，已將皇上欽定之經，臣等已眼同編入《大藏》。」奉硃批：「知道了。」

十二月初八日早，宣金簡、通理入内，賜坐。上慰勞多端。欽蒙賜齋而退。

【校記】

附前明欽録集·洪武十年

〔一〕「僧俗人等」，原文作「僧人俗衆」。據《金陵梵刹志》卷二改。

〔二〕「化度」，原文作「度化」。

洪武十一年

〔一〕「十三日」條，《金陵梵刹志》卷二無。

洪武十四年

〔一〕「設置」，原文作「設制」。

〔二〕「戒律」，原文漏「戒」字。

〔三〕「僧教事」，原文後有「務」，乃衍字，下兩條亦同。均删。

〔四〕「都綱」，前有「正」，衍字，删。

〔五〕「某」，原文前有「至」，衍字，删。

〔六〕「宋制」，原文作「宋朝」。

〔七〕「相同」，原文作「相通」。

洪武十五年

〔一〕「前去」，原文無「去」字，據以補。

〔二〕「不入」，原文作「不許污入」。

〔三〕「及各方」，原文漏「及」字。

〔四〕「職掌」，原文漏「掌」字。

〔五〕「之設」，原文作「設之」。

〔六〕「見造」，原文作「見在」。

〔七〕「附郭縣」，原文其後遺漏，「僧道，附郭縣」字樣，依據《金陵梵刹志》卷二補。

洪武十六年

〔一〕「僧録司」，原文作「僧綱司」，誤。

〔二〕「善於記誦」，原文漏「於」字。

〔三〕「當官」，原文漏「官」字。

〔四〕「開設」，原文漏「開」字。

〔五〕「十四名」，原文作「十名」。

〔六〕「申請」，原文作「申許」。

〔七〕「庶得」，原文作「庶得其」。

〔八〕「是照舊……那幾般經」，原文作「照舊……是那幾般經」。

〔九〕「今」，原文作「令」。誤。

〔十〕「便行移各處」，原文作「便宜各處」。

〔十一〕「爲始，方許」，原文作「爲許方始」。

洪武十八年

〔一〕欽此原文後有「欽遵前去遊方」六字，乃衍字，删。

洪武十九年

〔一〕「毋得」，原文作「毋許」。

〔二〕「出給」，原文漏「給」字。

〔三〕最後一句八字，《金陵梵剎志》卷二無。

洪武二十年

〔一〕「十一日」，原文作「十五日」。

洪武二十一年

〔一〕「試經度僧」，原文漏「度」家。

〔二〕「但有」，原文作「有」，漏「但」字。

〔三〕「一座庵」，原文作「一庵」。下之「以」，乃衍字，删。

〔四〕「濫舉」，原文作「濫舉人」，「人」乃衍字，删。

洪武二十二年

〔一〕「通佛法」，原文漏「佛」字。

〔二〕「選到」，原文作「選到有」。

〔三〕「僧人」，原文漏「人」字。

洪武二十三年

〔一〕原文無「洪武二十三年」，屬遺漏。據《金陵梵刹志》卷二補。

〔二〕「三月」，原文作「八月」。據以改。

洪武二十四年

附前明申明佛教榜册

〔一〕「與俗混淆」，原文作「有以俗混淆」。

〔二〕「而」，原文作「有」。

〔三〕「倚郭」，原文作「倚强」郭，「强」乃衍字，删。

〔四〕「之説」，原文漏「説」字。

〔五〕「其所」，原文漏「所」字。

〔六〕「譯經」，原文作「譯之」。

〔七〕「百端」，原文漏「端」字。

〔八〕「不居」，原文漏此二字。

〔九〕「林泉」，原文作「山林」。

〔十〕「主磬寫疏」，原文作「主疏磬」。

〔十一〕「像」，原文下有「及」字，衍字，删。

〔十二〕「人皆不入」，原文作「入皆見」。

〔十三〕「於小庵」，原文前有「施」，乃衍字，删。

〔十四〕瑜珈，原文漏「珈」字。

〔十五〕「凡有經齋去處，驗帖驗」，原文遺漏此九字，據以補。

〔十六〕「尚拘，散寺」，原文作「拘首寺」，據以改。

〔十七〕「此令一出」，原文作「此令一曉諭」，誤，據以改。

〔十八〕「非」，原文作「以」，誤。

〔十九〕「咸使」，原文作「咸始」，誤。

〔二十〕「若是」，原文作「似前如此者非」，誤，據以改。

〔二十一〕「欽奉」，原文無「欽」字。

〔二十二〕「五名，賫榜前去各布政司」，原文遺漏上述十字。

洪武二十五年

〔一〕「出給」，原文後有「照式」二字，乃衍字，删。

〔二〕「一概」，原文作「一時」。

〔三〕「差」，原文作「差人」，「人」，衍字，删。

〔四〕「若要」，原文漏「若」字。
〔五〕「假」，原文作「假名」，「名」乃衍字，删。
〔六〕「該司」，原文作「該僧録」。
〔七〕「本年十月」，原文作「本月」，誤。
〔八〕「隱」，原文作「應」，誤。
〔九〕「催併他成」，原文作「催提併他」。

洪武二十七年

〔一〕「知義」，原文作「知一切義」。
〔二〕「盡目」，原文漏一「盡」字。
〔三〕「擒獲」，原文作「擒拿」。
〔四〕「答應」，原文漏「答」字。
〔五〕「二十人」，原文作「二十六人」，「六」乃衍字，删。
〔六〕「没官」，原文作「没入官」。
〔七〕原文「一年」後有「或」，衍字，删。
〔八〕「治之以罪」，原文作「考以前罪」，誤。
〔九〕「有妻室僧人」，原文作「有僧人有妻室」，誤。
〔十〕「修行者」，原文無「修行」二字。
〔十一〕「今後」，原文作「令後」。

〔十二〕「手卷」，原文作「手本」，誤。

〔十三〕「豈不高明」，原文漏「不」字。「高明」下有「示之」二字，乃衍字，删。

附前明清教録内禁約條例

〔一〕「今後僧寺」，原文作「僧寺今後」。

〔二〕「本人年二十、三十者，令本人父母」，此句原文「年二十、三十者」，錯抄入另句之後，「父母」前漏抄「令本人」三字；本句中「并」、「出家」均衍字。據以改、補、删。

〔三〕「講」，原文漏。

洪武二十八年

〔一〕「三科」，原文漏「科」字。

洪武二十九年

〔一〕「各遵」，原文漏「各」字。

〔二〕「其於」，原文漏「於」字；此句「祖風」下，「於」乃衍字。

〔三〕「人各」，原文作「各人」。

洪武三十年

〔一〕「秘密」，原文漏「密」字。

〔二〕「奏准」原文漏「准」字。

★洪武三十年丁丑，《金陵梵刹志》卷二作「丙午」，誤，《折疑梵刹志》所改爲是。

永樂元年

★此條之二六六頁倒四行前，《金陵梵刹志》卷二編載入洪武三十一年。倒三行起，則編入永樂元年。

〔一〕「但凡」，原文作「但又」。

〔二〕「的好」，原文漏「的」字。

〔三〕「奸弊」，原文作「弊奸」。

〔四〕「民的」，原文漏「的」字。

〔五〕「軍民人等」，原文漏「民」字。

〔六〕「施利」，原文作「布施」。

永樂五年

〔一〕「官」字後原文有一「於」字，乃衍字，删。

〔二〕僧道，原文漏「道」字。

永樂十一年

〔一〕「用心」，原文其後「務」乃衍字，删。

〔二〕「仰欽遵」，原文漏「仰」字。

〔三〕「户下」，其後原文有「差撥」二字，乃衍字，删。

〔四〕「每名賞」，原文漏「每名」。

〔五〕據前後文，疑漏「旗」字。

〔六〕「不逃者」，原文作「逃窋者」，誤，據以改。

〔七〕「官吏」，原文作「軍官」。「職役」，原文作「原職」。「軍還」以下至「原職」，爲原文遺漏者。又「序用」，原文作「叙用」。

永樂十七年

〔一〕「十三日」，原文作「十七日」，從《金陵梵刹志》卷二。

〔二〕「十五日」，原文作「十九日」。

〔三〕「將」，原文作「務將」。

〔四〕「褐素綾」，原文漏「素」字。「用花綾」，原文漏「用」字。

〔五〕「欽奉」，原文作「奏奉」。

〔六〕「五行」，原文漏「五」字。

〔七〕「來的僧」，原文漏「的」字。

〔八〕「舊經」，原文作「舊藏經」。

〔九〕「説的僧」，原文「僧」前有「實」，乃衍字，删。

〔十〕「八十九名」，原文無，據以補。

〔十一〕「慧進」，原文作「庵進」，誤。（下文亦有此錯誤，據以改正，不出條。）

〔十二〕「於奉天門欽授」，原文漏「欽授」二字。

〔十三〕「好時」，原文作「好了」。

〔十四〕「口題」，原文「題」後有「奏」，乃衍字，删。

〔十五〕「聚合無依那等編修」八字，原文在「如近代」前，誤。依《金陵梵刹志》卷二，編排在「禪宗類」後。

〔十六〕「機緣」，原文作「機言」。合無 原文漏「無」。

〔十七〕「不要去」，原文漏「去」。
〔十八〕「等編入」，原文作「篇入」。
〔十九〕「題」，原文後有「奏」，衍字。
〔二十〕「初九日」，原文作「十八日」。
〔二十一〕「聖朝」，原文作「聖旨」。
〔二十二〕「各品」，原文作「各題品」。
〔二十三〕「累朝如」，原文作「如累朝」。

永樂十八年

〔一〕「奉旨」，原文作「奏奉聖旨」。
〔二〕「旨云」，下有「夜來」，衍字，删。
〔三〕「初六」，原文作「十六」，據以改。
〔四〕「無禮」，前有「好生」二字，乃衍字，删。
〔五〕「見着」，後有「人」，乃衍字，删。
〔六〕「收來」，原文作「來收」。
〔七〕「初七日」，原文作「十七日」。
〔八〕「取來的」，原文漏「的」。
〔九〕「選下些」，原文作「些下」。
〔十〕「明日」，原文作「明白」。

〔十一〕「都念」，原文漏「都」字。

〔十二〕「寫經的」，原文漏「的」字。

〔十三〕「午」，原文作「早」。

〔十四〕「今將各件」，原文漏「今將」二字。

永樂十九年

〔一〕「聖朝」，原文前有「御製」，乃衍字，删。

〔二〕「序文」，原文前漏「御製」二字。

〔三〕「新經」，原文「經」前有「心」，乃衍字，删。

永樂二十年

〔一〕「着衆僧」，原文少「着」字。

〔二〕「賜與你」，此三字《金陵梵刹志》卷二無。

宣德三年

〔一〕「門」，原文作「殿」字。

〔二〕「塔燈」，原文漏「塔」字。

〔三〕「吏」，原文作「官」。

〔四〕「今」，原文作「命」。

〔五〕「披剃等項」，原文漏「剃等」二字。

〔六〕「軍匠夫役」，原文漏「匠」字。

〔七〕「完備」，原文作「完工」。

〔八〕「是那」，原文後漏「監工……軍夫」等十一字。該遺漏部分在原文錯排在「勅爾」之後。而在其下之「人役俱限」乃衍字，删。

〔九〕「年久」，原文作「日久」。

〔十〕「今特勅爾等」，原文漏一「等」字。

〔十一〕「崇得」，原文作「崇德」。

〔十二〕「内府」，原文少「府」字。

敕建報恩寺梵刹志　卷四

折疑：「前明之文，或有簡失而未入者，今悉增入。後世觀之，方不負歷朝寵我教者甚矣哉。」

前明御製集

勑諭

授了達、德瑄、溥洽僧録司。西説東來，妙演無量，或云不二法門。斯道也，本苦空甘寂寞。從斯道者，果若是，宜其然哉。邇來僧録司首僧缺員，召見任者，命詢問其人，各首僧承命而還。不數日來告，曰：「臣弘道等若干人，前奉勅詢高僧于諸山，即會叢林大衆〔一〕。衆皆曰：『惟浙右上天竺僧溥洽、京師鷄鳴寺〔二〕僧德瑄、能仁寺僧了達，東魯之書頗通，西來之意博備。若以〔三〕斯人備員僧録司，實爲允當。』」嗚呼！　昔人有云：「世不絶聖，國不絶賢。」近者，僧録司缺員，朕將以爲無人矣。及其詢問，乃有人焉。今朕域之内，慕清淨而欲出三界者，有其名而無其實，其泛泛者不下五七萬爾。今三人不屈于五七萬之下，伸于五七萬之上，可謂志矣！　可謂道矣！　然昔如來道備于雪嶺，歸演五天，妙音〔四〕無量，靈通上下，天人會聽。若斯之演聽四十九秋。自是之後，五百餘年，流傳東土。雖九夷八蠻，一聞斯道，無不欽崇頂禮。何況中國文物禮樂之邦，人心慈善，易爲教化。若僧善達祖風者，演大乘以覺聽，談因緣以化愚，啓聰愚爲善于反掌之間。雖有國法，何制乎？　縲絏刑具，亦何以施〔五〕？豈不合乎柳生之言，陰翊王度，豈小小哉！　今爾僧了達、德瑄、溥洽達祖風，遵朕命，則法輪常轉，佛日增煇。名僧于吾世，足矣往〔六〕。欽哉，毋怠。

諭善世禪師★

佛教肇興西土，流傳偏被華夷。善世兇頑，佐王綱而理道；今古崇瞻，由慈心而願重。是故出三界而脱沉淪，永彰而不滅。爾具生吉祥，本西域之民，生而慈敏〔一〕，舉契善符。懷如來之大法，捨父母之邦，衝陰埃而突障霧，越流沙東行數萬餘程，達吾斯地。朕觀爾勞心願重，特加善世禪師，以神善道。更加朵兒只怯，列失思巴藏卜爲都綱副禪師，統制天下諸山，繩頑禦惡，相爲表裏以施行。于戲！佐王綱而不善理〔二〕，道幽微，曠劫不生，千古不滅，願力宏深，體斯之行，無往不復。戒哉，戒哉。

雲南僧游方勅[一]

金仙之教，甘心寂寞，[二]成在苦空。故修道者，多棲崖屋樹，落魄林泉。玩霄壤[三]之明月，吟清風于松下。[四]置身物外，淪世事如[五]太虛。若是者，乃修之宣之。爾雲南僧修者，不辭萬里之遥，欲覺因緣十二。若止京師而師雲南，又何知天台之景、兩浙之美、高僧之淵藪？特勅往游，閲諸名山[六]，廓爾方寸，睿[七]爾神靈。異時一歸，演華言于金馬，論風景于碧雞。時乃道冠點蒼，神游八極。快矣哉！

諭僧

佛始漢至，教言玄寂，機秘理幽[一]。以其有傳[二]也，抵期而無教。以其無教，而有印心之旨。愚不知旨，故乃求旨切。無乃顛慌恍惚，茫昧於未判之先，役累劫之丹衷，何見一微塵之旨。云何？以旨問旨故，指空談空，謂空無際而無依，忽焉無倚。愚不知，踟躕不已，特以色求色，以音求音，孰不以謂利便而可也歟？斯愚問而求旨之切，故聰者孰謂可歟？既聰者不以為可，將焉求諸所以然乎？而或云佛本昭示善道，大張法門，豈有昧而又昧，玄之而又玄？蓋昧在昧出，玄在玄生，故遠求之。雖在天外，遍歷八荒，亦何有知之見耶？朕嘗聞知，有好寢者，通宵烈風迅雷，而寢者恬然無覺，此果心已矣乎？神已矣乎？果心已乎，則以心問心；果神已乎，則以神問神，亦不亦易乎？然此若是之易難。使佛見前，安不為諸徒之所辯，而知所措其法焉。法本無門，而有由道，由何而止焉？焉知知止而無識焉？所以我空非空，我相非相，要見覩體無知之態，似奔星廓落，電影馳雲。或為虚妄而妄，則妄起無端。所以今之修者，棄本宗而逐末，猶不知陷身於水火，將焚而灰，溺而腐。尚以樂而不逼，以為快哉！斯愚不知旨，故特以為然。或聽者自以為利根，雖搜空萬劫之虛靈，亦何見旨之有耶？且以大藏教中諸佛泛言，今之修者，以為經之泛耶？旨之異耶？若以經泛旨異，則古智人夜孤燈於嶺外，晝侶影于林泉，趣不我知，我不趣知，愚豈不謂嗤嗤然而以為譏乎？審者以謂不然，動静動静，以為[三]天下樂。是則以爲智人，便信，則以爲天下安化，則以爲天下幸行，則以爲天下福。朕罔知，所以舉《大一藏》教[四]云：「諸佛之故[五]，鐫磨鈍根而爲説法。」朕不知法，故特以儒書之所云：「子釣而不綱。」設使綱而絶流，衆目既張，了必歸于何處？[六]假使誠有歸處，則一《大藏經》，添[七]一陪（掊）不爲多，減一陪（掊）不爲少。孰盡去之而願受謗？周無文而備有法，還契不立文字者，互相妄誕。如斯之説，特勅智禪而云乎！

諭翰林侍詔沈士榮

古智人有爲身而修身，吾不知修者誰也。或曰：「身爲神而修。」或云：「神爲身而修。」因是之辯[一]，惑之而更惑。果身修神歟？抑神修身歟？吾不知二修之道，但見古人遺跡。欲求身[二]易而不艱于生，身後不亡其名，亦未知[三]果爲身耶[四]，神耶？或曰：「終神也。」夫神，天命也。命也者，氣也。氣之所以含情抱性，樞于[五]意焉。所以修者，爲神而修身。若全首領于終世，則神靈矣。未有殘肌膚、異身首而爲神之善者。邇來閩中有士，習安神之道，云：「東馳西奔，詢及儒、釋、道三宗，必欲達之，以妙己之虛靈。審當求[六]之時，若病篤而尋名方，可見求之切歟。」朕與之論，惟儒術之學[七]或可或不可。因朕不識儒之奥，故云。如是引談空之語，皆諸方舊云。懷抱甚博，然迷于是而已，不變矣。再引道之清虛與校之，未免膚不及肌耳。嗚呼！善哉。君子雖未至三宗之奇，有心若是，豈不謂〔八〕学之足矣。聃云：「居善地，心善淵。」今之人頑，肯近斯三宗者，豈不全首领而妙虛靈者乎。此即智人也。願智者了諸斯學〔九〕。

詔誥

護持朶甘思烏思藏詔

大矣哉！大覺金仙行〔一〕矣哉。出無量，歷阿僧，下兜率，生梵宮。異哉！雪嶺之修，世人過者乎。天上人間，經劫既廣，忍辱〔二〕愈多，方成佛道。善被人世，法張寰宇。人有從斯道者，天鑒神扶〔三〕，身後同游于佛境。若違斯道〔四〕而慢佛者，則天〔五〕鑒神知，羈困地獄〔六〕，與鬼同處，直候拂石劫盡而方生〔七〕。其斯憂乎，苦乎？一念同佛，則百禍烟消，化爲諸福。今朶甘思、烏思藏兩衛〔八〕地方諸院上師，踵如來之大教，備五印之多經，代爲闡揚，化兇頑以從善，啓人心以滌愆。朕謂佛爲衆生若是，今多院諸師亦爲佛若是，而爲暗理王綱，與民多福。敢有不遵佛教，而慢諸上師者，就本處都指揮司如律施行，毋怠。

賜西番國師詔

佛教興于西土，善因博被華夷，雖無律以繩頑，惟仁心〔一〕而是則。大矣哉！妙覺難窮。昔從斯道者，頓悟三空，脱塵輪而出〔二〕苦趣，永離幽冥，使生者懷而死者慕，豈不聖人者歟！邇來西番入貢，有僧公哥監藏卜，乃昔元八思巴帝師之後人。云踵師之道，深通奥典，獨志尤堅，化愚頑以從善，起仁心以滌愆。雖是遥聞，特加爾圓智妙覺弘教大國師，統治僧民，名當時之善人，永爲教中之稱首。于戲！寂寞山房〔三〕，儔青燈而讀誦，觀皓月以吟風。疊膝盤陀之上〔四〕，草衣木食，方契善符。

序

習唐太宗聖教序

乾旋坤寧〔一〕，覆載物以無窮。其常經以四時，鑑見榮枯。雖目前之易，省化機之運，上古之哲能奚備。知其的然榮枯，隐顯陰陽。見之《易》，解及其大造者，乾爲陽而〔二〕坤爲陰。所以難窮其至微，以其不知其本源也。設若有實之可稽，蹤是〔三〕癡愚者，亦所不疑。所以至微形隱，人莫測窺，其哲能不得無惑。況如來之教，指實言虚，因空談有化及萬類〔四〕，善被諸方。現千百億態，罔有上下。鴻濛其靈，寰宇是塞〔五〕。歛之則毫釐潛蹤，示生死之俱無，幾風霜而不腐。其歛其張，臻洪〔六〕休于斯時，覺道而幽靈。效之者，奚知其垠。玄傳寂寞，稽莫知其本根。致使德小而量薄者，窺探旨〔七〕趣，能無他論者哉！然洪法之肇根于西域，顯金身而會漢帝于夢中，獲演流于東土。曩因化形迹之時，不言而化，示不生不滅，民不教而治。及雙林之有故，金色是藏，歛光不鏡。時又畫像而舒形，金容示現。妙音博被，拔苦趣于幽冥；遺教遐荒，濟萬類于三途。〔八〕故真妙之難瞻，不易能〔九〕于一旨。傍謀他術，雜正法以紛紜。致使色空之比，假不無有，謗三車之覆馳。沙門玄奘者，釋氏之領袖也。生而慈敏，棄親以明心狀，而舉動皆契善符，堅持忍辱。碧潭印月，暑夜松風，難同其清潔；玉露野田，未比其[十]膚潤。方寸將及無礙，諸漏彷佛其盡。久必躡昂霄而淩烟霞，單萬歲而無雙，歛成[十一]靜觀。傷大教之傾頽，歎文繁之差謬。欲定真析僞，以滋學者之誠，故延頸西土，孤笻廣漠，履險隻征。朝飛凝雪，以述[十二]空生逕難分。夕風浩瀚，走黃沙以幕川。孤進前蹤，冒冰[十三]霜而侶影。幾楊柳之青黃，皆途中之數覩[十四]。求深願，重至勞，猶精遍五印之寶刹。越恒河之渡，立雙林之陰，洗鉢八水[十五]，登雞足之巒禪，鷲峯之大會，受直指于心。歸演洪音，如瀚海之波瀾。經分六百，譯布中華。闡揚奥典，宥罪釋愆。臻善良于百福，其玄如日中之捕影，水底[十六]之撈月。潔若青蓮，出汙泥之不染，猶桂芳秋蘂，香浮室野之馨。慈航業海，倏渡滄溟，體天之造，日月之明。大哉之無爲，奚可論乎！

心經序

二儀久判，萬物備周。子民者君，君育民者法。典法也，三綱五常以示天下，亦以五刑輔弼之。有等兇頑不循教者，往往有趨火赴淵之爲，終不自省。是兇頑者，非特中國有之，盡天下莫不亦然。俄西域生佛，號曰釋迦。其爲佛也，行深願重，始終不二。于是出世間[一]、脱苦趣。其爲教也，仁慈忍辱，務明心[二]以立命。執此道而爲之，意在人皆若此，利濟羣生。今時之人，罔知佛之所以，每云法空虛而不實，何以導君子，訓小人？以朕言之則不然。佛之教實而不虛，正欲去愚迷之虛，立本性之實，特挺身苦行，外其教而異其名，脱苦有情。昔佛在時，侍從聽從者，皆聰明之士，演説者，乃三綱五常之性理〔三〕也。既聞之後，人各獲福。自佛入滅之後，其法流入中國。間有聰明者，動演人天小果，猶能化兇頑爲善〔四〕，何況聰明者〔五〕知《尤（大）乘》而〔六〕識宗旨者乎。如《心經》，每言空，不言實。所言之空，乃相空耳。除空之外，所存者本性也。所以相空有六，謂口空説相，眼空色相，耳空聽相，鼻空嗅相，舌空味相〔七〕，身空樂相。其六空之相，又非真相之空，乃妄想之相，爲之空相。是空相，愚及世人，禍及古今。往往愈惰彌深，不知其幾。斯空相，前代帝王被所惑，而幾喪天下者，周之穆王、漢之武帝、唐之玄宗、蕭梁武帝、元魏主燾、李後主、宋徽宗。此數帝廢國怠政，惟蕭梁武帝、宋之徽宗以及殺身，皆由妄想飛昇，及入佛天之地。其佛天之地，未嘗渺茫；此等快樂，世嘗有之。爲人性貪而不覺，而又取其樂。人世有之者〔八〕何？且佛天〔九〕之地，如爲國君及王侯者，若不作非爲善，能保守此境，非佛天者，何如？不能保守而僞，爲用妄想之心，即入空虚之境，故有如是斯空相。富者〔十〕被纏，則滛（淫）慾並生，喪富矣。貧者被纏，則諸詐並作，殞身矣。其將賢未賢之人被纏，則非仁人君子也。其僧道被纏，則不能〔十一〕立本性而見宗旨者也〔十二〕。所以本經題云《心經》者，正欲去心〔十三〕之邪念，以歸正道〔十四〕，豈佛教之妄耶？朕特述此，使聰明者〔十五〕觀二儀之覆載，日月之循環，虚實之孰取，保命者何如。若取有道，保有方，豈不佛法之良哉，色空之妙乎！

御製聖母印施藏經序

朕聞儒術之外，釋氏有作，以虚無爲宗旨，以濟度爲妙用。其真詮密微，其法派閎演。貞觀而後，代譯歲增。兼總〔一〕羣言，苞裹八極，貝葉有所不盡，龍藏有所難窮。惟茲《藏經》，繕始于永樂庚子，梓成于正統庚申。由《大乘般若》以下，計六百三十七函。我聖母慈聖宣文明肅皇太后，又益以《華嚴》《懸談》以下四十一函，而釋典大備。夫一心生萬法，萬法歸一心。諸佛心印，人人具足，觀善覺迷，諸苦解脱，一覺一善，皆資勝因。是以聞其風者，億兆爲之翕習；慕其教者，賢愚靡不歸依。則知刑賞所及，權衡制之；刑賞所不及，善法牖之。蓋生成之表，別有陶冶矣。先師素王亦云：聖人神道以設教，善世而博化。諦觀象教，詎不信然〔二〕。恭惟聖母濬發弘願，普濟羣倫，遂托〔三〕忠誠誘善，勤侍〔四〕傳宣，廣修衆因。乃印禪經，布施淨土，兼立梵宇，齋施僧倫。成修寶塔，立暨于虚空；繪塑金容，散施于大地。濟貧拔苦，召赦孤幽，無善不作，無德不備。證三生于此世今生，明四智于六通心地。普惠雲興，普賢瓶瀉，〔五〕大垂玄澤，甘露霑洒于〔六〕三千；偏覆慈雲，法雨滋培于百億〔七〕。無微無鉅，咸受益而蒙榮；有性有生，盡湌和而飲惠。俾福利之田，與人同樂；仁壽之域，舉世咸登。如是功德，詎可思議。且如來果報，從無量功德，生一切善言之讚歎，一切善氣之導凝〔八〕。我聖母延齡，如天永永，我〔九〕國家保泰，降福穰穰矣。于戲！盛哉。大覺之教，宜其超九流而處尊，偕三五〔十〕以傳遠也。朕因觀斯大教，而繕序以助，其文則亦可垂于永劫矣。〔十一〕

萬曆　年　月　日

説

佛教利濟説

釋迦之爲道也，惟心善世。其三皇五帝教治于民，不亦善乎？何又釋迦而爲之？蓋世乖俗薄，人從實者少，尚華者衆。故瞿曇氏之子異其修[一]，異其教，故天假其靈，神之是説，空比假示有無之訓，以導頑惡。斯成道也，今二千餘年。雖有慕道者衆，踵斯道者鮮矣。然而間有空五藴[二]、寂憎愛、度世之苦厄者有之，此所以佛之妙，或張或歛。斯神也，巨則靈通上下，潛則微匿毫端。是故聰者欲得杳，然愚者[三]無心。或有善之[四]，其故何也？所以天機之妙[五]，人莫能與知。設使與知[六]，則人與肩也，奚上之而奚下之耶？且佛之教，務[七]因緣，專果報，度人之速，甚于飄風驟雨，急極之而無已。人莫佛知。今之人愚，乃曰：佛善超生度死。朕嘗笑之。所以超生度死，朕嘗分析：愚誰我知妙哉。佛之靈，人能生，肯爲善，則死亦昇矣。設使生弗爲善，死亦弗昇，豈不定業者歟。夫何時人不知修持之道，頑者棄而爲者曠，獲宗旨者少[八]，縱得之者甚微。若時久知修持之道，以道佐人，主利濟羣生[九]，其得也廣[十]。若量後世子孫，其福甚博。所以者何？蓋濟衆則衆報之。其修身者，否濟衆，一身而已，云何巨福之有哉！

僧犯憲説

佛之立教也，惟慈以及衆，身先忍辱。所修者，諸惡不作，百善奉行。斯佛出世始此因，由于西域五天竺國，賢愚敬之，無有慢心。五百年然後流傳中國，賢信愚化又二千年。其間智人亦因是而通神者有之，有流此而無終者有之。然凡居是者，必忘憎愛，去貪嗔，却妄想，雖不前知，亦也效佛之宜。洪武十一年秋八月，天界有僧訴于中書，其辭曰：「爲主僧者，非禮辱甚」。中書下刑部究其源，其間觀形狀、識緣由，自妒忌而起，信讒而亂，以致福消禍增，累及平人若干。比問分明，人各受刑矣。于戲！禍福無門，惟人召而速至。僧不務修，造愆而犯憲，法司論如律，宜哉。

論

三教論

夫三教之説，自漢歷宋至今，人皆稱之，故儒以仲尼，佛祖釋迦，道宗老聃。于斯三事，誤陷老子已有年矣。孰不知老子之道[1]，非金丹、黄冠之術，乃有[2]國有家者日用常行有不可缺者是也。古今以老子爲虚無，實爲謬哉[3]。其老子之道，密三皇五帝之仁，法天正己[4]，動以時而舉合宜；又非昇霞、禪定之機，實與仲尼之志齊。言簡而意深，時人不識，故弗用，爲前[5]好仙佛者假之。若果[6]必欲稱三教者，儒以仲尼，佛以釋迦，仙以赤松子輩，則可以爲教之名稱，無瑕疵。況于三者之道，幽而靈，張而固，世人無不益其事而行于世者，此天道也。古今人志有不同。貪生怕死而非聰明求長生不死者，故有爲帝興之，爲民富者尚之、慕之。有等愚昧罔知，所以將謂佛仙有所悞國、扇民，特勑令以滅之。是以興滅無常。此蓋二教遇小聰明而大愚者，故如是。昔梁武好佛，遇神僧寶公者，其武帝終不遇佛證果。漢武帝、魏武帝〔七〕、唐明皇皆好神仙，足世而不霞舉。以斯之所求，以斯之所不驗，則仙佛無矣，致愚者不信。若左慈之幻操、欒巴之噀酒，起貪生者慕。若韓退之〔八〕匡君，表以躁不以緩，絶鬼神無毫釐，惟王綱屬焉。則鬼神知韓愈如是。則又家出仙人，此天地之大機，以爲訓世。若崇尚者，從而有之，則世人皆虚，無非時王之治。若絶棄之而杳然，則世無鬼神，人無畏天〔九〕，王綱力用焉。于斯三教，除仲尼之道，祖堯舜，率三王，删詩制典，萬世永賴。其佛仙之幽靈，暗助王綱，益世無窮，惟常是吉。嘗聞天下無二道，聖人無兩心。三教之立，雖持身榮儉之不同，其所濟給之理一。然于斯世之愚人，于斯三教，有不可缺者。

釋道論

夫釋道者，玄也。自太古〔一〕至于三皇，不聞其説。後，梁武帝時，有胡僧，其狀頗異，自西來中國，棲江左，于是乎面壁九年，號曰達磨〔二〕。乃西天佛子，相紹二十八祖，傳來東土作初祖。彼説有佛，武帝欽之。且道者何也？因周柱下史李氏，紀國家之興廢，有衝太虚、察九泉之機，遂隱入山〔三〕，名老聃，凡事有先知之覺，務生而不殺，故稱曰道。此有而真傳其説，可爲信也。時人妄立名色，以空界號上、玉二清，與聃共三，曰三清説大羅兜率天界，使人慕而隱其機，與僧悟禪如是。僧言地獄鑊湯，道言洞裏乾坤、壺中日月，皆非實象〔四〕。此二説俱空，豈足信乎〔五〕？然此佛雖空，道雖玄，于内奇天機，而人未識。何也？假如三教惟儒者，凡有國家，不可無。夫子生于周，立綱常而治禮樂，助國宏休，文廟祀焉。祀而有期〔六〕，除儒官〔七〕叩仰，愚民未知所從。夫子之奇至于如此。釋迦與老子雖玄，奇過萬世，時人未知其的。每所化處，宮室殿閣〔八〕，與國相齊。人民焚香叩禱，無時不至。二教初顯化時，所求必應，飛悟有之。于是乎感動化外蠻夷及中國。假處山藪之愚民，未知國法，先知慮生死之罪，以至于善者多而惡者少。暗理王綱，于國有補無虧，誰能知識？凡國家常則吉，泥則誤國甚焉。本非實相，妄求其真，禍生有日矣，惟常至吉。近代以來，凡釋道者不聞〔九〕談精進般若、虛無實相之論。每有歡妻撫子，暗地思欲，散居塵世，汙甚于民，反累宗門。不如俗者時刻精至也。

誦經論

暇游天界，入寺聞鐘〔一〕，且經聲〔二〕嘹亮。正行間，遙見長老持鑪而來。少時詣前，禮畢，朕問和尚：「彼中撞鐘擊鼓，香烟繚繞，經聲琅然，必好善者送供以飯諸僧乎？」長老對曰：「近日並無飯僧者。」朕又問長老：「既無飯僧者，諸人止可寂寥面壁，以觀想為然，何故周施精舍，衆口喃喃？」長老曰：「僧之所以諷經者，恐有過失，誦之不過釋愆耳。」朕既聽斯言，忽然嗟歎。噫！愚哉！豈不聽解之差矣。所以僧多愚而不善，民廣頑而不良，以其悟機錯矣。且佛之有經者，猶國著令；佛有戒，如國有律。此皆導人以未犯之先，化人不萌其惡。所以古人云：天下無二道，聖人無兩心。名雖異，理則一然。以朕觀之，佛所以教人諷經者有二，若談經說法化愚者，必琅然其聲，使觀聽者解其意，而善其心，所以不慮其意，止諷誦之；若自欲識西來之意，必幽居淨室，使目誦心解，歲久而機通，諸惡不作，百善從心所至。於斯之道，佛經豈不大矣哉！利益甚矣！豈有誦經不解其意，止顧口熟，心懷惡毒，歲月以來，集業深重，自知非禮，卻乃誦經，以欲釋之，可乎？譬猶國之律令，所以禁暴止邪，皆出之於未犯之先，乃救狂惡而生善良者。上自三皇，以至於唐、宋、元，列聖相傳。觀斯之道，豈不天地者歟。或曰：民有善誦律令者如流。朕將為識其意，不憚刑憲。又知卻乃真愚夫愚婦，徒然誦熟，罔識其意。忽一日，有奏朕曰：「民有犯法者，捶父淩母。考之於律，諸犯者重莫過於此。臣將施行，其犯人親屬印律成千，誦聲琅然。有此知律善諷者，以此為贖罪。臣不敢施行，特來上〔三〕聞，幸望宥之。」朕謂奏臣曰：「古者，帝王立法令，所以申明之；律，所以戒責之。一定不易之法，民有知而不善者，法當尤重，安有贖焉？經云：五刑之屬三千，而罪莫大于不孝。雖古聖人〔五〕，亦惡其惡〔六〕。朕薄德之見，安敢易古人之法歟！佛猶人〔七〕，人亦佛性也。既有違背經戒之徒，在佛必律之，以深重禍愆，安肯釋宥者。于戲！愚至于酩酊之酣，撼之而不醒。濁至于大河之流，澄之而不清。愚哉，愚哉！不可不〔八〕修悟之。」

拔儒僧入仕論

丈夫之于世，有志者，事竟成。昔釋迦爲道，不言而化，不治而不亂。仲尼亦云：西方有大聖人。然釋迦本同于人，而〔一〕乃善道若是。斯非人世之人，此天地變化訓世之道，故能善世如此。且諸羅漢住世，應真幻化不一，亦此道也。或居天上人間，以朕觀之，若此者不可多。釋迦安可再生？方今雖有僧〔二〕，間能昂然〔三〕而坐，去者不過幻化〔四〕而已。即目修行之人〔五〕皆積後世之事，或登天上及人間好處。以此觀之〔六〕，遐邇之道，時人不分。假如方今天堂地獄，昭昭于目前，時人自不知耳。且今之〔七〕天堂，若民有賢良方正之士，不干憲章，富有家貲〔八〕，兒女妻妾奴僕滿前。若仕，以道佐人主，身名于世，禄及其家，貴爲一人之下，居衆庶之上。高堂大廈，妻妾朝送暮迎，此非天堂者何？若民有頑惡不悛，及官貪而吏弊[九]，上欺君而下虐善。一旦人神見怒，法所難容。當此之際，抱三木而坐幽室，欲親友之見[十]杳然。或時法具臨身，苦楚不禁，其號呼動天地，亦不能免，必將殞身命而後已。斯非地獄者[十一]何？其天堂地獄，有不難見也[十二]。爾昡嚴輩等，堂堂儀表，已入清虚之境。若志堅而心永，則樂清風于翠微深處，吟皓月于長更，歲覩山岳之青黄，目百川之消長。雖咫尺紅塵，而乃一塵不染，障礙全亡。非獨將來有率陀之登一方，今寂寞之趣，比俗者之無知，舍可行之道，而竟趨火[十三]赴淵，其天堂地獄豈不兩皆邇耶[十四]！若僧之不榖，兼通漏未具，宿本無緣，加之累惡積愆，豈異俗者趨火赴淵之愚者矣。爾必欲異此道而傑爲，須知利害之兩端，然後從之。所利者，居官食禄，名播寰中。若欲高名食禄，同君不朽，必持心以義，練志以忠，佐君以仁，夙夜在公。無虐下[十五]而罔上，乃得利貞斯利也。若視禄之少，見贓之重，如淵底之魚，聞餌而浮，吞鈎于腹，此其所以害也。朕今以天堂地獄之由，示之于爾，爾當深思熟慮，剖決[十六]是非，然後來朝，則當授之以官。未審悦乎？若果悦而仕，則虚名泯而實名彰。其丈夫之志，豈不竟成哉！

宦釋論

古今通天下，居民上者[一]，聖賢也。其所得聖賢之名稱者云何？蓋謂善守一定不易之道，而又能身行而化天下愚頑[二]者也，故得稱名之。其所以不易之道云何？三綱五常是也。是道也，中國馭世之聖賢，能相繼而行之[三]，終世而不異[四]此道者，方爲聖賢。未嘗有[五]舍此道而安天下[六]聖賢之稱，未之有也。所以世人于世善獲生全者，託以彝倫攸序，乃爲古今之常經。于戲！于斯之道，聖賢備而守行之〔七〕，不亦善乎！斯道〔八〕自中古以下，愚頑者出，不循教者廣。故天地異生聖人于西方，備神通而博變化，談虛無之道，動以果報因緣。是道流行西土，其愚頑聞之，如流之趨下。漸入中國，陰翊王度，已有年矣。斯道非異聖人之道而同焉。其非聖賢之人，見淺而識薄，必然以爲異。所以，可以云異者，在別陰陽、虛實之道耳。所以佛之道云陰者何？舉以鬼神，云以宿世，以及將來其應莫知，所以幽遠不測，所以陰之謂也，虛之謂也。其聖賢之道爲陽教，以目前之事，亦及將來〔九〕，其應甚速，稽之有不旋踵而驗，所以陽之謂也〔十〕，實之謂也。斯二説名之則也異〔十一〕，行之則也異。若守之于始，行之以終〔十二〕，則利濟萬物，理亦然也。所以天下無二道，聖人無兩心。其佛道之初立也，窮居獨處，特忘其樂之樂，去其憂之憂。無求豪貴，無藐寒微。及其〔十三〕成也，至神至靈，游乎天外，察乎黃泉，利生脱苦，善便〔十四〕無窮。所以當時之愚頑，耳聞目擊而效之，今世之愚頑，慕而自化之。嗚呼，不亦善乎。吁！艱哉〔十五〕。今時修行者，反是道而行之。何以見反是道而行之？方今爲僧者，不務佛之本行，污市俗〔十七〕，居市廛，以堂堂之貌，七尺之軀，或逢人于道，或居菴受人以謁。其所謁者，賢愚貴賤皆有之，必先屈節以禮之然後可。然修者〔十八〕以此爲忍辱之一端耳。若以堂堂之貌，七尺之軀，忍辱于人，將後果了此道，何枉辱也哉〔十九〕！若將後不能了此道，其受辱屈節，果何益乎？況生不能養父母于家，死無後嗣立姓〔二十〕同人于天地間。當此之時，如草之值秋，遇嚴霜而盡槁。比木之有叢，凌風寒而永歲月，使飛者巢顛，走者窩下。惜哉，惜哉〔二十一〕！不亦悲乎。今之時，若有大至智者，入博修之道，律身保命，受君恩而食禄，居民上而官稱。若輔君政，使冤者離獄，罪者入囚，農樂于隴畝，商交于市塵，致天下之雍熙，豈不善哉。博修之道乎，陰騭之後益乎！今之官吏者不然，往往倒持仁義〔二十二〕，酷害良民，使民視之如蛇蝎〔二十三〕之附體，蛟蚋之吮身，無啓敬之前，有畏避之却，安得不惡聲四出，艱于後乎！若欲聖賢之名稱，僧之行立，不亦難乎！

鬼神有無論

有來奏者：「野有暮持火者數百，候之倏然而滅。聞井有汲者，驗之無迹。俄而呻吟于風雨，間日悲號〔一〕于星月。有時似人〔二〕，白晝誠有應人而投石，忽現忽隱。現之則一體如人，隱之則寂然杳然〔三〕。或祟人〔四〕以禍，或佑人〔五〕以福。斯數狀昭昭然，皆云鬼神而已。臣不敢匿，謹拜手以奏。」時，傍人乃曰：「是妄誕耳。」朕謂傍曰：「爾何知其然哉？」對曰：「人禀天地之氣而生，故人形于世，少而壯，壯而老，老而衰，衰而死。〔六〕當死之際，魂昇于天，魄降于地。夫魂也者，氣也。既達高穹，逐清風而四散。且魄，骨肉毫髮者也。既仆于地，化土而成泥。觀斯魂魄，何鬼之有哉！所以仲尼不言者，爲此也。」曰：「爾所言者，將及性理，而未爲是，乃知膚耳。其鬼神之事，未嘗無甚顯而甚寂。所以古之哲王立祀典者，以其有之而如是。其于顯寂之道，必有爲而爲。夫何故？蓋爲有不得其死者，有得其死者；有得其時者，有不得其時者。不得其死者何？爲壯而夭，屈而滅。斯二者，乃不得其死也。蓋因人事而未盡，故顯；且得其死者，以其人事而盡〔七〕矣，故寂。此云畧耳。且前所奏者，其狀若干，皆有爲而作。何以知之？但知之者不難矣。且上古堯、舜之時，讓位而君天下，法不更令，民不移居，生有家而死有墓，野無鏖戰，世無游魂。祀則當其祭，官則當其人〔八〕。是以風雨時，五穀登，灾害不萌，乖沴不現，此之謂也。自秦漢以來，兵戈相侵，君臣矛盾，日爭月奪，殺人蔽野。鰥、寡、孤、獨于世，致有生者死者，各無所依。生無所依者，惟仰君而已。死無所依者，惟冤是恨。以至于今，死者既多，故有隱而有現。若有時而隱，以其無爲也；若有時而現，以其有爲也。然而君子、小人，各有所當，以其鬼神不謬。卿云無鬼神，將無畏于天地，不血食于祖宗，是何人哉？今鬼忽顯忽寂〔九〕，所在其人，見之非福即禍，將不遠矣。其于千態萬狀，呻吟悲嚎，可不信有之哉！」

明施論

朕嘗觀世俗，善良者，慕佛敬僧，于心甚切。往往大舍布施，傾心向道，意在積功累行，欲目前之福臻，身死不墮地獄，亦欲延及子孫者也。觀斯之善，豈不良哉。奈何認僧差矣！爲何？蓋爲聞僧善者，及住持名寺，加衣鉢整齊者，往往廣與布施。若善者果有微覺，則將所得之物，轉與貧難者，于前好善者頗相增福。若不知覺，集之無窮，則禍增而福滅〔一〕。若住持名寺者，廣得布施〔二〕；貧難不濟，與同黨〔三〕類私相盜用，非理百端，寺頽而無補于前，好善亦加禍焉。于斯之道，好善之心〔四〕固篤，布施之心甚差。若善人欲功德延及子孫者〔五〕，當舍物于力修之僧，然後方有功德，足慕道之心。所以力修之僧者誰？隆冬之時，衣服頽靡，疊膝禪房，慕如來六年之苦行，意欲了心性以化世人，皆同善道。雖嚴寒，肌膚爲之凍裂；雖酷暑，蚊蟲爲之吮血，亦不相告。若出禪房，游市井，使俗人見之，則衣頽〔六〕而形槁。故所以世俗耳目無所驚眩，不得布施耳。嗟夫！以此僧之狀，以好善者求佛，雖真佛臨世，化爲力修僧人，亦不爲凡夫所識。朕所以言者，令好善者〔七〕濟貧而不濟富，無名者〔八〕愛之，有名者敬之，其福將源源焉。

修教論

佛之教，上古未聞。惟始自周之時，方聞異人生于西域。其人也，淨飯國王之子。既生既長，觀世人之禍福，睹日月之昇沉。見人之造非也〔一〕，如酩酊之醉未醒，如夜中〔二〕睡酣而未覺。以致罪重危山，愆深曠海，墮瀰漫無由自釋。佛因是而起大悲願心，立忍辱苦行之法門，意在消愆而息禍，利濟羣生。時乃登雪嶺而靜居，觀心省性，六載道成。及其歸，演《大乘》，雖有二千五百人俱，人皆未解幽微。佛見愚多而賢少，改演《小乘》之法，使昏愚者聽之，如醉〔三〕而復醒，睡而還覺。人各識禍而知愆，惟修善而可弭。嗚呼！佛之心爲世人〔四〕，乃有若是之舉。吾中國聖人有云：天命之謂性，率性之謂道〔五〕，修道之謂教。今聞佛有二乘之説，豈不修道之謂教乎。今之人罔知所以修道教人之何如，乃有廢道積愆之舉，更不知存心何如。邇聞天界〔六〕寺住持者，每晨昏則儀有向諸佛之禮。所以禮向者，則當徒步周旋頂禮，方爲啓敬之道〔七〕，而爲修道之行也。今是僧懶于周旋，不敢越向佛之儀，故廢修以行之，特以轎令人昇之〔八〕，周旋于諸佛之前，于禮未宜，于勤苦不當。若以今後人法之，斯乃率性者歟？修道者歟？若以此觀之，必失「修道之謂教」矣，可謂廢道積愆矣。俄而有來告者：昨晨，天界住持向佛瞻禮，墜轎以折足，數日不聞鐘鼓之聲。虛堂廢法，因是而致。吾有嘆焉〔九〕。嗚呼！昔禪之謬儀，積之今日方應，可謂定業難逃矣，果報昭然矣。今後若欲同佛之修，則當苦行勿華，勿勞人以自逸，乃稱斯道。不然，愆重危山，禍深瀰海〔十〕，于斯效驗，可不警戒之哉！

雜著

問佛仙

佛仙有無？誠如黑白，惟釋迦與叱羊者能之。噫！道矣哉，靈如是。然昔人〔一〕見，今之聞之，相傳數千年一體如斯者未覩。散聖有之，尚未得其傳。方今兇頑是化，良善契從。仙乃務思凌烟霞而躡昂霄，會王母于天京。釋乃歛神一志，靜觀玄關，意在出無量劫而昇兜率。志斯二事者，道盈菴而僧滿寺。以百人爲數，九十九人失道迷宗。或曰：陸沈其一。傍曰〔三〕：鬼神不洩機。仙有屍解，佛有千百億態，孰知昇沉迷失者耶！爲此有慕而不絶者，有毁而不滅者。此豈佛仙有無之驗哉。洪武八年，見二教中英俊羣然，博才者衆，特以二勅諭之。勅以舍彼而從事傑乎？舍事而從彼志乎〔四〕？聽愚者必皆兩圖。諭由己而勅不專信乎？諭爾僧道，備以陳之。

又，朕觀如來修行，雖苦之至，但六載而道成。其妙覺之靈，則有千百億化。效之者，莫知〔五〕至微。或得之者，亦不知自何而至。道祖老子，神仙繼之，或幻而或真神通盛。效之者，亦莫知源何。夫子之立教，彝倫攸叙。效之者，可以探其趣，誠如夫子者鮮矣。于斯三者，可以興滅乎！

還經示僧

昔誠之説如《金經》千萬劫而不泯。若或見之，則沃聽者之槁心，開愚昧之方寸。嗚呼！道哉，覺哉，孰能體之〔一〕而無上，守之而「無爲」？斯二字，之所以然而然者，其于漏盡者乎。斯誠之說，如浮雲之馳空，若漚花之汎水，電影之逐風，睡酣之幽夢。斯果虛之謂歟？實之謂歟〔二〕？然必先覺覺之，後覺然之。又將愚昧而疑之〔三〕。嗚呼！清風摇水，蟾影沉淵，孰能機其所以然耶？且曩之妙也，赤日昇崑崙，神龍浴滄海，是又體之而非體，相之而非相。是皆着相而能耶，無相而智耶？又必我相人相而較之，豈不廓落奔星，靜淵臨月？是說是問，必九年之傳善。我明不然，風翻月影，倒掛須彌，問石爲舟，千艘浮水，巨木連枋，作大海底，是皆性理者耶！

拔儒僧文

朕聞三皇、五帝、夏、商、文、武之治天下，分民〔一〕以四業：曰士，曰農，曰工，曰商。凡四者備，天下國家用無闕焉。列聖相傳，至漢之明帝，又加民業以二：曰釋，曰道。六藝雖各途，惟釋、道同玄儒，雖專文學，而理道統。其農、工、商三者，皆出于斯教。至如立綱陳紀，輔君以仁，功莫大焉。論辭章記誦〔二〕，儒者得其至精。苟非其類而同其門，未必得獲至微。且農勤于畝者歲成，工乃時習而巧精，商能不盜詐而利本俱長。今之釋、道者，求本來之面目，務玄晤之獨闢。至妙者，隻履西歸，飛錫長空，笑談定往，化兇頑爲善，默佑世邦。其功浩瀚，非苦空寂寞、忘嗜欲、絕塵事者，莫探其至玄。未聞農、工、商、釋、道者精于儒。正默論間，俄而侍講學士宋濂言及：「有僧名傳者，儒、釋俱長。邇來以文求臣改益，臣試開展過目，篇篇有意，文奇句壯，奚啻于專門之學。臣故不益而不改，以全僧之善學者也。臣昧死敢煩聖聽，誦之再三，可知其人矣。」朕是許之。不時之間，學士以誦再三，聽文思意，果如濂言。然僧所以求改益者，非也。其文深意曠，非久覽豈得其本源。朕知僧之意，有所精學，卒無揚名之處，故特求名儒以改益之，由此而揚名，欲出爲我用。濂曰：「恐無此乎」。朕謂濂曰：「云何如是觀人？古〔三〕賢人君子，託身隱居，非止一端。如甯戚扣角，百里奚飯牛，望鈞于磻溪，徵隱于黄冠。此數賢能者，未必執于本業而不爲君用。〔四〕朕觀此僧之文，文華燦爛，若有光之照耀，無玄虚弄假之訛，語句真誠貼體〔五〕，孔門之學，安得不爲用哉！」

國朝御製集

折疑：「有王公名樹勳者，官居荆門州知州，係古廣陵人也。公幼時曾祝髮爲僧，具足于高明寺。公胸羅三墳，學富五車。後雲游至北，住持萬壽戒壇十有一年，而律法規宏矣。諸王大臣歸依者如市。後被諫官彈刻（劾）云師蠱衆，將爲異端。奉旨：『准奏，付法司拿問，以正典刑。』而師有維那諱法聞者，知師有才智，因泣而進曰：『和尚有如此淵博，何不潛行他往。倘日後稍有寸進，亦可以光輝釋教矣。今雖有罪，某當往代之。』師亦泣而不成言。聞促之曰：『和尚速往！何作此兒女態耶。』大衆亦促之甚急。師遂塗形更衣如丐者，潛行出京，因而得託（脱）。及聞僧典法後，越一歲，抵長安。值白蓮猖狂，侵掠州郡，官軍不能禁敵，將待束手，有右軍都統觀音保者，係在京時皈依師之弟子也。師因而投之獻策，保遂薦之于督撫秦公。公用其計，果得大獲，斬其賊首者千餘級，生擄賊党者數百人，而賊遂交遁焉，民亦安堵。秦公欲表之，奈僧耶不得與聞。保見師有如此才畧，有功而不顯，因力勸師蓄髮。而秦公亦勸之再三，師方允行。遂于軍前蓄髮，變姓更名曰樹勳。保代公捐職效力。後賊復侵湖南，時師蓄髮已成，亦隨軍而作參謀，屢建勛績。各督撫深慕敬之。及湖南平，公表以聞，超知荆州府。一載後，因掛悮復知荆門州知州事。時嘉慶五年事也。公于是年已五十有四歲矣。予因友人方聚者，係吾南城内卧佛之住持也。雲游湖北，得與公會，情深而意洽，遂成至交。閑中談及，因出以各御製文而示聚曰：『此吾昔日住萬壽而得此文也，今吾居于儒而弗用此文矣。天假授汝，汝當佩之，以助斯教之光輝，而實佛門之慶幸。』聚因而懷之回南，復住持揚之高明寺。予因有事而過廣陵，聞師在被（彼），特停舟于三岔河下而往謁焉。承師延談數日，偶見書記室内文書滿案，予信手而取一集，其簽曰：《國朝御製集》。及展而閱之，皆我皇上闡明佛教之聖訓。予亦悦而録之，且覓之者久矣，不復有諸，今無意而提（得），正所謂無心插柳而成陰也。及與師別，入揚城公事畢，然後歸。暇日，將所集載之于簡，删去繁冗，列斯方册，庶不負帝德温綸知遇之恩也。其文内或搜之于本寺，或得之于諸山，皆編而彙之，縷淅分明。明後世有見而知之者，可以勿謂文之謬矣夫。」

諭儒免結社會文 出萬壽

朕以天下稍定而國事粗寧，自前明之役，多有忠臣、節女、孝子、慈孫同殞國靖，以致遭兵慘死，誰爲祭之？　此等鬼魂，逢天晦時，則悲嘶于清風之間；　遇晴明日，惟嚎泣于星月之下。　朕甚憫之。　前于七月十五日設建盂蘭大醮于萬壽山寺之北壇，四九功德以祈死者超升，生者解脱，故求于佛。　非朕之自己而求福耶，念佛耶。　今觀愚人結社念佛，朕思給（結）社始自廬山遠僧。　今之人主社者，得如遠僧否？　與社者，得如十八賢否？　則宜少，不宜多耳。　以真實修淨土者，亦如僧堂中人故也。　至于男女雜而同社，此廬山所未有也。　而女人自宜在家念佛，勿入男羣，遠世譏嫌。　壞佛正法，莫斯爲要。　願與天下之民，共相守之。　欽此。

諭僧免結蓮社文出萬壽

今世之僧，有無賴者，假仗佛名，甚而聚衆，以致謀爲不軌。　然彼所假，皆云釋迦世衰，彌勒佛將當治世。　此非廬山遠僧之蓮社而有此言也。　遠僧勸人舍娑婆而求淨土，其教以金銀爲染心之物，以爵禄爲羈身之苦具，以女色爲伐命之斧斤，以華衣美食、田園屋宅爲墮落三界之坑阱。　朕願脱人世而胎九蓮，則何歆何羡？　而彼假名彌勒，正以金銀、爵禄、女色、衣食、田宅誘諸世人，俾悦而從己。　則二者冰炭相反，不可不辨也。　然蓮社中人亦自宜避嫌遠禍，向所謂宜少不宜多者是也。　朕所謂勸世真實之文，其大意云：　凡實修者，不必成羣作會。　家有静室，閉門念佛可也，不必供奉邪師。　家有父母，孝順念佛可也，不必外馳聽講。　家有經書，依教念佛可也，不必惟施空門。　家有貧難，宗戚鄰里知識周急念佛可也。　何以？　故務實者，不務外也。　朕願天下僧衆勿得藉此而成無賴者，有壞佛法之綱紀也。　故勅。

論僧水陸文勅文出萬壽

《水陸儀文》，世傳起自梁武帝。昔白起長平一坑至四十萬，罪大惡極，久沉地獄，無由出離。故致夢于武帝。武帝與志公諸師議拔救之策，知《大藏》有《水陸儀文》，禱之則光明滿室。由此舉行，傳之後世。而南北即今并無其文，該藏亦前錯雜而後紊亂，不見始終頭緒。時僧行者不復隨意所作，各各稍殊。南都所繪上下堂像，隨畫師所傳，奉爲定規，頗不的當。而啓建道場者，化募資財，累月累年，始克成就。陳設繁文，以致士女老幼，紛沓往來，如俗中看旗、看春，交足摩肩，男女混亂，日以千計。而不免褻瀆聖賢，衝突鬼神，失多而過重，有禍而無功。致道場不終其事，而感惡報，甚可懼也。且儀文至精、至密、至簡、至易，精密而不傷煩長，簡易而不病缺漏，其本心(意)存。《南藏》以下諸方，朕皆未之見也。爲僧者，相與慎之。故勅。

論僧文出萬壽

且佛之立教也，善其大也，溥洽于世間，度世之念猶切矣。昔仲尼有云：「西方有大聖人，不言而敦化，不治而亂寂，可謂聖人矣。」《釋經訓詁》又云：「大覺金仙，復又讚之以能仁，以其不繩頑而頑化，美善言而善光，其苦行而不苦其心矣。」素素而弗素，雖儔雪嶺之孤燈，侶白晝之單影，目星見性，超出塵淪。復有人天之説，四九之功，其化也疾。況爾僧衆既已出家，其望道將成之徑也。其自棄也，何以懈怠若是。何不演化利人，果登九品極樂之邦，而後世必爲稱之。今爾等恐假以妄，自迷其本性之真耳。故諭。

諭僧寺文出報恩

仰惟修福羅漢，應供薄修福不修慧，象身而前之，悉不二萬行之門。而供佛也，世間三寶。自佛法入中國以來，造佛、建殿、齋僧者，不可勝紀。而崇之者亦極矣。今朕未造佛耶？建殿耶？齋僧耶？予獨慨夫寺之營事者，故以文而加之，但患一日三寶荒蕪，真良可悲嘆耳。故勑。

賜報恩藏佛牙塔諭文出本寺

昔釋迦如來以足指按地，即成金色界。佛具如是神力，何不即變此娑婆土石諸山、穢惡充滿之處，便成九品莊嚴之極樂國也？噫！佛不能示于無緣子乎。且諸佛平等不二，同根一也。獨不聞機女以殘食奉佛，而感生人天之福，亦内典之明示乎：在心而不在物者也。豈以朕今一佛、一塔而成希世之供養者哉！如勑，故諭。

諭僧文出華山慧居寺

夫學佛者，無論莊嚴形跡，止（祇）貴真實修行。及枉其道，實爲妄念。正念無生，豈有可絶。妄絶之後，智境兩忘。圓妙光景，不可思義。六馬可調，正念難持；盤水可捧，妄心難遏。即持之，已失其初。況遏之，又不能久。兼以夢想顛倒，目觸空花，罄無不盡。所以者何？菩薩以十大重而四十八輕，比丘聖諱缺筆具其二百五十戒，沙彌十戒，優婆五戒，如是乃至三千威儀，八萬細行。而約其大綱，則殺、盗、淫（淫）、妄、鬥五者最重。無此五者，皆是清淨毘尼矣。何況乎飲酒、食肉，有礙菩提；行盗、行淫（淫）、抛棄般若，而墮落魔之境界耳。不知五者既集，淫（淫）欲并生。況釋迦非一夕而成，且游大悟心通方得。于今梵刹巍峨，樓閣崢嶸，金碧熒煌，海内之地，靡不有之。且我世祖章皇帝神武六飛，溥洽重熙，以樂育振興斯教，惟報以崇尚清真。皇考仁宗皇帝屢詣梵庭，展寀錯事，煌煌彝憲，伊古所未有者。而昭宣典常，爰及朕躬，丕承大統，于今七載。式祖宗之訓，致明潔之忱，增崇佛法，是以年豐民和，符瑞昭應。旼旼乎，穆穆乎，嘉德乎于彰格也。此非佛法之靈感而何！爾今之爲僧者，不能修内，而專于外。自今以往，須務善道化勸世人，則他日道光必燭寰宇，可不比佛之爲道也。如勅奉行。

九級塔諭文出本寺

夫以星斗布彩，映列宿于穹蒼；雙樹收光，運真風于東土。遠則瞿曇兆漢，近乃達磨來梁。三乘一性之宗，古今恒見；慈智無生之忍，自我消除。所以佛法相依，而法又假人私。道本無心，惟心悟道。既證斯理，體解如然。其演化之功，致導國王欽敬。事佛瓶盂，亦無纏縛。設戒防身，藏名遠惡。崇修浮圖，精勤三業，不染六塵。禀奉四才，方歸八正。舉首山河，俯觀廊廟。故我聖祖仁皇帝御題其額，曰：一乘慧業，二儀有象，三空勝地，四海無波，五律精嚴，六通真諦，七寳蓮花，八表同風，九有宏觀。並賜宸翰各章。今朕膺籙皇庥，展明熙哲之禮，亦符配聖祖之意，肆予丕著之于斯。則後世有知，朕作人雅化者矣。且夫寺之寰宇，宏壯莊嚴，袖冠法界，名甲東南；況乎日月之輪，轂遐邇而奔趨。士民雲集，旅接梅崗。斯刹濟興于聖代，一乘歸紀於熙朝。如頻婆而再出，須達以重生。數百年而金陵梵音流傳，一千載之浮圖永沐皇恩。朕願戈鋋無討伐之心，次願稼穡有豐登之序。九功樂業，三界同安。長開十善之門，共續中天之教。金言可顯，刊勒恒堅。名藉有圖，遺宗莫朽。年移事往，紀德難勝，經踵弘宣，毋怠朕命。故諭。

諭報恩寺勅文出藩院

西方之聖有調御師，其名曰釋迦牟尼，又曰佛。覺其眷屬，則父事淨飯王，從弟慶喜號阿難，母氏摩耶，皆清淨無爲，上昇忉利。故佛常現清淨寶目，則皆八萬四千，其化身則百千萬億，其應度則無量無邊。恒河沙界，而獨最下者，爲此五濁惡世是也。所謂閻浮提者爲至切。蓋人生于五濁惡世，根塵濡染，昏迷沉劫，故諸佛與衆生，惟是一心，更無別法。悟者，心能轉物，萬物皆歸自心，即是諸佛，故曰一心。且釋迦文佛，未成正覺時，于雪山六年苦行，靜慮功極，至午夜舉頭，見明星朗映，遂運慈悲普觀大地，一切衆生常住。如來成佛，種性或曰緣也，或曰不然，最下五濁惡世，固如來之最憫，而急于援之者也。西方之教，自我閻浮提衆生代佛之義而爲演化，上至于王侯宰職，下及于篤老小兒，無有不知念佛者。并大則爲寺，小則爲菴，于名山大川，處處靡不有之。而江南爲六朝建都之地，袖冠帝京之所，且我列祖，常臨幸焉。及朕南巡疆域，所過名山大刹，皆未有超過此寺之壯者。朕欣欣然而錫加儀式，斯萬萬年以壯其寺。前康熙庚申歲，寺災，而宦士沈豹感異兆，載其財甓與資來營，不彌歲而殿宇始成。緇素之流往來者，惟舉手加額，訝其宏窣踰于昔而盛于今，此皆豹君所樹，他人則弗能爲也。朕曰：不，茲因佛之默然而靈佑耶，存心利世之感化耶，胡爲不靈而無不靈耶？吾不得測而知也。雖世有大智辨才者，亦不得測而知之矣。夫豹之營事者，亦本性中之靈智也。若夫釋氏之旨精微奧窔，朕可無贅已。故諭。

諭僧文出本寺

朕聞有在家出家者，有出家而在家者，有在家在家者。處于族舍，具有父母妻子，而心恒在道，不染世塵，在家出家者也。處于伽藍，無父母妻子之累，而營營名利，如處于俗者，出家在家也。處于俗舍，終身纏縛，無一念解脱者，在家在家者也。處于伽藍，終身清淨，無念惡而不惰者，出家出家者也。故我聖祖仁皇帝賜額賜鏹，給牒以度僧，假金輪而啓物，超勝果于報恩。方斯時也，庶乎四者之人，均登仁壽矣。勅諭。

序

大雲輪請雨經序

昔釋迦説法，天龍八部咸集諦聽。龍者，神力威猛，功德宏深。上則擁衛梵天，下則護持國土，神通佛果，不思議之宣説。茲《大雲輪請雨經》一卷，專言佛在難陀優婆龍宫内，住大威德摩尼之藏大雲輪殿寶樓閣中。諸龍畢至，于是有無邊莊嚴、海雲威德輪蓋龍王起而問法之事。蓋難陀羅王者，娑婆世界龍中之最尊，而威德輪蓋龍王者，又三千大千世界龍中之最尊也。夫龍至神而不可測也，興雲致雨，潤萬物，養百谷，澤及三千，大千神力威德至無量也。乃或亢陽蘊隆，或霖潦泛溢，此氣數之適然，龍不能自主也。故輪蓋龍王發問，先祈爲諸龍滅一切苦，次即爲閻浮提内風雨順時，五穀熟成，于一切衆生起慈悲心。善哉，問乎！願力甚深，利益無量，所以默契佛心也。世尊告以第一妙諦，曰：行大慈。蓋慈之爲義，無時無地，不以利益衆生爲心。而龍之慈力，舍出雲降雨，亦别無利益衆生之事也。事即不能自主，願則可以常存。是願常存，然後可告以諸陀羅尼神咒，然後可告以諸大雲如來名號。持此咒，而圓音震于十方；誦此號，而威神承乎諸佛。于是興重雲，霈甘雨，布濩沾灑，不失其時。而龍之功德溥矣。功溥而大慈之行圓者乎？衆生受益，而龍之身命與其眷屬，有不盡脱苦障者乎？然則龍之慈與衆生者，乃佛之慈于龍也；然則佛之慈于龍者，仍佛之慈于衆生也。如是，衆生有不悉受利益者乎。朕御極以來，夙夜翬虔以冀仰迓天庥，雨暘時若。每春夏之交，雨澤間愆，凡于祈禱之法，可以致雨者，無不纖悉諮問。戊戌春，侍郎金簡奏：「拈花寺僧通理言，佛藏《大雲輪請雨經》者，隋三藏法師那連提耶舍譯誦。持此經祈請雨澤，頗著徵驗。」爰勑經館，仿四體字《金剛經》合璧例，繕寫刊布。其舊本經咒譌舛者，重加訂正，用備祈禱。夫自古求雨之詞，靡神不宗。則是經之譯也，所爲推闡諦，藉真實力，廣慈悲心，而亦因抒朕軫念元元之意夫！

論

殘經論

南臺大藏有佛書若干帙，内多唐季五代時刊書，字畫精勁，皆歷歷可喜。按《大藏經目》凡六千三百三十一卷，今所存經，什中六七板亡者，又可以能補之者哉。唐泰寧節度使齊克讓葺成全藏。廣明元年唐昭宗，劉漢宏及黄巢侵攻長安。巢據鳳翔，而漢宏又據建鄴，以致火延《南藏》。五代終而炎宋興。天禧間，詔搜天下梵刹之經刊焉。後至元初，復得日瓦國師著《辨僞録》共十卷，刊之入藏。又，法寶勘《同總録》十卷。次于明季，附各經註釋及《禪宗聯珠集》、《佛祖統紀》，共計八十餘函。又文明肅皇后《續般若心經集要》四十一卷。以此較之，尚未全藏，僅缺四十九字。計經六百三十一卷。何以知之？考《五代史》，而天下騷然，人民互相摧竄，豈暇及而整此哉。故知經之亡失，無可察矣。其餘或中斷不符，亦或首尾不合，皆蟲鐫、鼠囓、雨敗、塵腐，無復綴拭。且夫板之蹂藉，接淅營葺，尚可其一二。況乎日久，霉潰彫殘。若是者，又不可勝計也。經云：能爲人寫四句偈，獲福無量。如人心生不信，罪抵千劫。今觀僧衆，視《大乘》如陌路，何頑頓之甚矣。朕曰：「不然。禍福自人，不在于尺木之間耶」。予因感其得失、存亡之迹，殘缺之餘，以録其事，故申明之。今專憑閲藏者，信夫。

遺教論

世人臨終爲言，以示子孫，謂之遺囑。而子孫執之以作憑據，世守而不易者。況三界大師、四生慈父，説法四十九年最後之遺囑，爲僧者當朝暮誦習，師授徒傳，終身奉之，而不可一日廢忘者。乃等之以童蒙之書，置之閑處，不復究論，豈非如來之逆子、佛法之頑民也哉。

中庸性道教義論

朕以中庸性道教，配清淨法身、圓滿報身、千百億化身，體貼和和，可謂巧妙。細究之，則一時比擬之權辭，非萬年不易之定論也。作實法會，則不可。何也？彼以仁、義、禮、智言性，豈不清淨；然非法身纖塵不立之清淨也。彼以事物當然之理言道，豈不圓滿？然非報身富有萬德之圓滿也。彼以創制立法、化民成俗爲教，豈無千百億妙用；然一身之妙用，非分身千百億之妙用也。大同而小異，不可以不察也。或曰：「仁、義、禮、智，《孟子》之言也，《中庸》止言天命而已。」朕謂：「至誠能盡其性，而繼之以寬裕、温柔十六字，非仁、義、禮、智而何？」故曰：孟軻受業，子思之門人也，不可不察也。

口訣論

釋門信無口訣乎？曰：佛法正大光明，一人演之，而百千萬億人天之所共聞也。何口訣之有？無已，則有一焉。夫一言、二言，言簡而義精者，斯之謂訣。連篇累牘，牽枝而引蔓者，非訣也。是故應無所住而生其心者，《金剛經》之口訣也。惟一乘法無二無三者，《法華經》之口訣也。成就慧身，不由他悟者，《華嚴經》之口訣也。執持名號，一心不亂者，《彌陀經》之口訣也。是心作佛，是心是佛者，《十六觀經》之口訣也。不此訣之信，而信他訣者，舍璠璵而執碔砆者也。

續原教論

朕觀前明翰林待詔沈士榮作《續原教論》，其詳品名儒學佛一篇，備舉唐宋諸子，如白居易、蘇軾以至裴度、楊大年等禪學淺深，最爲精究。其言曰：即裴、楊諸子，不云無悟入，而保養受持，則未可知也。豈有身居名利之塲，又非果位菩薩而能無細惑流注者哉。游戲法門者，固不必論矣。爾輩身爲出家兒者，試靜思之。

護法論

人知佛法外護付與王臣，而未知僧之當護者，不可以不慎也。護法有三：一曰興崇刹寺，二曰流通大藏，三曰獎掖緇流。曷言乎慎也？護刹者，梵刹果爾原屬寺産，豪强佔之，奪而復回，理也。有如考諸圖籍，則疑似不明；傳之久遠，則張、王互易。以勢取之，可乎？喜舍名爲吉祥地，力不敵而與者，謂之冤業藪。若僧惟勸化有力之士，以恢復舊刹，爲大功德主，而不思議佛固等視衆生。如羅睺羅，殃民建刹，即廣踰千頃，高凌九霄，旃檀材木，珠玉爲飾，佛所悲憐而不喜者也。有過無功，不可不慎，一也。護教者，其所著述果慎遠合佛心，近得經旨，贊嘆而傳揚之，理也。有如外道迂談胸臆，偏見過而稱譽，可乎？若僧惟乞諸名人作序，作跋，而不思疑悟後學，有過無功，不可不慎，二也。護僧者，其僧果爾真參真悟，具大智見者，朕當尊而禮之。實心實行，操操敦確者，信而敬之，禮也。有如虚頭禪客，下劣庸流，亦尊之、信之，可乎？若僧惟親附貴門，冀其覆庇，而綿纊錦綉以裹癰疽，秖（祇）益其毒，有過無功，不可不慎，三也。是則王臣護法，而僧壞法也。

儒釋論

世云孔子號儒童菩薩。或曰：吾夫子，萬代斯文之祖，而童之？童之者，幼之也；幼之者，小之也。彼且幼小吾師，何怪乎儒之闢佛也。又僧號比丘。丘，夫子諱也，此又非理也。而比者，並也。僧，佛之弟子，而與夫子並？彼且弟子吾師，又何怪乎儒之闢佛也。朕曰：是不然。童者，純一無僞之稱也。文殊爲七佛師，而曰「文殊師利」。童子善財，一生得無上菩提，而曰「善財童子」。乃至四十二位賢聖，有童真住，皆嘆德之極，非幼小之謂也。故曰：大人者，不失其赤子如心者也。若夫比丘者，梵語也。梵語比丘，此云乞士，亦云破惡，亦云怖魔。比非比並之謂，丘非丘陵之謂，蓋僅取音，不取字也。例如梵云南無，此云皈命無二。又南，不取南北之南；無，不取有無之無也。噫！使夫子而生竺國，必演揚法乘以度衆生；使釋迦而現魯邦，必闡明儒道以教萬世。蓋易地則皆然。大聖人所作，爲凡情固不識也。朕謂：爲儒者不可毁佛，爲釋者獨不可毁儒乎哉。

梁武帝論

朕閲史多矣。及觀武帝餓死臺城一節之誣，而猶未及其餘也。如「斷肉蔬食」，人笑之；然舍一時窮口腹以爲受用，帝寧不知己之玉食萬方乎？「麵爲犧牲」，人笑之；然士人得一第，尚欲乞恩于祖考以爲榮寵，帝寧不知己之貴爲天子乎？「斷死刑必爲流涕」，人笑之；然即下車泣罪、一民有罪，我陷之之心也，帝寧不知己之生殺惟其所欲爲乎？獨其舍身入寺，失君人之體。蓋有性無慧，見之不明，是以輕重佛法而執泥太過也。又，晉、宋以來，競以禪觀相高，不知有向上事，是以遇達磨之大法而不契爲可恨耳。若因其失國，而遂爲詆訾則不可。夫武帝之過，過于慈者也。武帝之慈，慈而過者也。豈得與陳後主、周天元之失國者同日而論乎？若因其奉佛而詆之，則朕不得而謗之矣。

四十二章遺教經論

漢明帝夜夢金人，遣使天竺，得佛經四十二章。此釋東流而入震旦之始也。今以其言，近僧不誦持，法師不陞座，爲人講演。夫此經言不專近，有遠者，有言近而旨遠者，人自不察也。遺教者，乃如來入滅最後之要語，喻人世所謂遺囑也。子孫昧宗祖創始之來源，是忘本也；子孫背父母臨没之遺囑，是不孝也。爲僧者，胡弗思也？ 朕按：二經實末法救苦之良藥。不可忽！不可忽！

説

魔説

魔大約有二：一曰天魔，二曰心魔。天魔易知，且置勿論。心魔者，不必發瘋、發顛，至于褻尊慢上，無復顧忌；因首褫衣，不避譏嫌，而後爲魔也。一有所着，如耽財、耽色、耽詩、耽酒、耽書、耽畫等，亦魔也。豈惟此哉，妄意欲工蓋一時，名垂百世，亦魔也。豈惟此哉，如爲僧者，即修種種諸善法門，妄意希望成佛，亦魔也。豈惟此哉，如上之所説，諸魔皆悉無之，而曰「我今獨免于魔」，亦魔也。微矣哉，魔事之難察也！

般若説

土之能朽物也，水之能瀾物也，必有殘質存焉。俟沉埋侵漬之久，而後消滅。若火之燒物，頃刻灰燼。朕以是知般若智如大火，聚諸貪愛水，逼之則涸；諸煩惱薪，觸之則焚；諸愚癡石，臨之則焦；諸邪見稠林、諸障礙蔀屋、諸妄想情識，種種雜物，烈焰所灼，無復餘遺。古謂太末蟲，處處能泊，惟不能泊于火焰之上。以喻衆生心，處處能緣，惟不能緣于般若之上。故學道人，不可刹那而失般若智。

儒佛説

自昔儒者非佛，佛者復非儒。朕以佛法初入中國，崇佛者衆，儒者爲世道計，非之未爲過。儒既非佛，疑佛者衆，佛者爲出世道計，反非之，亦未爲過。迨夫傅、韓非佛之後，後人又彷效而非。何以故？雲既掩日，不須更作烟霾故。迨夫明教空谷非儒之後，後人又彷效而非，則過矣。何以故？日破其暗，不須更作燈火故。究實而論，則儒與佛不相病而相資。試舉其畧。凡人爲惡，有逃憲典于生前，而恐墮地獄于身後。改惡而修善，是陰助王化之所不及者，佛也。僧之不可以清規約束者，畏刑罰而弗敢肆，是顯助佛法之所不及者，儒也。今僧惟慮佛法不盛，不知佛法太盛，非僧之福。制之、抑之，佛法之得久存于世者，正在此也。知此，則不當兩相非，而當交相贊也。

此道説

明太祖云：若人將後，不能了此道。昔人有言：雖有駟馬，以先拱璧，不如坐進此道。朕因是推之，雖王天下，豈惟駟馬、拱璧，亦不如坐進此道。豈惟王一天下，雖金輪聖王王四天下，亦不如坐進此道。豈惟王四天下，雖王忉利夜摩，乃至王大千世界，亦不如坐進此道。然昔云：此道指長生。久視此道也，茲員頂方袍，號稱衲子。將坐進無上菩提之大道，反羡人間之富貴者，朕不知是何心耶！

金色身説

朕每聞世人贊佛身曰「金色」。曷取其彷佛近似，非真若人世之所謂金也？天金、天銀與世金、世銀，例美王（玉）之于碔砆，勝劣自判。蓋天金尚未足以擬佛，況世金耶。其精粹微妙，光瑩明徹，自非凡眼所覩。然不可不知，如今之土木成像，而飾之以金箔，果以爲佛之色相？亦只如是，則失之矣！

講律禪三宗説

講、律、禪，古號三宗，學者所居。各寺之服及衣，亦各區別，如杭郡則淨慈、虎跑、鐵佛等寺也。三天竺、靈隱、普福等，講寺也。昭慶、靈芝、菩提、六通等，律寺也。衣則禪者褐色，講者藍色，律者黑色。予初平海宇，猶見僧搭三色衣，今則均成黑色矣。諸禪、律寺，均作講所矣。嗟乎！朕不知其所終矣。

華嚴大藏一經説

或云：經無與《華嚴》等者，何謂也？曰：昔玄裝（奘）法師譯《若耶般若》六百卷成，以進御。帝云：《般若》如是浩瀚，何不居《華嚴》之先？法師謂《華嚴》具無量門，《般若》雖多，乃《華嚴》無量門之一門也。前有僧作數格供經，《華嚴》供于最上。一日取誦記，納之中格。明晨，經忽在上。僧大驚異。蓋經之威神所致，亦持經者之精誠所感也。且三藏聖教，獨《華嚴》如天王，專制宇内諸侯、公、卿、大夫、百執事以至兆民，皆其所統馭也。夫孰與之等也！

淨土説

有來奏者，極云西方淨土之奥。朕曰：咯！爾知一而不知二。吾非不信淨土，亦非薄淨土而不往。但朕所往與人異。東方有佛，吾東往；西方有佛，吾西往。四維上下，天堂地獄，但有佛處，朕則隨往，非如天台、永明諸求淨土者，必專往西方之極樂世界也。此説甚高，旨甚深，義甚玄，然不可以訓經云。譬如弱羽止可纏枝，則知翮翼既成，身强氣茂，方可翱翔霄漢，横飛八方耳，非初發菩提心者所能也。世尊示韋提布十六：觀法必先之落日，懸鼓以定志西方。而古德有坐卧不忘西向者，豈不知隨方皆有佛國耶！大解脱人任意所知，如其不然，恪遵佛勅。

惜寸陰説

古謂大禹聖人乃惜寸陰，至于衆人當惜分陰。而佛言：命當在于嘑吸。夫分陰之中，有多呼吸，則朕與黎庶何止當惜寸陰。一刹那、一彈指之陰，皆不可不惜也。伊菴權禪師云：「至晚必流涕曰，今日又只憑麽空過，未知來日何如。」其勵精若此。朕每早朝出，則憶伊菴此語，曰：「今日又换一日矣。昨日已成空過，未知今日何如。」然朕每太息，輒自流涕。以是知今之爲僧之修道者，不及古人遠甚。可不愧乎！可不勉乎！

肉刑説

肉刑起于何時？其果聖人之意乎哉？或曰：《尚書》言之矣。然言之而未詳也，抑後世欲威民者爲之也。夫炮烙罪人，商紂之所以危身也。鑿人目、剥人面皮，吴皓之所以覆國也。復有湯油鹽于俎，置人于中而烹之者，齊、楚等君之所以滅亡也。而謂聖人爲之乎？或又曰：其人天且劓，《周易》亦言之矣。然《易》，經也，非律也，卜筮之書也，非刑書也。所以前民用非所以罰民罪也。天且劓，象也，非真也。且肉刑至漢文帝而始除，萬世而下，豈以文帝爲非乎？以文帝爲賢乎？如以爲賢，則肉刑之非可知矣。雖然，帝則誠賢乎，而又遺恨焉：宫刑之未除也。嗟乎，痛哉！難言也。朕思業報之循環，不可息也。何時得見龍華之世也。

佛性説

朕觀經言：蠢動含靈，皆有佛性。孟子之辟告子也，曰：然則犬之性，猶牛之性；牛之性，猶人之性歟。有執經言而非孟子，朕以爲不然。皆有佛性者，出世盡理之言；人畜不同者，世間見在之論。兩無相礙。是故極本窮源，則螻蟻、蠛蠓，直與三世諸佛平等。不據今見在，則人通萬變，畜惟知，何容并視？豈惟人與畜殊，彼犬以司夜，有警則吠；若夫牛即發扃鑽穴，踰牆斬關，且安然如不聞見矣。犬、牛之性，果不齊也，而況于人乎。萬材同一，木也，而梧、櫝、枳、棘自殊。百川同一，水也，而江、湖、溝、渠，而未嘗不異，異而未嘗不同者也。如執而不通，則世尊成正覺時，普見一切皆成正覺，今日何以尚有衆生！

出家利益説

古德有云：最勝兒出家好。俗有恒言曰：一子出家，九族生天。此皆出家贊嘆，而未明言出家之所以爲利益也。豈曰不耕不織，而有自然衣食之爲利益乎？豈曰不買宅、不售房，而有自然安居之爲利益乎？豈曰王臣護法、信施恭敬，上不役于官，下不擾于民，而有自然清閑逸樂之爲利益乎？古有偈曰：施主一粒米，大似須彌山。若還不了道，披毛戴角還。又云：他日閻君與你算飯錢，看你將何抵對？此則出家乃大患所伏，豈能有利益乎哉。朕謂出家之利益者，以其破煩惱，斷無明，得無生，忍出生死苦。是則天上人間之最勝，而父母宗族被其澤矣。不然，富積于千箱，貴師七帝，何益之有？朕心實憂之，而併以告夫爲僧者。

雜著

三教一家

夫三教則誠一家矣。一家之中，寧無長幼、卑尊、親疏[一]耶？佛明空劫以前，最長也；而儒、道言其近。佛者，天中之天，聖中之聖，最尊；而儒、道位在凡。佛證一切衆生本來自己，最親也；而儒、道事乎外。是知理無二致，而深淺秝然。深淺雖殊，而同歸一理。此則所以爲三教一家也，非漫無分別也。

問三寶

朕因暇日，入寺聽經。及誦之者，三寶名也。因召首僧而問之曰：「聞道家以精氣神爲三寶，而世人以佛、法、僧配之，此言何謂也？」彼僧對曰：「夫自性開覺名佛，自性軌則名法，自性清淨和合名僧。彼精、氣、神何爲哉？即令以先天元精、元氣、元神爲説，亦豈知此元神者，猶屬識陰乎！佛法深玄，臣僧未易草草應對。」

巢頂灌膝

世傳佛苦行時，鵲巢頂上蘆穿膝中，修養家以爲運氣之術。朕曰：然則非歟。昔如來深入禪定，鵲巢不知蘆穿，不覺絶實而已。非謂運氣之術，上通下徹也。乃至九重鐵鼓，謬解爲夾脊雙關；四門游觀，妄説爲眼、耳、鼻、舌。悉邪也，不可不辟。

黄龍洞賓

道流謂洞賓以飛劍伏黄龍禪師，此僞也。朕觀《語録》云：「師一日陞座，洞賓雜稠人中。師以天眼燭之，遂云：『會中有竊法者。』賓出衆，自稱雲水道人。師云：『雲盡水乾時如何？』賓不能對。師代云：『黄龍出現。』賓怒，夜，飛劍脅師。師指劍插地不能舉。明日，拔劍不起。問答數語，脱然有省，因嗣黄龍。」此豈賓之伏龍也？故朕是以知其僞者。

佛者弗人也

今之迂儒言：佛字從弗、從人，蓋誠弗人也。以其棄國無君，辭親無父，不娶無子，潔其身而亂大倫，非人之道，不可施之中國。朕笑之，以知其迂儒之論也。夫弗人則誠弗人，而所以弗者，非世之云也。斷人所不能斷之惑，證人所不能證之智，行人所不能行人之行。是故堯、舜、周、孔者，人之聖；佛也者，聖之聖也。聖且不足以明之，況可謂之人乎！日月□王乃至無色者，對人而稱天。佛也者，對天而稱天者也。天且不足以名之，況可謂之人乎！佛爲弗人，其義如是。嘗統論三教，儒從需從人。不躁妄之謂需，儒蓋從容乎，禮法人也。仙從山從人。離市井之謂山，仙蓋逍遥乎，物外人也。不可之謂弗，二教雖高，猶可名人。佛者，超四生，出三界，不可以人名也。以上姑就世俗。實則佛是梵語，此云覺奚(矣)，取于弗人。

不生不滅

世人殺生，藉口佛經不生不滅，而言不生則不滅，有生則有滅，故殺生無礙。此言何謂也？經云：此心本不生，亦復不滅。不生故寂，不滅故照，常寂常照。名常寂，光此，當人妙心也。如何將至理之談，翻成戲論者哉？悲夫！

背本從釋

人見從儒入釋者，極言贊佛，謂孔子所不及，因議其背本。朕甚譏之，而曰：孔子者，人中之聖人。佛者，聖人中之聖人也。此天理人情究極之公論也，非所謂背也。今有問言：爾父與堯、舜孰賢？必將曰，吾父安敢上擬大聖矣。是即爲背本乎哉？必欺天罔人而曰，吾父賢于堯、舜。然後爲不背本乎哉？且孔子非不知佛也。儒談世間法，只合如是而止，過之則出世間法矣。世間、出世二法，互相維持，而門庭各别。不然緇侶學禪，何不依《大學》、《中庸》？文場試士，何不用《法華》、《楞嚴》耶？況孔子不言佛，而意寓言表。如曰「朝聞道，夕死可矣」，此何道也？「西方有大聖人」，此何聖也？其尊佛明甚。而今言釋深于儒，正發揚孔子微意，是謂報恩，烏得爲背本乎哉。

剃髮不剃鬚

有剃髮不剃鬚者，駕言削髮除煩惱，留鬚表丈夫。此妄語也。髮若煩惱，則鬚之煩惱尤甚。鬚表丈夫，則孟子所稱「大丈夫」者，乃在躬仁義、貞窮達、一死生而已。張良狀貌如婦人、女子，而心雄萬夫。奚以鬚爲哉？如是違佛明制、顯異惑衆之流，擯而斥之，毋令混迹于緇門可也。

【校記】

前明御製集·勅諭授了達德瑄溥洽僧録司

〔一〕「大衆」，原文作「于大衆」，「于」乃衍字，據《金陵梵刹志》卷一删。（下從之，不另注）

〔二〕「鷄鳴寺」，原文作「鷄鳴山」。

〔三〕「若以」，原文作「以其」。

〔四〕「妙音」前原文有「如」，乃衍字，删。

〔五〕「亦何以施」，原文作「亦可以施」。

〔六〕「法輪常轉」、「足矣往」，兩處原文不清，據以補。

諭善世禪師★

〔一〕「慈慜」，《金陵梵刹志》卷一作「慈敏」。從《折疑梵刹志》。

〔二〕「善理」，原文作「理善」。

★題名一作「授善世禪師詔」。

雲南僧游方勅

〔一〕題名原文無「勅」字，據以補。

〔二〕「甘心寂寞」，原文漏此句，據以補。

〔三〕「霄壤」，原文作「壤霄」。

〔四〕「吟」原文不清，據以補。下句之「甘心寂寞」乃衍句，删。

〔五〕「如」原文作「于」。

〔六〕「名山」，原文漏「名」。
〔七〕「睿」前有「而」，乃衍字，删。

諭僧

〔一〕「理幽」，原文漏「幽」字。
〔二〕「有傳」，原文漏「傳」字。
〔三〕「乃顛」而下至「天下樂」之前有大段遺漏，所遺漏之文據《金陵梵剎志》卷一并参照南京禮部右侍郎楊起元《註解三篇》補入。
〔四〕「教云」，原文作「經云」。
〔五〕「之故」，原文漏「故」字。
〔六〕「使綱而」、「于何處」，原文不清，據以補。
〔七〕「藏經添」三字，原文不清，據以補。

諭翰林侍詔沈士榮

〔一〕「辯」，原文作「辨」。
〔二〕「求身」，原文作「求其身」。
〔三〕「未知」，原文作「可知」。
〔四〕「身耶」，原文作「身也」。
〔五〕「于」，原文作「以」。
〔六〕「求」，原文不清，據以補。

〔七〕「儒術之學」，原文漏「之學」二字。

〔八〕「謂學」，原文漏「謂」。

〔九〕《金陵梵剎志》卷一無末句（七字）。

詔誥·濩持朵甘思烏思藏詔

〔一〕「行」，原文作「出行」，「出」乃衍字，删。

〔二〕「忍辱」，原文作「辱恥」。

〔三〕「天鑒神扶」，原文不清，據以補。

〔四〕「斯道」，原文不清，據以補

〔五〕「則天」，原文漏「則」。

〔六〕「地獄」，原文作「俱獄」。

〔七〕「劫盡而方生」，原文漏「而」字。

〔八〕「兩衛」，原文其後有「之」，衍字，删。

賜西番國師詔

〔一〕「仁心」，原文作「仁人」。

〔二〕「脱塵輪而出」，原文作「脱沉淪而生」，誤，據以改。

〔三〕「山房」，原文漏「房」。

〔四〕「之上」，原文作「肩上」。

序・習唐太宗聖教序

〔一〕「乾旋坤寧」，原文作「乾坤周旋」，誤，據以改。
〔二〕「而」，原文脱此字。
〔三〕「蹤是」，原文作「而蹤使」。
〔四〕「因空談有，化及萬類」，原文漏「有」，「化育及」之「育」乃衍字。
〔五〕「罔有」、「是塞」，原文不清，據以補。
〔六〕「洪」，原文作「拱」。
〔七〕「旨」，原文作「指」。
〔八〕「三途」，原文漏「三」，「途」下之「舟」字，乃衍字，删。
〔九〕「易能」，原文漏「能」字。
〔十〕「比其」，原文漏「其」字。
〔十一〕「歛成」，原文其後有「雞」，乃衍字，删。
〔十二〕「以述」，原文作「以迷」。
〔十三〕「冰霜」，原文漏「霜」。
〔十四〕「而侣影……青黄」，皆應緊接「冰霜」之後，「皆」後則接「途中……猶精」。原文錯編，據以改。
〔十五〕「八水」，原文作「入水」。
〔十六〕「水底」，原文作「水中」。

心經序

〔一〕「出世間」，原文漏「出」字。

〔二〕「務明心」，原文「務」前有「而」，乃衍字，删。

〔三〕「性理」，原文作「本性」。

〔四〕「爲善」，原文作「以從善」。

〔五〕「聰明者」，原文漏「者」字。

〔六〕「而」，原文後有「兼」，乃衍字，删。

〔七〕「謂」，原文作「説」。又，「嗅」、「味」之後，原文各漏「相」，據以補。

〔八〕「有之者」，原文漏「者」。

〔九〕「且佛天」，原文作「不入佛天」。

〔十〕「富者」，原文作「富貴者」。「貴」乃衍字，删。

〔十一〕「不能」，原文前有「不」，乃衍字。

〔十二〕「而見宗旨者也」，原文作「見宗旨也」。

〔十三〕「去心」，原文漏「去」字。

〔十四〕「以歸正道」，原文「歸」後「息方入」三字乃衍字，删。

〔十五〕「聰明者」，原文漏「者」字。

御製聖母印施藏經序

〔一〕「兼總」，原文作「減總」。

〔二〕「信然」，原文漏「然」字。
〔三〕「遂托」，原文漏「遂」字。
〔四〕「侍」，原文作「侍遂」，「遂」乃衍字，删。
〔五〕「普賢瓶瀉」，原文其後有「三千」，乃衍字，删。
〔六〕「洒于」，原文漏「于」字。
〔七〕「百億」，原文作「萬劫」。
〔八〕「導凝」，原文作「導況」。
〔九〕「我」原文前有「且」，衍字，删。
〔十〕「偕三五」，原文作「宿三五」。
〔十一〕「朕因……」以下三句，《金陵梵刹志》卷一無。

說·佛教利濟說

〔一〕「異其」，原文前有「尚」，衍字，删。
〔二〕「空五蘊」，原文漏「空」字。
〔三〕「然愚者」，原文漏「然」字。
〔四〕「善之」，原文漏「之」字。
〔五〕「所以」，原文作「所以然」。
〔六〕「人莫能與知。設使與知」，原文作「與之」。
〔七〕「教務」，原文漏「務」字。

〔八〕「宗旨」，原文漏「旨」字。

〔九〕「主利濟」，原文作「生利濟」。

〔十〕「得也廣」，原文作「道也廣」。

論・三教論

〔一〕「老子之道」，原文漏「道」字。

〔二〕「乃有」，原文作「也乃有」，「也」，衍字，删。

〔三〕「實爲謬」，原文漏「爲」字。

〔四〕「法天正己」，原文作「法正天已」。

〔五〕「爲前」，原文漏「前」字。

〔六〕「若果」，原文作「苦果」。

〔七〕「魏武帝」，原文漏「武」。

〔八〕「韓退之」，原文作「韓愈之」。

〔九〕「世無鬼神人無畏天」，原文漏「無鬼神」；又，「畏天」後有「命爲」，乃衍字。

釋道論

〔一〕「太古」，原文作「古聖」。

〔二〕達磨面壁九年，乃其北上少室山以後之事，非「棲江左」時。

〔三〕「隱入山」，原文作「因山而入山」。

〔四〕「實象」，原文作「實相」。

〔五〕「信乎」，原文作「信哉」。

〔六〕「祀而有期」，原文漏「祀」字。

〔七〕「儒官」，原文作「官宦」。

〔八〕「宫室殿閣」，原文作「宫殿室閣」。

〔九〕「凡釋道者不聞」，原文作「不聞凡釋道者」。

誦經論

〔一〕「聞鐘」，原文作「聞經」。

〔二〕「經聲」，原文作「鐘聲」。

〔三〕「近日並」以下遺漏「無飯僧者……聞」大段文字，參見《金陵梵刹志》卷一《誦經論》。下接「幸望」（第六行）。

〔四〕「幸望宥之」，原文作「駕至俯賜宥之」，據以改。

〔五〕「古聖人」，原文作「古人」。

〔六〕「亦惡其惡」，原文「亦」下有「佛性也尚」四字，衍字，删。

〔七〕「佛猶人」，原文「人」上有「聖」，乃衍字，删。

〔八〕「不可不」乃原文《梵刹志》作「可不」，兩者均通。今從原文。

拔儒僧入仕論

〔一〕「釋迦」，原文在「而」字下。據《金陵梵刹志》卷一，應在「然」字下，「本同」之上。據以改。

〔二〕「有僧」，原文漏「有」字。

〔三〕「開能昂然」，原文作「多開昂然」。
〔四〕「幻化」，原文前有「能」，乃衍字，删。
〔五〕「之人」，原文作「人者」。
〔六〕「以此」，原文作「似此」。
〔七〕「且今之」，原文漏「且」字。
〔八〕「富有」，原文作「富而有」。
〔九〕「官貪而吏弊」，原文作「官吏而貪弊」。
〔十〕「見」，原文多一「者」字，删。
〔十一〕「非地獄者何」，原文作「地獄幾何」。
〔十二〕「見也」，原文作「見者也」。
〔十三〕「竟趨火」，原文作「意趨火」。
〔十四〕「皆」原文作「階」字。
〔十五〕「虐下」，原文作「毫下」。
〔十六〕「剖決」，原文漏「剖」字。

宦釋論

〔一〕「居民」，原文作「民居」。
〔二〕「愚頑」，原文作「頑愚」。
〔三〕「能相繼」，原文漏「能」字。

〔四〕「不異」，原文作「不能異」。「能」乃衍字，删。

〔五〕「未嘗有」，原文漏「有」字。

〔六〕「安天下」，原文漏「下」字。

〔七〕「行之」，原文漏「行」字。

〔八〕「斯道」，原文作「行斯道」，「行」乃衍字，删。

〔九〕「及將來」，原文漏「及」字。

〔十〕「陽之謂也」，原文作「陽詻謂也」。

〔十一〕「則也異」，原文作「謂也異」。

〔十二〕「行之以終」，原文漏「以」字，句尾「矣」乃衍字，删。

〔十三〕原文不清，據《金陵梵刹志》卷一補。

〔十四〕原文作「善變無窮」，《金陵梵刹志》卷一作「善便無窮」。

〔十五〕「艱哉」，原文作「艱乎」。

〔十六〕「方今」，原文漏「方」字。

〔十七〕「污市俗」，原文作「污方市俗」，「方」乃衍字，删。

〔十八〕「然修者」，原文作「以修者」。

〔十九〕「何枉辱也哉」，原文作「其受辱何往辱也哉」。「其受辱」乃衍字，删。「枉」，原文作「往」，誤。

〔二十〕「立姓」，原文作「異姓」。

〔二十一〕「惜哉」其後又一「惜哉」，原文漏。「今之時」後，原文之「惜哉」乃衍字，删。

〔二十二〕「倒持仁義」，原文作「倒仁持義」，誤。

〔二十三〕「視之如」，原文漏「之如」。

鬼神有無論

〔一〕「間日悲號」，原文作「間悲嚎」。

〔二〕「似人」，原文作「僅似人」，「僅」乃衍字，删。

〔三〕「寂然杳然」，原文作「寂然而杳」。

〔四〕「或祟人以禍」，原文「祟」作「崇」。

〔五〕「佑人」，原文作「祐人」。

〔六〕「老而衰，衰而死」，原文作「老而死」。

〔七〕「未盡」，原文遺漏「故顯，且得其死者，以其人事而盡」。據以補。

〔八〕「官則當其人」，原文「官」字誤作「當」。

〔九〕「忽顯忽寂」，原文作「或顯或寂」。

明施論

〔一〕「禍增而福減」，原文作「禍增而禍或減」。

〔二〕「廣得布施」，原文作「廣而布施」。

〔三〕「與同」，原文作「于同」。

〔四〕「之心」，原文作「之人」。

〔五〕「子孫者」，原文漏「者」字。

〔六〕「則衣頽」，原文作「衣頽」，漏「則」字。

〔七〕「善者」，原文作「善姑」。

〔八〕「無名者」，原文漏「者」字。

修教論

〔一〕「造非也」，原文漏「也」字。

〔二〕原文作「夜中」，《金陵梵刹志》卷無「夜」字。當從《折疑》。

〔三〕「聽之」，原文作「聽知」。

〔四〕「爲世人」，原文作「惟世人」。

〔五〕「之謂道」，原文作「之謂」，漏「道」字。

〔六〕「天界寺」，原文作「三大寺」。

〔七〕「方爲啓」，原文作「乃爲恭」。

〔八〕「昇之」，原文不清。

〔九〕似遺一「焉」字，故补。

〔十〕「瀰海」，原文作「瀰漫」。

雜著·問佛仙

〔一〕「然昔人」，原文漏「然」字。

〔二〕「今之」，原文作「今人」。

〔三〕「傍曰」，原文漏「傍」字。

〔四〕「彼志」，原文漏「志」字。

〔五〕「莫知」，原文作「莫之」。

還經示僧

〔一〕「方寸」之後，應接「嗚呼……體之」，再接「而無上，守之」。原文錯編。

〔二〕「實之謂歟」應上接「虚之謂歟」，原文錯編。

〔三〕「疑之」，原文作「言之」。

拔儒僧文

〔一〕「分民」，原文作「分明」，誤。

〔二〕「記誦」，原文作「句誦」。

〔三〕「古賢人」，原文「古」作「故」。

〔四〕「而不爲君用」，原文作「不爲君而用」。

〔五〕「貼體」，原文作「體貼」。

三教一家

〔一〕漏一「親」字，據句意補。

敕建報恩寺梵刹志　卷六

前明常住出入數

常住入数[一]

戴子莊，夏租銀一百一十四兩九錢四厘，冬租米一千五百四十二石六斗三升。

臘真莊，冬租米五百二十四石四斗九升五合。

寺前房地，夏租銀五十兩四錢六分四厘，冬租銀五十兩四錢六分四厘。

以上夏租銀通共一百六十五兩三錢六分八厘，冬租銀通共五十兩四錢六分四厘，冬租米通共二千六十七石一斗二升五合。

禪堂入數〔二〕

放生池邊地二大條，自供種菜。

附前明藏經板頭銀。藏經板頭，每藏一十二兩，每年約銀二百四十一兩。又四經每年約銀三十六兩，雜號約銀四兩。目今每藏八兩刻經，止四兩贍衆。

以上約銀二百八十兩。目今除刻經，止約銀一百二十兩。

常住出數

殿堂焚修公費，共銀四十九兩八錢。夏季存二十九兩四錢，冬季存二十兩四錢。

一、塔上燈、油，内府送用。月大一千九百三十一斤四兩，月小一千八百六十斤一十四兩。燈共一百四十六盞，晝夜長明，每日該油六十四斤四兩有零。〔一〕

一、大禪殿香、燭、燈、油銀六兩。每月支銀五錢外，月支内府油五斤。

一、各殿香、燭、油銀四兩八錢。後禪殿、伽藍殿，每處每月各銀、錢五分。塔殿每月一錢，止辦香燭，其燈、油係内府供。

一、每初二、十六，伽藍齋供銀六兩，每次二錢五分。

一、新正禮千佛〔三〕，一月茶點銀三兩，冬季預存。

一、清明、中元祀祖銀二兩。

一、如來降誕、成道齋供銀二兩。

一、五月圓覺會、一月茶點銀三兩，冬季預存。

一、萬寿、千秋齋供銀十兩，夏季預存。

一、年節齋供銀五兩，夏季預存。

一、堂揭蓋銀八兩。

常住事務公費，共銀三十九兩。夏季銀十九兩五錢，冬季銀十九兩五錢。

一、紙劄筆墨銀三兩。

一、常住茶銀四兩。

一、公務雜費銀十六兩。科舉年加銀三兩。

一、常住小費銀十兩

一、寺前施茶銀六兩。

官住、教學等俸糧，共銀九十兩，俱夏季給。米一百二十四石，俱冬季給。

一、内監米共四十石。提督一員，十石。司香五員，每員六石。員數或有多寡，米無增減。

一、僧官一員，銀二十四兩，米三十六石。

一、主持二名，共銀三十二兩，米四十八石。

一、教學僧二名，共銀三十兩。

一、門庫夫皂三名，共銀十二兩。

一、通經執事口粮，共僧糧五十分，共米一百七十五石，俱冬季存。

一、通經優給僧十名，每名加粮二分。

一、前堂僧四名，每名加僧銀一分。内堂一名，係祝白前堂。

一、維那僧三名，每名加僧銀一分。

一、管寺僧二名，每名加僧銀一分。

一、直库僧二名，每名加僧銀一分。

一、直日僧四名，每名加僧銀一分。

一、管殿僧二名，每名加僧銀一分。

一、管塔僧一名，每名加僧銀一分。

一、堂司僧二名，每名加僧銀一分。

一、淨髮僧二名，每名加僧銀一分。

一、施茶僧二名，每名加僧銀一分。

一、音樂僧二十名，作二名，每名加銀一分。

一、管莊、管洲僧，各莊俱有耗米、耗銀，常住不必再給。

一、衆僧口糧，共米一千七百五十石，俱冬季給。

一、牒僧三百五十名，每名米三石五斗，銀無。

一、學僧一百五十名，每名米三石五斗，銀無。

以上夏租銀，用過一百四十六兩九錢，科舉年加銀三兩，餘剩一十九兩四錢六分。科舉年除銀三兩。

一、冬租銀用過三十九兩九錢，餘剩一十兩零五錢六分四厘。

一、冬租米用過二千四十九石，餘剩一十八石一斗二升五合。

一、凡餘剩銀米，年終開報，儘數修理殿堂之用。

附前明禪堂出數

每日約贍禪僧七十六名，每僧一日算銀一分。見今除刻經止該贍僧三十二名。

一、校經僧一名，銀二兩。

一、管板僧二名，共銀三兩。

一、閱板僧二名，共銀三兩。

附前明僧録司入數

一、附靈谷寺辦印官俸糧銀四十二兩。牌示卷餅銀五兩。
一、上、江二縣諸山銀二十二兩七錢三分三厘。
一、溧陽縣僧會司銀六兩。
一、高淳縣僧會司銀四兩五錢。
一、句容、江浦、六合三縣僧會司銀各四兩。
一、溧水縣僧會司銀二兩五錢。
以上共銀九十四兩七錢三分三厘，皆係僧録司出入。

附前明僧録司出數

一、印官一員，銀二十四兩，折米銀一十八兩。
一、年終送換諸山十家牌告示銀三兩。
一、年終送考通經卷餅、素飯銀二兩。
以上靈谷寺出辦。

一、年終造歲報册銀五兩。

一、紙筆墨銀三兩。

一、僧吏二名，共銀九兩六錢。

一、書手二名，共銀七兩二錢。

一、皂隸四名，共銀一十二兩。

一、襍費銀十兩九錢三分三厘。

以上共用銀九十四兩七錢三分三厘。

國朝報恩寺條約

一、殿堂：每年揭掃，如大雄殿事務，則係經管監院，其工則提點查察。

一、寶塔：逐班有糾集錢文，其揭掃工程督率辦理。

一、常住房屋：每年監院揭掃，并添瓦壹千，其工料提點查察。

一、寶塔：凡所動大工，價費約若干緡，必須寺住申詳各憲，候司資給。

一、萬佛閣、七佛閣、無量殿、達磨殿等處，每年提點揭掃，并加瓦壹千，其工料住持查察。

一、伽藍殿：每年提點揭掃，其工料係四會公備。一、上廊公會，二、下南廊公會，三、北廊公會，四、塔院公會。如有發心捐備者，亦聽。

一、西方殿：即孫吴時建初寺始殿。前明狀元王公譯題其扁曰：「莊嚴法界」。每年殿主揭掃其工提點查察。

一、天王殿、金剛殿、南北碑亭：每年歲修，項下揭掃，其工料，住持、提點經賬者，公同辦理。

一、御碑亭，係江邑官修葺。

一、行宫，係江邑官修葺。

一、方丈房屋原屬合寺公廨，每年提點揭掃，并加添瓦叁百，以免頹廢。

一、方丈有稽查之責。嗣後凡爲監院者，其眷屬并己身同時不得復任寺住，致大殿常住等處慢無覺察。此中情節，有志興崇者，默思便得。

一、交代銀兩，行册註明拾兩爲定。因承辦者退蹜委靡，以致背議廢弛。今折衷，每年交代銀貳拾兩，以爲年内各項使用，儻有仍前私相溢出者，罰銀壹兩，供奉香燈無辭。

一、交代銀兩係玖柒足色，老錢平外加利銀壹兩，係玖柒色足平。

一、每年所加利銀，聽方丈存註何地，留爲常例之外公事應用。如有愿用者，每兩照月壹分生息。倘存貯借貸稍有疏虞，住持柴薪抵償。

一、店房租息銀兩，係合寺公事。方丈會同提點每月取討，隨携草賬，令收貯人親筆登明若干，年終揭入印簿交代。

一、交代登册時，務將新舊提點秉公將零星賬目揭清，總填△年提點△△應交代銀△百△拾△兩△錢△分△厘△毫，其利亦不必另行登入，以滋眩惑，萬難免其分註。必擇善書者，端楷、密小爽人眼目。切勿效前視此册爲草賬耳。

一、收貯之家，每逢六、臘，念一日，風雨無阻。務須方丈、提點并經手人等，逐將零星出入銀兩，眼同秤算，總揭簿收，庶無岐悮。

一、收貯租息，係合殿歲修大事，以備永遠。悉聽方丈秉公遴選，倘舉不得其人，致有侵蝕空缺者，方丈分賠無辭。

一、凡殿宇功程，果應動用者，必須白衆，無異方動此項。其餘歲修，自應仍照往例辦理，不得紊亂，以致廢弛。

一、凡殿宇應動此項，修葺之日，方丈、提點秉公遴選數人，協同督工，不得推諉，亦不得攙越。

一、收貯銀兩，通衆營運者，倘有疏虞，係經手人自賠本利無辭。

一、收貯銀兩，有私自借出者，希圖利息，查出除照壹年利算外，罰銀伍兩歸公，以爲將來之戒。

一、收貯銀兩交代日，有毫厘侵蝕空少者，除追歸原數外，罰銀拾兩，以杜侵蝕之弊。

一、歲修賬目，原訂六、臘兩月，憑衆揭算登簿。近因當年租息歸討愆期，礙難依限揭算。今酌改次年一月，照例憑衆清算，茲改定二月二十一日，風雨無阻，諒無有不齊之理。倘照期缺少，照例著經手取租，提點賠補，以爲因循者戒。

一、提點務將店房招租、起租、止租的實日期，報明方丈，收貯者查察，以杜侵欺之弊。

一、歲修項下各店房有應需修理者，如工費叁伍錢，不及壹兩之數，務須鳴知方丈，發給支票經管工項人憑票支賬，註支給以備消算。如需壹兩以外，應請方丈公同看明，白衆動辦。倘有不行鳴知，任意自用，事後言出，不准開銷。

一、歲修項下房租銀錢，該提點按月先送方丈，查明數目，登簿給票，方許送交經管處收貯。如錢積至貳拾千文，經管人請同方丈、提點入櫃封貯，以杜私那（拿）之弊。

一、收貯房租銀錢，務憑方丈發票數目查明收存。

一、房客租約內有按月支取，亦有按日取租者。如有掛欠不清之户，總以次年正月爲度。次年正月再不清者，乃奸（奸）頑之户，許該提點據實稟明，以憑詳報，究追押退，慎勿徇私情以廢公事。其餘悉遵前定條規辦理毋違。

附報恩寺江寧府都綱司首建歲修兼官住持事務居　卷册

江寧府僧綱司正都綱報恩寺官住持居爲註册交代事，照得寺内公務例，係輪流承辦。上届包當弊竇百出，是以雍正貳年合寺公議，將有一應市房，概行清理歸公，以及各房捐助銀兩，設立條規，挨次授受。冀童叟咸知，侵漁頓息。第終新舊提點交代，賢愚難齊，恐滋口實。今特逐條指列于上，永遠遵行，須至册者。

乾隆貳拾伍年月日

一、歲修大事，三次傳單，規條縷晰詳明。緣言行相違，致令諸方掣肘愆期。此後租息公議，逐年分息玖分歸公修理，以免佛殿傾頹；一分給酬提點，以專典守。揭算交代，定期正月貳拾伍日，風雨無阻，以便接手交代新提點。貳月初一爲上户取租，如違議愆期，蓄清廢弛，不但全數歸公，定通衆議處，以禁伍貳之將來。方丈委靡，坐視接年，提點停止柴薪，公議辦理。倘諭傳之後，仍不念佛殿之傾頽、創始之苦心，仍爲兒戲故套，事終無濟，聽寺衆爲公者據實追稟，另用無異。

一、歲修一項，本寺佛殿興慶攸久，此次通傳加增酬勞，實欲按期成全，非繼富傷惠，逐年提點宜踴躍。勉之。

一、新創歲修，始于乾隆年間。提點歲修，起于前明，且歷有公項備用。寺内凡有應動工程，方丈秉公酌量剖口，分别兩項。果應歲修動用者，叁兩以外必白衆，無異方可支銷。不得以公項紊亂徇私，致多不肖躲避爭論。

一、凡殿宇市房應動工程，無分大小，提點必先會同住持、司賬公看，兩數以内，核明所用數目，工完隨銷，即領本匠親自領票支取，未經公看者，不准開銷。

一、凡寺中大動工程，料物、匠工等項，自必通衆估計，議請賢能辦理。其添備零星小件，及匠工等項，逐日親赴司賬登記。似(俟)反覺、往返定於貳日一次，逐細開明添買：△料若干，△處用過若干，△處用工若干，無論工人、門役，務送司賬暫記。每日小會於公廨，逢五日必會同結轉，送方丈稽查。俟工竣日，公同核算，填註，不得任意。事後開報，漫無覺察。其料物不及百文者，仍照前隨用隨銷，以免淆混，以杜侵欺。

一、收貯之人，原擇殷實幹事。凡有動用，必當查問應否。需用數目，不得扶同庇混。如過三兩以外，未經白衆，擅自應給者，查出賠償無辭。

一、提點借項無利，因屬以公辦。公但借數，多不過貳拾，歸期不過正月。儻有恃强違議，懲治無人，永行停止接辦。無能之輩，不得藉口流言。

一、房客租息，先後通融，情所固有。但房客旁觀而不曰情，其實曰利。連年多訟，寔由於此。此後定議，遇有房客本年欠至三月以外，次年不能完結交賬者，其縱加借，誓不再租，以啓觀望搆訟之端。

國朝報恩寺存册卷

報恩寺官住持炬存册序

本寺官住持炬爲三傳公議敕□佛殿要務事切。查本寺地當孔道，名勝攸關，向無歲修公産。乾隆十六年，恭逢聖駕南巡，恩賜銀貳百兩。除羅列香花，祝延聖壽外，餘銀五十八兩零。寺僧念殿宇數重、浮圖九級摧殘，修整無資，稱多金稍補皇恩萬一。寺基内外，先後建造市房貳拾餘間，營運歸公，傳知合寺。每年約取租息壹百肆伍拾斤不等，永爲歲修公産，殿宇得免滲漏，佛像不致剥落。其租責□輪年提點歸取，經由住持收貯、登記，侵漁有稽。至應修處所，必先白衆，無異方准。歲修項下動支，年終按期飭令新舊提點諸人徹算。是年除用，新存若干登發總簿，住持、提點憑衆僉押，遴選收貯。果能實力奉行，誠興崇佛殿永遠不易之良規。自三十三、四等年辦理因循，房客藉此拖延，每致臨期莫結，公事將墜。故于三十五年延擇寺僧三衆取討。但歲修乃合寺公産，若久專責他人，置身局外，究非長策。今復鳴鐘通衆，公議歲修。諸凡仍歸提點董理。誠恐寺衆賢愚不一，奸頑不力，備録從前兩次條規，曉諭各僧房，務望諸耆宿嚴加查閲，斟酌指駁。可則即押「知」字挨傳。否則從中剖議，不致退後異言。我等共相勉之。是望是禱，俱各努力，凜遵毋違。

一、提點賢能辦事者固多，庸懦者不少。年初五人之中，必量才議請總理，不得致令事後分錢有分，辦事無能等項口舌。如是年果無勝任者，聽其酌議代辦，至交房租時，務將房客手摺同送，經收貯人親填，方丈立夏、立秋、立冬三節逐户查緝。倘摺賬不合，立即會同司賬、提點查對以杜侵欺。

一、每年各店取錢手摺，其面必寫本店照約該租錢數目，年終揭算，多少總以取錢手摺爲憑。店房果應房主修理之處，房主自辦，房客不得擅用分文開派，以致事後多少口舌預白等字樣。以上各條，寺衆凜遵，各憲批飭，量入爲出，遵行勿替。不致侵隱浮冒，毋致廢弛缺誤等。因實心寔力，猶可免致廢弛。倘仍蹈故轍，絲毫移錯，乃釋門敗類，千佛出世不通懺悔之人，亦何異于牛馬胎種也哉。

一、店房數十餘間，所有租息應方丈會同提點取討，年底交代，爲歲修殿塔公用。收貯公息者，必須舉正大之人管理。如方丈舉不得人，致有侵虧，分賠無辭。

一、寺内公事，凡有增減更易，必當衆書記，端楷、親筆方爲至公，後無異言。每月疏文一道，爲無耻無良之人不能製，其使有畏懼，然查各寺皆是。今忽中止辦理，公事非自問可信之深者，何以能此。

一、管工之舉，發心爲公，辦理殿塔要件，冀其興崇工程，固不可無故口舌，更不可以公事、人情虛應故事，廢公盜名爲戒。

一、管工支錢、戳記、揭賬日，必當衆，方丈拜繳，以專責承，并使值年者遵行毋違。

一、乾隆五十二年二月，公議歲修賬目。除齋期查照往例外，四、十等月朔日，方丈、提點、經賬公揭一次，以免日久忘記猜疑口實。

一、房租欠至三月，經收人不爲查問，及關門不知照方丈、經賬取據，交賬日無憑者，照條規包賠無辭。

一、歲修印子毋許自行鐫刻，似(俟)輪流交代，算賬日將印子交出，聽方丈斟酌交代新管歲修者，以杜私僞假冒。

一、值年每逢初二、十六日五鼓，方丈率提點五名、管寺一名、維那二名，上大伽藍殿諷咒。獻供而富者，自必經辦，則貧者將何而措？今議定無分貧富之家，均以四會照貼本牌。提點齋供錢或五、六千文，亦或七、八千不等。觀會之盛弱，盛者多而弱者少，即此亦可以永遠供獻，而貧富均得其協濟矣。

歷代本寺官住收存各卷交代　計開總目只增不減

○各殿供器什物老册一本。

○交代册一本。

〇大殿寶塔供器緞坐套褥册一本。
〇奉查大殿香火田畝老册一本。
〇寶塔、萬佛閣、伽藍殿、西方殿、三藏殿，各收管。
〇萬佛閣騎縫交單。
〇供器什物田房清册。
〇塔班租約四紙，又當契一紙。
〇逐年修理殿塔，添備料物交代銀兩要册一本。
〇歲修册三本。
〇奉查經賬呈詞賬册批文一本。
〇歲修條規三本。
〇奉府歲修碑文并全稿。
〇詳報庫司大鍋毁拆稿。
〇方丈房屋册四本。
〇承恩寺住持詳免左右堂循環飭知稿。
〇浴堂被周姓租開盗典三姓各契據。即南山門外浴堂
〇寺外浴堂册二本，又各據一包。
〇奉府浴堂改報恩寺浴堂額詳稿。

○浴堂允議合同抄稿。

○金剛殿火案各稿。

○南山門火案稿。

○歲修項下各當契一包。

○文元館廢契徐姓租約并僞契一包。

○僧戒凡借約將房質抵一紙。

○御賜藏佛牙塔脱落膠粘詳稿。

○羅漢課便換公廨各紙據。

○僧綱智鑑、監院道從大殿供器訐訟卷。

○報恩寺住持越凡、承恩寺僧綱源智互詳各稿。

○奉查辦三廢弛一案。

○寺僧致和被訟詞案卷各稿。

○北碑亭回禄捐修稿。

○清查茶房贖大殿供器各緣由。

○雷傷寶塔藉詳本寺上届修理各處由稿。

○南山門火案又存老册一本。

○交代廢册一本。

○提點稟詳分牌各稿并碑文。
○提點控左堂書役借循環擾累稿。
○提點請縣循環畫一辦理稿。
○寺外端李二姓佔寺内僧復成門首官墻各稿。
○寺前牌樓對門蔣姓官砌墻合同并端姓走路文約一包。
○先農壇廢紙一包。
○上江二縣免下床零星各卷并全稿一本。
○大松園禁止搭篷稿。
○管寺分剖三藏殿被竊稿。
○求永禁打錢戲法等項全稿。
○王盛公南捕賭博各稿。
○寺内毋許總甲入寺各稿。
○本寺傳單一紙。
○寺内廢賬一本。
○提點房租約共計一十九張。
○雷傷寶塔詳文各卷稿。
○本寺公查備載要緊各項册三本。

〇門夫認狀三張。

〇寺僧朗月方照回禄并黜卷。

〇黜僧從實稿。

〇雷傷寶塔詳請庫餉稿。

〇雷傷寶塔詳請庫餉修葺稿。

〇黜僧洪如案卷。

提點逐年挨次交代卷册　計開總目　止增毋減

〇本寺修理項下出入銀數册一本。

〇本寺項下條規花名清單一本。

〇本寺歷年各衙規例總册一本。

〇本寺墻外四至房租户租基地册一本。

〇僧綱司智鑑存各户租老册一本。

〇僧綱司居讓所抄各殿修理廢册一本。

〇本寺逐歲交代銀款册一本。

〇寺内地租查明坐落清册一本。

○本寺逐年清查卷據要件一本。
○本寺各殿項下交代清册一本。
○本寺碑文條規要畧一本。
○上元江寧縣徐袁示一張。
○江寧縣張查御賜墨寶告示一張。
○江邑分縣馮示一張。
○僧綱司玉峯清查房間什物册一本。
○本寺房間地租册一本。
○本寺方丈房屋各項清單一本。
○本寺七佛閣萬佛閣傢伙清單一本。

國朝報恩寺常住出入数

報恩寺入數

大殿施捨田

〇夏租銀拾兩叁錢奇。

〇冬租米拾石奇。

修藏社田

〇夏租銀貳佰玖拾肆兩肆錢。

〇冬租米叁佰叁拾陸石陸斗陸升。

寺前浴堂

〇每年租銀貳拾捌兩伍錢柒分。

曬場放生池

〇每年租銀玖兩貳錢玖分。

東厠
〇每年租銀伍拾叁兩柒錢柒分。
寺内地租
〇每年租銀貳拾捌兩肆錢。
寺外地租
〇每年租銀柒拾貳兩柒錢伍分。
寺内外市房連值年歲修在内
〇每年租銀肆佰壹拾柒兩捌錢。
塔班内除小租
〇每年租銀壹拾陸兩零柒分，大殿修藏社總共租米叁佰肆拾陸石陸斗陸升。
大殿修藏社總共租銀叁佰零肆兩柒錢。
寺内外地租溝渠市房放生池浴堂東厠總共租銀玖佰叁拾壹兩叁錢零伍分奇。

報恩寺出數

一、元旦至上元節，計十五日功德，華嚴祇場齋供香燭共約銀陸拾肆兩叁錢奇。
一、元旦各殿香燭銀約肆兩奇。

一、元旦塔上燈油約銀柒兩叁錢壹分零。

一、每月初貳、拾陸及臘月貳拾伍日，齋供香燭燈油約銀肆拾叁兩奇。

一、肆月初捌日，如來成道。法華祇齋供香燭約銀伍兩奇。

一、殿堂每年揭蓋銀若干。每年或啓蓋，或揭掃，其銀不等，亦或千餘金，或柒、捌百金，以至或貳叁百金。

凡每年所取租息不够修葺之需。而歲修值年，其間于每歲負累多矣。

一、每年常住事務公費銀約壹一佰陸拾兩奇。內包各衙胥費。

一、雜項銀約伍兩奇。科舉年加伍兩

一、每年紙劄筆墨銀肆兩。

一、每年府縣南北捕左右堂總泛僧綱費銀約伍拾兩奇。

一、正銀伍拾兩。寺西細木場底(抵)交。

一、官住持一員，每年俸食銀伍拾壹兩叁錢。閏月加半。

一、新正維那四員，銀壹兩叁錢貳分。每名派銀三錢四分。

一、長年維那貳員，銀叁兩伍錢陸分捌厘。每名派銀一兩七錢八分四厘。

一、內書記一名，銀壹兩叁錢陸分。承辦寺內各項清卷。

一、外書記一名，銀壹兩叁錢陸分。承辦府憲各文稿册。

一、都管一名，每年工食銀拾柒兩壹錢肆分。

一、都管巡夜燈燭銀貳兩陸錢。

一、南北山門役夫二名，每年工食銀叁拾肆兩貳錢捌分。每名派銀十七兩一錢四分。

一、斜廊門役夫一名，每年工食銀壹拾貳兩伍錢柒分。內四會，每年貼銀四兩五錢七分，每會派銀一兩一錢六分二厘二毫。凡三名役夫，工食按月支給。

總共每年用出實銀共約五佰壹拾捌兩柒錢零捌厘。內除啓建揭掃各殿，及市房收拾諸項未算。

新卷歷年江邑代寺催地租示

特授江寧府江寧縣正堂爲叩賞、查案、申請、給示，以彰憲德，以全香火事案。據報恩寺住持申稱，本寺據值年僧公稟前事，詞稱：報恩寺基四百餘畝，載明《梵志》。其墻外界內隙地，因附近居民租蓋房屋，量地道之繁簡招租，每號取租銀二錢，或一錢五、六分不等，以助香燈，按送無缺。前因屋是人非，有住居城北，有徙居外竟（境）者，找尋無着。每歲之租，什不及一，更有分厘不付。且值年之僧，遞年更换，勢難年清年款，以致遝年積欠，竟成烏有。乾隆四十二年，查呈各憲前卷示稿，公籲縣主賞示、賞差，照案清釐，于仲冬就近送票取租，于房客房票租内扣除，彼此便捷。而仰体奉行十有八九，間有一二，及房客更易不常，罔知有扣存地租之例，仍然拖掯。復于乾隆四十八年，經前住持具文申請，查案給示，曉諭遵行。近因房主租客多有更换，不悉扣租之例，恐韜（蹈）前輒（轍）。爲此，將應付地租，查照舊册，開造現在之户，并應付地租銀數目，呈叩賞詳等情。據此，該卑住代查寺内地基，按號取租，原供香燈之用，歷有年矣。所蓋緣房主更易，星散不一，踵門遠討，往返徒勞，是以前住詳邀憲德，垂念香燈永遠，准將應付地租，即于房租内扣除，荷蒙曉示。兹據值年僧衆公稟，開册前來，相應具文申請。俯念香燈、恩賞、查案、給示、飭遵等情，并據呈花名清册到縣，當經前縣鈐印給發取租，并出示曉諭在案。茲届收取地租之時，恐新售之房客不悉扣租之例，仍前拖欠，合行照案出示曉諭。爲此，仰該租地房主租户人等知悉，嗣後將應付寺地租，仍于房租内扣存本店，聽值年管寺僧人就近支取，以供香燈。該租房人等，毋得抗違取咎，凜遵特示。

乾隆十六年十一月初一日。

新卷江寧府僧綱司志勤詳奉兩江總督部堂尹永禁擾累株連本寺碑記

江寧府僧綱司正都綱兼報恩寺内外住持事志奉憲示，分晰耑管責成立案甦累事。據寺僧燈普、寧泰、理治、源明、果信、復全、戒廣、永良、通源、超凡等，前事據查開載報恩寺前臨大街，後依山僻，殿宇層層，塔院禪堂，僧舍聯絡，接壤山界，兼之南北兩廊，僧房環繞，因其地方廣闊，難以週照。故每設立提點、管寺、十牌守僧分管，以耑責成，相傳已久。如南北兩山門至天王殿一帶，皆係居民貿易開張店面，如同街市，自有方役稽查，門夫巡邏。設有情事，責在門夫、提點、經收等。地廊一租輪納藩憲，經廳案下錢糧料理各殿香燈齋供，此提點之責。管寺僧迎接各憲臨寺，或建醮，或講約，借辦一切什物，遇有應報之事，赴各衙門投遞報呈，此管寺僧之責。查南北兩廊僧，共計七十二家，分爲九牌，每牌八家。設立牌首一僧，稽查七家。如七家内窩匪，責歸本牌窩主，與別牌無涉。倘有僻静之地，恐潛奸匪，故于概要處所，設立栅欄，亦令經管牌首之責。至于僧綱、住持，每于元旦率領僧衆在于大殿，祝延聖壽，承辦祈晴禱雨，傳僧誦經救護，日月接送各憲臨寺，兼應答各憲文結，此住持之責。至于每晚巡查、關鎖栅欄，此亦經管牌首之責。無如邇來寺内一人犯事，無分巨細，其信票内，即開著落住持、提點、管寺、十牌僧首字樣。此票一出，如虎驅羊，成羣鎖押，幽禁灸詐，不飽不休。及代罪坐本犯而無事，僧髓被吸以盡。可憐弱肉啞口，吞咽苦聲，無門哭訴。爲此，陳情冒昧叩乞俯電轉申請給憲示、立案，分晰耑管責成有歸，庶免無事網累等情。據此，隨經備録，詳請署江寧府江寧縣正堂何案下奉批，仰候給示飭繳。復蒙本縣詳奉特授本府正堂加六級李批本縣詳開。報恩寺乃省會古剎，歷奉憲行，動帑修理，每歲祝聖祈年，兆庶觀瞻所繫，其僧派房支頗多。今稱每年立有值年、提點、管寺各分牌首，耑司巡察其事。民間各分舖甲，耑責無異。詎容各衙門差役，藉票波累，不法炙詐？仰候據文詳明。總督部堂尹批開。提點、管寺、牌首、住持，均應查照四項舊例，各耑責成。至僧綱，乃經歷職，御遴選補授董治。一切僧衆緇流事宜，均須統轄調度，未可以各有責成。凡有該管緇流，不守清規，不遵約束，聽該僧綱據實詳報，地方官究處。嚴禁其地方官差役，藉公擾累之處，亦嚴行禁止。如違，亦許該僧綱詳報，仰即分別曉示，一體凜遵、究處等情，申覆督憲蒙批到府，奉此條務行。南北二分府暨上、江二縣給示曉諭，通飭各衙門，一体遵照，庶免無辜之累須至。碑摹者奉督部尹批永禁擾累株連碑記。

雍正拾年拾月　日

新卷道從侵抽大殿供器卷文

具稟：　報恩寺合寺僧鶴林、徹容、西乘、二融、御菴、慧遠、廣書、以謀、怡章、印廣、朗慧、遍章、半偈、雲舒、道曇、智遠、葉舟、永持、得中、廣徹、靜涵、山容、可傳、德一、乘六、蘭若、以徹等稟，爲譎捏昭著，急叩訊追事切，僧等稟病故僧綱兼住持監院志勤師觀止、孫道從乘機抽掣印册，隱匿供器、田房卷文等情于憲案。又蒙府憲批送案下查追。前荷鏡訊，已得伊等盜匿銅錫等供器確情，硃册在案緣由。夜深册繁，奉諭册覆訊。又奉發册差押粘簽，僧等遵經粘簽，交差呈投在案。僧等隨具稟，叙明抽掣情由，求憲訊審，稟批印册可否，有無抽掣。騎縫印文與原册迥不相符，該承即查稟覆奪。又奉憲册差持寺册，着僧等眼同道從查對抽掣情弊。僧等伏查道從所呈康熙三十八年縣印册藉，不獨騎縫印文上下參差，抑且册面年月印色，與騎縫印色，新舊迥異，抽掣情弊明如指掌。且查册面脚銜係前憲陳申詳府憲之册，應存府署，何得爲道從所執？其僞捏又不辯而自明。總之，觀止、道從奸刁百出，將康熙三十一年原授册藉，堅匿不出，執此僞册，視爲左券，支吾延挨。殊不知明憲在上，焉能逃鑒。今若不求訊賞，嚴究法追，徒煩案牘，僧等拖累無休。爲此，叩明，伏乞仁明太老爺迅賜電册，嚴追早結塵案。虚甘反坐，合寺銜結，上稟。

乾隆七年五月初六日

附道從呈稿

具稟：報恩寺僧道從稟，爲年遠人遥，貪嗔誑騙，敬陳有據，交單賞詳，結件超度慈航事。僧祖志勤委任僧綱，恪恭自守，毫無私蓄。不幸于乾隆六年冬物故，交代一清，本年三月，有合寺交單炳據。奸僧智鑑謀充住持，毁聖祖仁皇帝行宫磚瓦，增修己房。僧于五月初二日報縣，免累惡。即于初六日，挾嫌糾衆，捏以現執交單之供器、法物，指爲僞册印文以康熙三十八年修塔後交受之印册爲不足凴，狡以三十一年僞造無影之私册爲足據。不特文獻無徵，亦難刻舟求劍。奈貪惡愚迷不休，前縣批總甲協查，則稱寺無總甲。再批寺前總甲，則以隔舖虚延。是以僧前稟，縣批將案卷送城捕廳廉查覆。業蒙廳廉點勘，照册清交，毫無短少。其在三十一年以前之事，僧未出世，從何受時？遠年湮没，無從查考，又在恩赦以前，足見虚誑詐僞，正在詳核間。而廳廉出差赴北，奸僧仗以委任僧綱詳府憲批，返又以御菴等誑禀府憲，并查繁案勝擾。在縣胥徑承受囑，又不將所審情由批示禀府，叙票差明，致奸僧計得志滿，蓋存挾詐之念，屢責請審，狡翻定案。不思明有公斷印册，私有交單執憑，即供器、法物，照册點勘具存。何以多年無據之物，追索何來？況僧將祖遺置産千金、房屋，捐抵公廨，店房入公，此外毫無所存，托鉢自給，俱蒙廳廉洞察隱情。若再求四十年梵宇屢更舊物，而奸僧慾壑難填，徒懸文案。今仁憲太老爺冰壺朗照，奸僞難欺，陳明實在，交單印册，電僞核詳，以免挾詐佛天。示裁上禀。

乾隆七年八月二十九日。

附縣批文

署江寧縣事候補州正堂李批已示審該僧道從，何必更讀。閏九月二十六日。

附呈江寧府卷文

具禀：報恩寺合寺值年監院僧御菴、鶴林、朗慧等，爲公叩憲慈，親提究追事切。報恩寺建自前明，復蒙聖祖仁皇帝發帑重修，其供器、什物，例係住持監院典守。遭已故僧志勤委任僧綱，又兼住持監院，祖孫相繼四十餘年，任意侵盜。去冬志勤病故，復遭伊師觀止、孫道從乘機抽匿。及奉憲查明供器收貯，俟住持有人交代，而又將原册藏匿不交，僧禀江邑求追。康熙三十一年接受原册，又捏稱康熙三十八年燬塔後，伊家另請有印册。蒙憲檄，委僧綱智鑑充任住持，伊又捏拆毁聖祖仁皇帝行宫，誣控智鑑于江邑，希圖挾受交代。蒙送城廉查訊，押呈印册，胆又抽掣。昨蒙訊審，其拆毁情由已蒙訊明。誣砌供器等項，觀止亦直供借當不諱。又蒙城捕田廉親臨點驗現在什物，諭令造册呈投。其未交各項，亦造册候詳。僧等何敢越責，第田廉公出未回。更可駭者，且供器多出欽賜，前皇上頒發藏經内亦少二十函，實難容緩。更兼之觀止、道從奸刁百出，幻異累常，誠恐又逞他故，以致拖訟無休。爲此，公叩仁憲太老爺俯鑒，差提究追。俾萬年香火，永賴護持，合寺焚頂上稟。

十月初六日。

附府批文

據御菴等詞批：此案已據。該住持具詳候飭查追。今仰江寧縣一併查明，交代該住造册，詳報核奪。

附府飭縣清查交代文

江南江寧府正堂張爲遵票公保事案，據報恩寺住持智鑑詳稱，監院住持志勤病故，伊師觀止，及徒道從乘機抽掣印册，侵匿欽賜欽承各供器、什物不交各情由到府。據此當即批行：仰該縣追清，交代管院僧收執，勿致損失偷賣。去後又據寺僧御菴等公稟，爲叩憲慈事，一同情由到府，亦批該縣一併查追具報。去後延今日久，未具將追清交代情由具覆。今亟查催。爲此，行縣該吏查照先今事即將智鑑等詳報觀止、道從侵匿各供器什物，即照前發各册，逐一查明，未交各供器什物，追出交代，具文詳府，以凴核奪備卷，毋任遲延干究。速速。

十月十五日發縣。

附叩謝府飭交代供器卷文

具稟：案下江寧府僧綱司正都綱、報恩寺住持智鑑，率合寺僧朗慧、半偈、葉舟、御菴、怡章、廣書、鶴林、微容等，爲恭謝鏡審，遵斷呈册，急叩飭追，佛門永戴事切。本寺前住持志勤病故，伊師觀止，孫道從抽掣印册，伊(隱)匿供器什物不交，反揑拆毁行宫大題，控卑綱于江邑。蒙縣主申送憲案查訊。前蒙田廉親臨點驗現在供器什物，昨又蒙鏡票飛行，飭道從所有供器什物即行交出。今道從願將前後各供器什物交代，故卑綱遵飭具領，率衆恭謝。遵造交代現在清册一本，并具領狀一紙，乞叩本府正堂大老爺電鑒備案。合寺焚頂上禀。

十二月初三日。

附領狀

具領狀。報恩寺住持智鑑遵奉，實領到本府正堂大老爺案下奉堂諭：田廉親臨至寺，逐一點驗前後供器什物，交代一清，專造清册，電呈所具，甘結領到各件是實。

十二月初二日。

新卷奉府飭遵建茶房卷文

特授江南江寧府正堂陸爲檄查寺址恭備茶房事，照得《報恩寺志》載名勝，有關巡幸大典。前次聖駕南巡之時，其茶房原設于達磨殿，今因該寺呈稱内供佛像不能備設。今又當巡幸之日，復查該寺無量殿南達磨殿東、行宫西向地一大方，原屬空間，堪建御茶房一所。今仰該寺住持越凡率提點僧尅日赴府領餉董建，不得惰玩。有甘(干)臨時搶建，似(俟)巡幸後仍着承辦，經事住持僧越凡看守修葺，不致荒蕪倒塌，有罹法紀。限三日内，該寺住持赴府請餉，毋違。速速。

乾隆二十一年二月日。

附經歷催卷

江寧府經廳沈爲遵票催建茶房事，於本月十二日奉本府正堂陸札開。報恩寺實屬名勝，有關巡幸大典。茲前達磨殿原係公設御茶房之所，嗣後稱内供佛像，不復照前充設。今奉府檄，查得該寺無量殿南、行宫西向地一大方，堪建茶房。前仰該寺住持僧越凡赴府領餉，董役是事，不得延玩。臨時搶建，似(俟)巡幸之後，仍仰該住監守修葺，不致日久頽敗等。因届今領餉去將一月，尚未督工啓建，延玩日月。爲此，合行給示，曉諭該寺住持：陸續秉公啓築，不得坐視玩延，有干斥革，并及合寺僧衆，以及書役人等，不得阻撓公務，籍事生端，詐騙民財。其工匠亦必務須趕建，毋任稽延違限。倘敢不遵，一并察出，定行提究，決不輕貸。

三月二十二日。

附江寧縣卷文

特授江寧縣正堂袁爲遵檄報明茶房事。奉本府正堂陸檄開，報恩寺地當孔道，名勝之區，屢經巡幸。今復當聖駕南巡之日，今預備各項，茲内開茶房事已經十月，而啓建之工尚未告竣。今檄到本縣，飭該寺住持越凡尅期督工報竣，毋致玩延、提究等因，爲此合行，仍出示曉諭該寺住持，即嚴督趕建，不致工匠稽延。倘仍照前玩延慢悮，許該寺住持赴縣稟明，立提重究，決不輕貸。俱各凜遵毋違。特示。

十一月初七日。

新卷居讓呈請勒石稿

具稟：本寺居讓稟，爲詳請條規，勒石遵守，以垂永久。事情緣乾隆十六年恭逢聖駕南巡，恩賜銀二百兩。除羅列香花，祝延聖壽外，餘銀五十六兩零。僧念報恩寺地關巡幸，志載名區，殿宇浮圖，洵稱重地，歷久摧殘，修整無資，黽勉借貸多金，稍補皇恩萬一。寺基内外，創建市房十間。復于乾隆二十六年，添造市房十數餘間，即以市房租息，償清借貸，鳴知合寺，將先後添造市房悉交常住。每年租息，約壹佰陸柒拾仟文不等，永爲歲修公産，得免塔殿滲漏，佛像湮没。其租責成提點取討，住持登記，互相稽察。至應修處所，必先白衆估計，方動歲修款項。年終合同新舊提點、經辦多人，徹底清算。是年支用若干，應存若干，登註總册。住持、提點眼同僉押，遴選收貯，遞相交代，誠能實心實力，不懷私見，何愁繼述無人，諸凡掣肘？惟是二十年來，僧衆始研不一。有志興崇者固多，無志廢弛者不少。寺衆通議條規，難保世守始終勿替。不得不陳請勒石，善後將來。第款瑣煩，稟難盡載。爲此，擇録條規一本，仰祈宗主老爺詳懇憲示，永垂不朽，庶幾興崇立見，賢愚遵守。上稟。

乾隆三十九年二月初三日呈。

報恩寺官住持履上詳請寺内歲修市房條規勒石詳府卷文

報恩寺官住持履上爲聖澤靡涯，法乘永守，叩請勒石以垂不朽事。據本寺前住持居讓具稟，情緣乾隆十六年，恭逢聖駕南巡，恩賜銀二百兩。除羅列香花外，餘銀五十六兩零。云念寺關巡幸，志載名區，殿宇浮圖，洵稱重地，歷久摧殘，修整無資，黽勉借貸多金，稍補皇恩萬一。寺基内外，創建市房十間。復于二十六年，添造市房十數間，即以市房租息償清借貸。鳴知合寺，將先後添造市房，悉交代大常住。每年租息約壹佰陸柒拾仟文不等，永爲公産，得免殿塔滲漏，佛像湮没。其責成提點、經辦多人。徹底清算。是年支用若干，應存若干，登註總册。住持、提點眼同簽押，遴選收貯，遞相交代，庶興崇立見，賢愚遵守等情。據此，該卑住查得本寺地當孔道，爲五方匯聚之林，志載名區，梵刹之首，況疊經巡幸，頒賜頻加。殿宇浮圖，關係原非淺鮮。誠恐風雨摧殘，難免規模剥落。若或獨肩負任，固無其資，即使合衆勉捐，亦難爲繼。今前住持立定歲修公項，建造市房取租，修整苦心，創始經理二十餘年，實因議定條規，難昭世守，欲思勤諸碑銘，永作章程。卑住據稟，思維矢志既嘉，立法亦善。卑住不敢擅專，相應備録條規，詳請憲臺大老爺鑒核，俯念名勝重地，賞示勒石，永垂不朽，三寶幸甚，僧衆幸甚。爲此，備由另册具申，伏乞照詳施行。計送條規一本。

二月初六日。

附奉府批文

據報恩寺住持履上詳稱該寺市房租息，以爲歲修公項，議定條規，請勒石遵守等情。准給示勒碑，以垂永久可也。此檄條規存縣。

新巻江寧府飭勒石示文

江南江寧府正堂錢爲據情給示勒石遵守，以垂永久事。據報恩寺履上詳據前住持居讓呈稱，本寺地當孔隙，爲梵刹之首，殿宇浮圖，風雨摧殘，難免剥落。而所需修費，獨力難勉捐繼。今僧創建市房，歲取租息，以爲歲修。因議定條規，難昭世守，相應備録，懇請給示，以便勒石，永作章程。情由到府，據此合行給示。爲此，示仰該寺僧衆知悉：凡一切經理，收取租息，及歲修等項事，宜悉照條規，永遠遵行，不得始勤終怠，日久廢弛。倘有不肖之僧，藉公侵蝕，許即稟究。其動支經理，聽寺僧自行辦理。各衙門胥役，不得借故生端，入寺滋擾，並干察究。務各凛遵毋違。特示。

二月初十日。

新卷江寧縣勒石示文

江寧縣正堂梁爲據情給示勒石遵守，以垂永久事。奉本府正堂錢牌内開，據報恩寺住持履上詳據前住持居讓并提點管寺僧刻將府憲核發歲修市房條規，星遵購匠鐫刻，勒石永守。工竣堨印，碑摹二套，呈縣以凴。轉送立案，毋得違延，速速。計抄粘府行條規一紙。

乾隆三十九年二月二十四日。

【校记】

〔一〕原文缺，據《金陵梵刹志》卷五十一補。

〔二〕原文模糊不清，且有缺遺，據《金陵梵刹志》卷五十一補。

〔三〕原文有「懺」字，據《金陵梵刹志》，為衍字，删。

敕建報恩寺梵剎志　卷八

大乘律

㊝八卷，一百六十八張，尾半五張。

《菩薩地持經》

㊞九卷，一百五十五張，尾半六張。

《菩薩善戒經》

㊓ 十卷，一百六十七張，尾半六張。

《菩薩善戒經》

《梵網經》

《優婆塞戒經》

㊔ 十卷，一百六十二張，尾半四張。

《菩薩瓔珞本業經》

《菩薩戒本》

《菩薩戒本經》

《菩薩戒羯磨文》

《佛說淨業障經》

《佛藏經》

《佛說受十善戒經》

㊕ 十一卷，一百三十八張，尾半六張。

《佛說菩薩内戒經》

《優婆塞五戒威儀經》

《佛說文殊師利淨律經》

《清淨毘尼方廣經》

《寂調音所問經》

《大乘三聚懺悔經》

《菩薩五法懺悔經》

《菩薩藏經》

《三曼陀颰陁羅菩薩經》

《菩薩受齋經》

《舍利弗悔過經》

《佛説文殊悔過經》

《法律三昧經》

《十善業道經》

小乘律

㊀從 八卷，一百八十三張，尾半一張。

政 八卷，一百九十二張，尾半三張。

存 八卷，一百九十四張，尾半三張。

以 八卷，一百八十七張，尾半六張。

甘 九卷，一百七十一張，尾半五張。

《摩訶僧祇律》

《五分戒本》

棠 十卷，共二百零七張，尾半二張。

去 十卷，一百九十七張，尾半一張。

而 十卷，二百一十三張，尾半四張。

(益) 九卷，一百九十二張，尾半一張。

(詠) 九卷，二百一十張，尾半三張。

(樂) 七卷，一百五十九張。

(殊) 七卷，一百六十五張，尾半五張。

《十誦律》

《十誦毘尼序》

《波羅提木乂僧祇戒本》

(貴) 十卷，一百五十二張，尾半四張。

(賤) 十卷，一百五十八張，尾半五張。

(禮) 十卷，一百六十七張，尾半五張。

(别) 十卷，一百六十張，尾半八張。

(尊) 十卷，一百五十二張，尾半八張。

《根本説一切毘柰耶》

(卑) 十卷，一百六十六張，尾半四張。

㊤十卷，一百五十八張，尾半八張。

《根本説一切有部毘柰耶》

㊉和十卷，一百六十五張，尾半四張。

㊦十卷，一百四十四張，尾半七張。

㊉睦十卷，一百五十九張，尾半四張。

㊉夫十卷，一百六十二張，尾半六張。

《根本説一切有部毘柰耶雜事》

《根本説一切有部苾蒭尼毘柰耶》

㊉唱十一卷，一百三十六張，尾半九張。

《根本説一切有部尼陀那目得迦》

《比丘尼僧祇律波羅提木乂戒經》

㊉婦八卷，一百六十六張，尾半三張。

㊉隨九卷，一百七十二張，尾半四張。

㊉外九卷，一百五十一張，尾半五張。

㊀受 九卷，一百七十六張，尾半三張。

《彌沙塞部五分律》

《十誦律比丘戒本》

《十誦律比丘尼戒本》

《根本説一切有部戒經》

《根本説一切有部苾芻尼戒經》

《解脱戒本經》

㊀傳 十卷，一百八十張，尾半二張。

㊀訓 十卷，一百九十七張，尾半五張。

㊀入 十卷，一百九十六張，尾半二張。

㊀奉 八卷，一百七十九張，尾半四張。

㊀毋 八卷，一百八十六張，尾半四張。

㊀儀 八卷，一百五十八張，尾半四張。

㊀諸 八卷，一百五十九張，尾半四張。

《四分律藏》

《四分戒本》

㊣姑 十卷，一百三十一張，尾半七張。

《根本說一切有部二羯磨》

《四分比丘尼戒本》

《五分比丘尼戒本》

㊣伯 八卷，一百八十二張，尾半三張。

《沙彌威儀》

《沙彌尼離戒文》

《沙彌十戒法》并威儀

《大沙門百一羯磨法》

《十誦比丘羯磨要用》

《彌沙塞羯磨本》

《優波離問經》

㊣叔 六卷，一百八十九張，尾半三張。

《曇無德律雜羯磨》

《羯磨》

《四分比丘尼羯磨法》

《四分律删補隨機羯磨》

《目連問戒律中五百輕重事經》

㊇ 七卷，一百七十六張，尾半三張。

《四分僧羯磨》

《尼羯磨》

《沙彌尼戒經》

《舍利弗問經》

㊀ 八卷，一百四十八張，尾半四張。

《根本説一切有部毘柰耶尼陀那目得迦攝頌》

《根本説一切有部毘柰耶雜事攝頌》

《佛説大愛道比丘尼經》

《迦葉禁戒經》

《犯戒罪輕重經》

《戒消灾經》

《佛説優婆塞五戒相經》

《根本説一切有部毘柰耶頌》

㊣比 八卷，一百三十九張，尾半五張。

《根本薩婆多部律攝》

㊣兒 九卷，一百六十三張，尾半二張。

《大比丘三千威儀》

《律二十二明了論》

㊣孔 十卷，一百七十三張，尾半三張。

《薩婆多部毘尼摩得勒伽》

㊣懷 十卷，一百四十一張。

《戒因緣經》

㊣兄 十卷，二百八十九張，尾半七張。

㊣弟 十卷，一百八十九張，尾半三張。

《善見毘婆沙律》

《佛阿毘曇經》

㊐同 九卷，一百七十五張，尾半一張。

《薩婆多毘尼毘婆沙》

《續薩婆多毘尼毘婆沙》

㊐氣 十卷，一百五十三張，尾半三張。

㊐連 十卷，一百五十二張，尾半三張。

《根本説一切有部毘柰耶破僧事》

㊐枝 十卷，一百七十四張，尾半四張。

《毘尼母論》

《説根本一切有部出家授近圓羯磨儀範》

《説根本一切有部苾蒭習畧法》

大乘論

㊐交 十卷，二百零四張，尾半二張。

㊀友 十卷，二百一十一張，尾半一張。

㊀投 十卷，一百九十三張，尾半三張。

㊀分 十卷，一百九十五張，尾半四張。

㊀切 十卷，一百八十二張，尾半四張。

㊀磨 十卷，一百七十九張，尾半四張。

㊀箴 十卷，一百八十三張，尾半四張。

㊀規 十卷，二百零三張，尾半三張。

㊀仁 十卷，二百零四張，尾半六張。

㊀慈 十卷，一百五十八張，尾半三張。

《大智度論》

㊀隱 十卷，一百七十五張，尾半六張。

《十地經論》

㊀惻 十卷，一百七十九張，尾半四張。

《十地經論》

《彌勒菩薩所問經論》
《三具足經優波提舍》
㊀造 十卷，一百八十二張，尾半五張。
《佛地經論》
《金剛波若般羅密經論》
《能斷金剛經頌》
《無量壽經優波提舍》
《轉法輪經優波提舍》
㊀次 十二卷，一百七十六張，尾半九張。
《金剛般若波羅密經論》
《能斷金剛般若波羅密經論》
《畧明般若末後一頌讚述大寶積經論》
《寶髻經四法優波提舍》
《大般涅槃經論》
《涅槃經本有今無偈論》
㊀弗 十一卷，一百八十五張，尾半七張。

《金剛般若波羅密經破取著不壞假名論》
《文殊師利菩薩問菩提經論》
《法華經論優波提舍勝思惟梵天所問經論》
《遺教經論》
㊀離 十卷，一百三十九張，尾半四張。
㊀節 十卷，一百六十一張，尾半七張。
㊀義 十卷，一百八十二張，尾半五張。
㊀廉 十卷，一百六十張，尾半六張。
㊀退 十卷，一百六十九張，尾半七張。
㊀顛 十卷，一百七十一張，尾半八張。
㊀沛 十卷，一百六十三張，尾半六張。
㊀虧 十卷，一百四十張，尾半五張。
㊀匪 十卷，一百七十三張，尾半六張。
㊀性 十卷，一百八十二張，尾半五張。

《瑜伽師地論》

㊉靜 十卷，一百四十六張，尾半三張。

㊉情 十卷，一百五十三張，尾半二張。

《顯揚聖教論》

㊉逸 十卷，一百二十九張，尾半八張。

《大乘阿毘達磨集論》

《王法正理論》

《瑜伽師地論釋》

《顯揚聖教論釋》

㊉心 十卷，一百三十九張，尾半五張。

㊉動 十卷，一百九十張，尾半二張。

《大乘阿毘達磨雜集論》

《中論》

㊉神 十卷，一百五十一張，尾半六張。

㊉疲 十卷，一百八十二張，尾半二張。

《般若燈論》
《十二門觀論》
《十八空論》
《百論》
《廣百空論本》
㊗守 十卷，一百七十九張，尾半六張。
《廣百論釋論》
㊗貞 十卷，一百七十二張，尾半四張。
㊗志 十一卷，一百六十一張，尾半五張。
《十住毘婆沙論》
《菩提資糧論》
㊗滿 十卷，一百三十八張，尾半三張。
㊗逐 十卷，一百七十三張，尾半三張。
《大莊嚴經論》
《攝大乘論》

㊀物 十卷，一百五十六張，尾半三張。

㊀意 十卷，一百六十八張，尾半五張。

《大乘莊嚴經論》

《順中論》

《攝大乘論本》

《中邊分別論》

㊀移 十卷，一百四十四張，尾半二張。

㊀堅 十卷，一百六十二張，尾半一張。

㊀持 十卷，貳百零二張，尾半二張。

㊀雅 九卷，一百九十五張，尾半六張。

㊀操 九卷，一百八十七張，尾半四張。

《攝大乘論釋》

《決定藏論》

㊀好 十一卷，一百七十一張，尾半三張。

《佛性論》
《辨中邊論》
《辨中邊論頌》
《大乘成業論》
《業成就論》
《因明正理門論本》
《因明正理門論》
㊀爵 十一卷，一百六十五張，尾半六張。
《究竟一乘寶性論》
《成惟識寶生論》
《因明入正理論》
《顯識論》
㊀自 十卷，一百六十五張，尾半一張。
《成惟識論》
㊀靡 九卷，一百六十三張，尾半三張。
《大成惟識論》

《惟識二十論》

《轉識論》

《大丈夫論》

《八大乘論》

《大乘掌珍論》

《大乘廣五蘊論》

《大乘五蘊論》

㊁都 九卷，一百四十六張，尾半二張。

《寶行王正論》

《大乘起性論》

《發菩提心論》

《三無性論》

《方便心論》

㊁邑 十卷，一百三十四張，尾半四張。

《無想思塵論》

《觀所緣緣論》

《觀所緣論釋》
《如實論》
《迴諍論》
《緣生論》
《十二因緣論》
《壹輸盧迦論》
《大乘百法明論》
《百字論》
《解拳論》
《掌中論》
《取因假設論》
《觀總相論頌》
《止觀門論頌》
《手杖論》
《六門教授習定論》
《大乘法界無差別論》
《提婆菩薩破楞嚴經中外道小乘四宗論》

《提婆菩薩釋楞嚴經中外道小乘涅槃論》

小乘論

㊗十卷，一百四十六張，尾半二張。

㊆十卷，一百三十六張，尾半一張。

㊇十卷，一百四十四張，尾半二張。

《阿毘曇八犍度論》

㊃十卷，一百五十七張，尾半二張。

㊁十卷，一百七十一張，尾半二張。

《阿毘達磨法智論》

㊄十二卷，一百七十一張，尾半六張。

《阿毘達磨法蘊足論》

㊣背 十卷，一百二十六張，尾半四張。

㊣邙 十卷，一百一十九張，尾半四張。

《阿毘達磨集異門足論》

㊣面 十卷，一百四十七張，尾半三張。

㊣洛 九卷，一百二十三張，尾半四張。

《阿毘達磨識身足論》

《阿毘達磨界身足論》

㊣浮 十卷，一百四十三張，尾半三張。

㊣渭 十卷，一百三十張，尾半三張。

㊣據 十卷，一百五十九張，尾半六張。

《阿毘達磨品類足論》

《衆事分阿毘曇論》

㊣涇 十卷，一百五十八張，尾半五張。

㊣宫 十卷，一百五十五張，尾半三張。

殿 十卷，一百三十八張，尾半四張。

盤 十卷，一百四十張，尾半四張。

鬱 十卷，一百四十三張，尾半七張。

樓 十卷，一百二十七張，尾半四張。

觀 十一卷，一百五十二張，尾半四張。

飛 十一卷，一百五十四張，尾半二張。

《阿毘曇毘婆沙論》

驚 十卷，一百三十四張，尾半三張。

圖 十卷，一百四十七張，尾半二張。

寫 十卷，一百四十六張，尾半二張。

禽 十卷，一百四十六張，尾半三張。

獸 十卷，一百四十五張，尾半二張。

畫 十卷，一百三十九張，尾半四張。

㊀彩 十卷，一百四十五張，尾半三張。

仙 十卷，一百四十一張，尾半三張。

靈 十卷，一百四十四張，尾半三張。

丙 十卷，一百四十七張，尾半三張。

舍 十卷，一百四十四張，尾半五張。

傍 十卷，一百五十四張，尾半二張。

啓 十卷，一百三十九張，尾半二張。

甲 十卷，一百二十四張，尾半二張。

帳 十卷，一百二十三張，尾半四張。

對 十卷，一百二十八張，尾半三張。

楹 十卷，一百二十張，尾半七張。

肆 十卷，一百二十七張，尾半四張。

筵 十卷，一百三十張，尾半四張。

㊟設 十卷，一百四十張，尾半三張。

《阿毘達磨毘婆沙論》

㊟席 八卷，一百八十張，尾半三張。

㊟鼓 八卷，一百七十七張，尾半一張。

㊟瑟 八卷，一百五十九張，尾半十三張。

《阿毘達磨俱舍釋論》

《阿毘達磨俱舍釋論本頌》

《勝宗十句義論》

㊟吹 十卷，一百五十張，尾半七張。

㊟笙 十卷，一百三十七張，尾半七張。

㊟陞 十卷，一百三十七張，尾半五張。

《阿毘達磨俱舍論》

㊟階 十卷，一百七十四張，尾半三張。

㊟納 十卷，一百八十九張，尾半三張。

陛　十卷，一百六十八張，尾半三張。

弁　十卷，一百六十一張，尾半三張。

轉　十卷，一百四十九張，尾半五張。

疑　十卷，一百四十九張，尾半四張。

星　十卷，一百三十五張，尾半七張。

右　十卷，一百四十三張，尾半二張。

《阿毘達磨順正理論》

通　十卷，一百三十四張，尾半三張。

廣　十卷，一百三十八張，尾半五張。

内　十卷，一百四十六張，尾半三張。

左　十卷，一百四十六張，尾半八張。

《阿毘達磨顯宗論》

達　十卷，一百七十一張，尾半五張。

《阿毘曇心論》

《法勝阿毘曇心論》

(承) 七卷，一百七十七張，尾半三張。

《雜阿毘曇心論》

(明) 八卷，一百七十三張，尾半一張。

《阿毘曇甘露味論》

《隨相論》

(既) 七卷，一百五十九張，尾半五張。

(集) 八卷，一百五十二張，尾半五張。

《尊婆須密菩薩所集論》

《三法度論》

(墳) 十卷，二百零八張，尾半二張。

(典) 十卷，一百五十六張，尾半四張。

《成實論》

(亦) 十卷，一百五十一張，尾半三張。

《立世阿毘曇論》

(聚)八卷，二百零四張，尾半三張。

(羣)八卷，一百八十三張，尾半二張。

(英)八卷，一百八十五張，尾半一張。

《舍利弗阿毘曇論》

《五事毘婆沙論》

(杜)十二卷，一百七十七張，尾半三張。

《解脱道論》

(稾)八卷，一百七十五張。

(鍾)九卷，一百六十張，尾半六張。

《鞞婆沙論》

《二彌底部論》

(隸)十卷，百七十五張，尾半二張。

《分别功德論》

《四諦論》

《辟支佛因緣論》

《十八部論》

《部執異論》

《異部宗輪論》

續入藏諸論

㊅漆 十卷，一百五十八張，尾半五張。

《集諸法寶最上義論》

《金剛針論》

《菩提心相論》

《大乘破有論》

《集大乘相論》

《六十頌如理論》

《大乘二十頌論》

《佛母般若波羅密多圓集要義論》
《佛母般若圓集要義釋論》
《大乘寶要義論》
㊟書 十卷，一百五十四張，尾半五張。
《聖佛母般若波羅密多九頌精義論》
《大乘緣生論》
《諸教決之名義論》
《廣釋菩提心論》
《大乘中觀釋論》
《大乘法界無差別論》
《金剛頂瑜伽中發阿耨多羅三藐三菩提心論》
《施設論》
㊟壁 十卷，一百五十張。
《菩薩本生鬘論》
㊟經 十一卷，一百九十五張，尾半四張。
《大乘集菩薩學論》

㊖ 八卷，一百四十七張，尾半二張。

《大宗地玄文論》

《彰所知論》

《金七十論》

此方撰述

㊗ 七卷，一百六十二張，尾半一張。

《釋迦譜》

㊘ 六卷，一百八十三張，尾半一張。

《釋迦譜》

《釋迦氏譜》

《釋迦方志》

㊙ 十卷，一百五十八張，尾半四張。

㊂路 十卷，一百六十張，尾半二張。

(俠) 十卷，一百四十四張，尾半二張。

(槐) 十卷，一百五十三張，尾半三張。

(卿) 十卷，一百五十七張，尾半三張。

《經律異相》

(高) 十卷，一百六十七張，尾半三張。

《陀羅尼雜集》

(冠) 六卷，一百五十四張，尾半二張。

(陪) 六卷，一百六十九張，尾半三張。

(輦) 六卷，一百五十五張。

《諸經要集》

(驅) 七卷，一百六十張，尾半三張。

《諸經要集》

《集古今佛道論衡實録》

《續集古今佛道論》

㊀轂 十卷，一百七十三張，尾半五張。

《大唐西域記》

㊀振 八卷，一百九十張，尾半三張。

《大唐西域記》

《大唐西域求法高僧傳》

《集神州塔寺三寶感通録》

《法顯傳》

㊀纓 十卷，一百六十張，尾半一張。

《大慈恩寺三藏法師傳》

㊀世 十卷，一百五十七張，尾半六張。

《集沙門不應拜俗等事》

《破邪論》

㊀禄 八卷，一百八十一張。

《辨正論》

㊀侈 九卷，一百五十二張，尾半五張。

《甄正論》

《高僧傳》

富 八卷，一百五十二張，尾半三張。

《高僧傳》

車 七卷，一百五十九張，尾半三張。

駕 八卷，一百八十三張，尾半四張。

肥 八卷，二百張，尾半五張。

輕 八卷，二百二十五張，尾半三張。

《續高僧傳》

策 十卷，一百七十八張，尾半四張。

功 十卷，二百零二張，尾半五張。

茂 十卷，一百六十三張，尾半六張。

《宋高僧傳》

㊂實 十卷，一百九十一張，尾半五張。

㊂勒 十卷，一百六十九張，尾半六張。

《弘明集》

《廣弘明集》

㊂碑 九卷，二百二十八張，尾半三張。

㊂刻 九卷，二百零九張，尾半三張。

㊂銘 九卷，二百二十六張，尾半七張。

《廣弘明》

㊂皤 十一卷，一百八十四張，尾半五張。

《南海寄歸内法傳》

《比丘尼傳》

《説最要行法》

《受用三水要行法》

《護命放生儀軌法》

《集諸經禮懺悔文》

(傒) 十卷，一百四十張，尾半三張。

《梁武慈悲道場懺法》

(伊) 十卷，一百六十六張，尾半一張。

《慈悲水懺法》

《法華三昧懺儀》

《金光明懺法補助儀》

《往生淨土懺願儀》

《往事淨土決疑行願二法門》

《請觀世音菩薩消伏毒害陀羅尼三昧懺儀》

《金光明最勝懺儀》

《千手眼大悲心咒行法》

《禮法華經儀式》

《熾盛光道場念誦儀》

《釋迦如來涅槃禮讚儀》

《如意輪課法》

《天台智者大師齋忌禮讚文》

㊀尹 八卷，二百零三張，尾半三張。

㊀佐 十卷，二百一十五張，尾半六張。

㊀時 十卷，一百九十八張，尾半四張。

㊀阿 八卷，二百一十七張，尾半四張。

㊀衡 十一卷，一百八十八張，尾半四張。

㊀奄 十一卷，二百一十一張，尾半九張。

㊀宅 十卷，二百零八張，尾半五張。

㊀曲 十二卷，二百零五張，尾半三張。

㊀阜 十卷，一百八十八張，尾半二張。

㊀微 十卷，一百九十七張。

《法苑珠林》

㊀旦 十卷，一百七十三張，尾半四張。

㊀孰 十卷，一百五十四張，尾半四張。

㊣營 十卷，一百八十九張，尾半四張。
㊣桓 十卷，一百七十七張，尾半二張。
㊣公 十三卷，一百七十六張，尾半五張。
㊣輔 十二卷，一百七十三張，尾半二張。
㊣合 十二卷，一百六十八張，尾半八張。
㊣濟 十三卷，一百八十張，尾半四張。
㊣弱 十卷，一百六十八張，尾半三張。
《宗鏡録》
㊣扶 九卷，一百八十八張，尾半二張。
《密咒圓音往生集》
《顯密圓通成佛心要集》
《元至元辨僞録》
《護法論》
㊣傾 十卷，一百九十三張，尾半四張。

㊔綺 十卷，二百四十二張，尾半三張。

㊔迴 十卷，二百五十七張，尾半四張。

《景德傳燈録》

㊔漢 十一卷，一百八十九張，尾半三張。

㊔惠 十卷，二百一十六張，尾半五張。

㊔説 十卷，二百零五張，尾半四張。

《續傳燈録》

㊔感 十一卷，一百七十九張，尾半四張。

《續傳燈録》

《圓悟佛果禪師語録》

㊔武 十一卷，一百六十七張，尾半五張。

《圓悟佛果禪師語録》

㊔丁 十一卷，一百六十八張，尾半四張。

《傳法正宗記》

㊉俊 十一卷，一百八十張，尾半二張。

《傳法正宗論》

《輔教論》

《雪竇明覺禪師語録》

㊉乂 九卷，一百八十五張，尾半二張。

㊉密 十一卷，二百一十九張。

《宗門統要續集》

《大慧普覺禪師語録》

㊉勿 十卷，一百五十四張，尾半七張。

㊉多 十卷，一百五十五張，尾半五張。

㊉士 十卷，一百三十張，尾半三張。

《天目中峯和尚廣録》

㊉寔 十二卷，二百零四張，尾半二張。

㊉寧 十二卷，二百一十二張，尾半一張。

(晋) 十二卷，一百九十九張。

(楚) 十二卷，二百四十張，尾半二張。

《六祖大師法寶壇經》

(更) 十卷，一百八十二張，尾半二張。

《古尊俗語》

(霸) 十卷，一百八十五張，尾半四張。

《妙法蓮華經玄義一部》

(趙) 十卷，貳百一十一張，尾半一張。

(魏) 十卷，二百張，尾半一張。

《法華玄義釋籤一部》

(困) 十卷，二百零一張，尾半三張。

(横) 十卷，二百零四張，尾半三張。

《妙法蓮華經文句》一部

(何) 十卷，二百九十一張，尾半五張。

㊀遵 十卷，二百八十八張，尾半五張。

《法華文句》一部

㊀約 十卷，一百六十八張，尾半二張。

㊀法 十卷，二百二十五張，尾半四張。

《摩訶止觀》一部

《止觀輔行傳弘決》

㊀韓 十卷，一百八十三張，尾半一張。

《止觀儀例》

《修習止觀坐禪法要》

《大乘止觀法門》

《大般涅槃經玄義》

㊀弊 十卷，一百八十八張，尾半五張。

㊀煩 十卷，一百二十五張，尾半一張。

㊀刑 十卷，二百零三張，尾半三張。

《涅槃經玄義發源機要》

《大涅槃經疏》一部

㊝ 十二卷，二百三十九張，尾半五張。

《觀音玄義》

《觀音玄義記》

《觀音義疏》

《觀音義疏記》

(翦) 十卷，一百八十一張，尾半一張。

《菩薩戒義疏》

《金光明經玄義》

《金光明經玄義拾遺記》

(牧) 十卷，一百七十八張，尾半四張。

(用) 十卷，一百九十二張，尾半五張。

《金光明經文句》

《金光明經文句記》

《金剛般若經疏》

《觀無量壽佛疏經》

㊉軍 十一卷，二百零三張，尾半二張。

《觀無量壽佛經疏鈔宗鈔》

《仁王護國般若波羅密經疏》

㊉最 十卷，二百零六張，尾半四張。

《仁王護國般若波羅密經疏神實記》

《四教義》

㊉精 十二卷，二百五十五張，尾半六張。

《請觀音經疏》

《請觀音經疏闡義鈔》

《覺義三昧》

《無諍三昧》

《安樂行義》

《四念處》

㊉宣 十一卷，二百二十五張，尾半三張。

《釋禪般羅密》
《天台傳佛心印記》
《淨土境觀要門》
㊕ 十二卷，二百六十二張，尾半五張。
《國清百録》
《永嘉集》
《淨土十疑論》
《方等三昧行法》
《南岳思大禪師立誓願文》
《天台智者大師禪門口訣觀心論疏》
㊖ 十二卷，二百二十五張，尾半六張。
《法界次第初門》
《天台智者大師別門》
《觀心二百問》
《止觀大意》
《始修心要》

《修懺要旨》

《十不二門》

《十不二門指要鈔》

《金剛錍》

《八教大意》

《天台四教儀》

㊀漠 八卷，二百三十張，尾半五張。

㊀馳 八卷，二百五十八張，尾半三張。

㊀譽 八卷，二百六十二張，尾半三張。

㊀丹 八卷，二百五十五張，尾半一張。

㊀青 八卷，二百四十九張，尾半四張。

《大方廣佛華嚴經疏》

㊀九 八卷，二百二十五張，尾半四張。

㊀州 八卷，二百三十五張，尾半三張。

㊀禹 八卷，二百三十張，尾半三張。

(跡)八卷，二百五十張，尾半四張。

(百)八卷，二百七十張，尾半三張。

(郡)八卷，二百三十一張，尾半二張。

(秦)八卷，二百一十五張，尾半四張。

(并)八卷，二百一十二張，尾半三張。

《華嚴隨疏演義鈔》

《遺教論疏節要》

《華嚴一乘教義分齊意》

(嶽)十卷，二百二十五張，尾半三張。

《華嚴法界觀門》

《法界玄鏡》

《金獅子章》

《彌陀經疏》

《妄盡正原論》

《原人論》

《明法品内立三寶章》
《華嚴指歸》
《般若心經畧疏》
《心經畧疏連珠記》
《蘭盆經疏》
㊪十卷，一百五十四張，尾半二張。
㊫十卷，一百五十四張，尾半三張。
㊬十卷，一百五十六張，尾半二張。
《首楞嚴經義海》
㊭十卷，二百一十二張，尾半四張。
㊮十卷，一百九十四張，尾半五張。
《出三藏記集》
《衆經目録》
㊯十卷，一百九十張，尾半三張。
《衆經目録》

㊁亭 十一卷，二百凡零七張，尾半三張。

《武周刊定衆經目録》

《武周刊定僞經目録》

鴈 七卷，二百一十三張。

門 九卷，二百零七張，尾半一張。

《大唐内典録》

《續大唐内典録》

《古今譯經圖記》

《續古今譯經圖記》

紫 七卷，一百九十六張，尾半三張。

塞 八卷，一百九十八張，尾半二張。

雞 七卷，二百零二張，尾半三張。

田 七卷，一百八十二張，尾半二張。

《開元釋教録》

《釋教録畧出》

㊀赤 十卷，一百八十九張，尾半三張。

《歷代三寶記》

㊀城 十卷，二百一十二張，尾半五張。

《歷代三寶記》

《一切經音義》

㊀昆 十卷，一百九十三張，尾半四張。

㊀池 十卷，一百六十九張，尾半九張。

《一切經音義》

㊀碣 十卷，一百六十六張，尾半九張。

《大藏聖教法寶標目》

㊀石 十卷，一百五十九張，尾半四張。

《至元法寶勘同總録》

㊀鉅 八卷，一百七十一張，尾半五張。

《紹興重刊大藏旨》

《華嚴經音義》

《大明重刊三藏聖教目録》

㊀野 七卷，一百九十八張，尾半一張。

㊀洞 七卷，一百八十八張，尾半三張。

㊀庭 七卷，一百六十二張，尾半二張。

《禪宗頌古聯珠集》

㊀曠 十二卷，二百四十一張，尾半二張。

㊀遠 十一卷，二百三十一張，尾半三張。

㊀綿 十卷，一百九十七張，尾半二張。

㊀邈 十二卷，二百一十五張，尾半四張。

《佛祖統紀》

㊀巖 十一卷，二百零四張，尾半六張。

《大方廣圓覺經畧疏註》

《般若波羅密多心經集註》

欽定龍藏新續字號考異

折疑：《大藏經》板自「天」字一號起註，至昆、池、碣、石、鉅、野、洞、庭、曠、遠、綿、邈、巖字止，共計六百二十九字。查内缺岫、杳、冥、治、本、於、農、務、茲、稼、穡、俶、載、南、畝、我、藝、黍、稷、税、熟、貢、新、勸、賞、黜、陟、孟、軻、敦、素、史、魚、秉、直、庶、幾、中、庸，共缺三十九字。前後大計，以現在字號，除缺之外，連龍藏新續字號，實字總共六百三十八字。考之于前明萬曆續刊板，計四十一函。至天啓三年，方刊過板十四函，由（猶）缺刊二十七函。如斯、志，成造于崇禎年，異其後刊之板，未曾來入南藏，而北藏似乎有之。夫建國燕平，而北藏附近。其南藏迢隔數千里，非一日之可至者，且兼荒歲兵鋒，夫暇及此。不然何以龍藏突以「勞」字號起而不以「石」字接編？故知其北藏已有之矣。

㊣勞 十卷，六百二十二張，尾半八張。

毘尼止持集

㊣謙 十卷，六百二十張，尾半八張。

㊣謹 十二卷，六百二十二張，尾半八張。

㊣勅 十二卷，六百二十二張，尾半八張。

㊣聆 十二卷，六百二十二張，尾半八張。

㊣音 十二卷，六百二十二張，尾半八張。

㊣察 十二卷，六百二十二張，尾半八張。

《毗尼作持續釋》

㊣理 二卷，七十四張，尾半四張。

《御製大雲輪請雨經》

附請經條例

註明　折疑：前明請經者廣，近日不聞者，又何也？蓋前明係部頒發，紙價、工食需費，故斯價尚微，而今之印請難矣哉。動則其銀若干兩，非己之膏肓不可。夫一卷、二卷，豈能歷翻大藏，況乎紙價、工食，各需皆昂前數十倍。且絹裱、墨寸、匠作等價，難較前明一例。若夫恒始之士，宜細審玩，非守僧拒而不納，恃經貴大，實繇時年之迥異耳。今用前明規例者何？夫國朝未頒新例；其次，序及新續事件，皆分註于每款「大」字之下。

南京禮部祠祭清吏司爲議定藏經條規，合應勒石，以垂永遠事。奉本部批，據本司呈前事，奉批如議行。奉此，案查萬曆三十三年四月間，該本司呈爲申明造經定規事。據湖廣四川等處請經僧本宗、樂聞、古宗等，節次禀稱：經鋪冒濫指勒緣由。據此看得報恩寺藏經板一副，原係聖祖頒發，印廣流傳。先年，該本司主事郭責令經鋪酌議各項物件、貨料，裁定規則。來時給與書册對查，去時給與劄批，防護條款甚詳。邇來，本寺將書册廢擱，各經鋪不照行。查《本宗經》一藏，多索價至四十餘兩，紙絹仍濫惡不堪。《樂聞經》一藏，違限至兩月。《古宗經》一藏，將紙抵充絹用。種種姦頑，弊無紀極。該寺見得有板頭銀兩，亦竟坐視，不爲禀理。遠僧獨非人情，造經獨非交易？乃物價過半值猶虧，明欺無告易虐，盤費經年累竭，致使流落難歸，漠不關情，心亦何忍。除將經鋪徐程舟、徐自强等各重責，追價僧人領訖，管經僧正浹、自高亦各責治外，復拘集經鋪，吊取紙絹，逐項作價，編定上、中、下三等，等各三號，備細開明物價，仍限造經日期。來時領給號票，去時繳票給批劄。逐月經鋪、經匠具結查驗。又照每印經一藏，有板頭銀一十二兩。藏内缺續四十一函，合扣銀八兩。刻補經板，刻匠恐有潦草偷工，亦給與號票，給查等，因呈堂奉批，悉照議行，以垂永久。奉此，又于萬曆三十四年八月内，本司呈爲撥給禪堂，以勵行僧事，議將板頭銀給禪堂贍僧。目今除刻經八兩，經完日，通給堂内管經僧用。堂内一人、外一人，堂主管理，官住查考，呈堂奉批。僧非禪則不成僧，寺無禪堂則不成寺。聖祖贍養本意，原爲此輩。俗僧反懷忌嫉，殊可恨也。如議撥給有敢生事擾害者，查出重究。奉此。今奉前因，合將酌定九號經價，併條約行該寺刻簿立碑，永爲定規，遵守施行。

計開：

編定九號藏經價及條約于後。每經壹藏，板共五萬七千一百六十塊，又新續板三千三百六十八塊。大計共板六萬五百二十八塊，內除前明未刻二十七函。經共陸佰肆拾肆函。新續在內共陸仟肆佰壹拾叁卷。新續在內共壹拾壹萬伍仟柒佰捌拾貳張。全葉一十一萬三千五百六十四張，連新續在內。半葉貳仟捌佰零肆張。新續在內

考異：外有續藏肆拾壹函。今刻過十四，餘尚未完工。

註明：前明刻過十四函，余尚未完工，不知曾已入藏否？

上等一號　經用連四紙，大包殼，上下掩面俱用緞。成造數目：

一、印經用連四紙共約二萬八千張。每一張足裁經四張，內有尾葉不全。多出紙用印佛頭，并背面殼、底及襯貼經簽。每百張三錢五分。用小樣連四，土名上號大連，三極綿白堅厚。如代灰色薄黑，不用此價。共銀九十兩。註：古之價低，而今之高昂，加前數倍。

一、大包殼，上下掩面用緞，每函約六尺六寸。經樣長一尺，加上下折頭八分，每用緞一尺零八分。每函掩面約二十條，共該緞五尺四寸。又大包殼一個，用緞一尺二寸，牽湊裁。共緞四百一十九丈七尺六寸，每尺三分五厘。闊一尺五寸，頗堪衣着，如澆薄不用此價。染用金黄閃紅、閃金黄二色，餘俱不合。共銀一百四十九兩六錢一分六厘。註：今上色緞價過前十餘倍。

一、復裹并簽，用月白重表絹。每函約一尺五寸，共絹九十五丈四尺。每尺銀六厘，註：下等一號內。共銀五兩七錢三分四厘。注：今絹未有六厘一尺之絹，非前明官價可也。

一、托復裹并托簽，用月白公單紙，約四百五十張。每百張一錢六分，共銀七錢二分。註：古之月

白公單如是之價，示問今之粗紫絨如何？

一、背殼用小高紙九層，每函約一百一十張，共約紙七萬張。每百張一分三厘，共銀九兩一錢。註：古小高紙如是之賤，何以今之表寸又如是之貴？異矣哉！

一、九分闊絹帶，每函一條二轉，約三尺稍零，共帶二百丈。每丈二分，共銀四兩。注：絹帶之價足够今買棉線價耳。

一、栢簽六百四十根，共銀三錢二分。註：古栢簽，其價微至若是，今買竹稍似乎過于往昔。

一、作料：烟煤五簍，銀一兩，每五十斤一簍。面五百斤，銀三兩。礬三十斤，銀一錢二分。共銀四兩一錢二分。註：古面五百斤，銀方三兩。今之面若五百斤，必在十兩之間。又何有餘買作料、煤、礬等物耳。

一、工食：印經每千張八分，銀八兩九錢。要煤重字清。摺經每千張四分，銀四兩四錢五分。表經，每函銀一分二厘，銀七兩六錢三分二厘。共銀二十兩九錢八分二厘。註：試問今之米價若何？工價多少？豈能與古襯爲比肩哉。

以前上等一號經通共銀二百八十九兩八錢八分二厘。每函約銀四錢五分五厘。註：以古易今，大相懸隔，遠與天壤矣。

上等二號　經用連四紙，大包殼，并上掩面用緞，下掩面用綾。成造數目：

一、大包殼，并上掩面用緞，每函約三尺九寸。共緞二百四十八丈零四寸。每尺三分五厘，註：上等一號内價亦折半算。共銀八十六兩八錢一分四厘。註：雖云次價，大抵皆賤于今之價數倍矣。

一、下掩面用上號金黄花表綾，每函約二尺七寸，共綾一百七十一丈七尺二寸。每尺一分二厘，註：中等一號内。共銀二十兩六錢六厘。註：古之綾價若是，何今之羅價斯貴？

一、托綾用金黄連七紙一千張，每百張四分，共銀五錢二分。註：試問今米黄紙價與古若何？

一、印經紙復裹簽絹托，復裹簽紙，背殼紙絹帶絹簽。作料、工項共八款，俱照上等一號經樣，共銀一百四十二兩九錢六分六厘。註：八項之價如此，而不知今之四款可能照上銀兩辦否？

以前上等二號經，通共銀二百三十兩九錢七厘。每函約銀三錢九分四厘。註：上等二號之經，不暇銀二百兩，較之于今，未然也。

上等三號　紙用連四，大包殼用緞，上掩面用綾，下掩面用絹。成造數目：

一、大包殼用緞，每函約一尺二寸，共緞七十六丈三尺二寸。每尺三分五厘，註：上等一號内。共銀二十六兩七錢一分二厘。註：嘗思古價若是之賤，何以今各價如是之貴？請細度之。

一、上掩面用上號黄金花表綾，每函二尺七寸，共綾一百七十一丈七尺二寸。每尺一分二厘，註：中等一號内。共銀二十兩六錢六厘。註：以古三皇治世，而比唐、宋，可否？

一、下掩面用黄金重表絹，每函約二尺四寸，共絹一百五十二丈六尺四寸。每尺六厘，註：下等一號内。共銀九兩一錢五分八厘。註：試問今黄松尖紙每張多少？何能有六厘一尺之絹，豈不大相違悖？

一、托綾絹共用金黄連七紙二千六百張，每百張四分，共銀一兩零四分。註：以今易古，豈能以一例爲定。

一、印經紙復裹簽絹托，復裹簽紙，背殼紙絹帶栢簽。作料、工食共八項，俱照，上等一號經樣，共銀一百四十二兩九錢六分六厘。註：銀一百四十餘兩，而制八項，大約今之工食則可，餘件不復制矣。

以前上等三號經，通共銀二百兩四錢八分二厘。每函約銀三錢一分五厘。註：上等三號經止如此之價，試問今書房請經一卷，該價多少？難以確例。

中等一號　經用公單紙，大包殼，并上下掩面俱用綾。成造數目：

一、印經用公單紙，共約五萬六千張。每一張足裁經二張，内有尾葉不全，多出紙用印佛頭，并背掩面殼底。每百張一錢二分。用小樣上好公單，極綿白堅厚。如代灰竹，不用此價。共銀六十七兩二錢。註見前款。

一、大包殼并上下掩面用上好金黄花表綾，每函約六尺六寸。每一尺零八分，直裁掩面四條，一尺二寸牽裁大包殼一個。共綾四百一十九丈七尺六寸。每尺一分二厘，樣闊一尺五寸，織文極均密，不露縫花樣代，明淨不模糊。如代稀疎茅(毛)草，不用此價。共銀五十兩三錢七分一厘。註見前款。

一、托綾用金黄連七紙，約三千三百張。每百張四分，共銀一兩三錢二分。註見前款。

一、復裏并簽用月白連四紙二百二十張，每百張四錢二分，共銀九錢二分四厘。註見前款。

一、背殼用小高紙七層，每函約用八十五張，共約紙五萬五千張。每百張一分三厘，共銀七兩一錢五分。註見前款。

一、七分闊絹帶，每函一條，約二尺八九寸，共帶一百九十丈。每丈一分六厘，共銀三兩四分。註見前款。

一、栢簽六百四十根，共銀三錢二分。註見前款。

一、作料、烟煤五簍，共銀一兩。面四百五十斤，礬二十五斤，銀一錢，共銀三兩八錢。註見前款。

一、工食：印經，每千張八分，銀八兩九錢。要煤重字清。摺經，每千張四分，銀四兩四錢五分。

表經每函銀六兩九錢九分六厘。共銀二十兩三錢四分六厘。註見前款。

以前中等一號經通共銀一百五十四兩四錢七分一厘。每函約銀二錢四分二厘。註見前款。

中等二號　經用公單紙，大包殼，并上掩面綾，下掩面用絹。成造數目：

一、大包殼并上掩用上號金黄花表綾。每函約三尺九寸，共綾二百四十八丈零四寸。每尺一分二厘，註：中等一號内。共銀二十九兩七錢六分四厘。註見前款。

一、下掩面用金黄重表絹，每函約二尺四寸，共絹一百五十二丈六尺四寸。每尺六厘，註：下等一號内。共銀九兩一錢五分八厘。註見前款。

一、下掩面用葱白連四紙，每函半張，共紙三百二十張。每百張四錢二分，共銀一兩二錢四分四厘。註見前款。

托綾絹用金黄連七紙二千張，共銀八錢。註見前款。

一、印經紙、復裹簽紙、背殼紙、絹帶、栢簽、作料、工食，共七項，俱照中等一號經樣，共銀一百二兩七錢八分。註見前款。

中等三號　各項俱照中等二號價一樣。

以前中等二三號經，通共銀二百四十六兩四錢八分。每函約銀一錢九分三厘。註皆見前款。

下等一號　經用扛連紙，大包殼并上下掩面俱用絹。成造數目：

一、印經用扛連紙，共約三萬七千五百張。每一張足裁經三張，內有尾葉不全多出紙，用印佛頭併背掩面殼底。每百張七分，紙極厚白，如代有薄黑，不用此價。共該銀二十六兩二錢五分。註見前款。

一、大包殼，并上下掩面用金黃重表絹，每函五尺九寸。每一尺〇六分，直裁掩面四條半。大包殼亦用此數內。共絹三百七十五丈二尺四寸。每尺六厘，樣闊一尺七寸，極均密。如稀疎不用此價。共銀二十二兩五錢一分四厘。註見前款。

一、托絹用金黃連七紙，約三千三百張。每百張四分，共銀一兩三錢二分。註見前款。

一、復裹并簽用公單紙四百五十張，每百二錢二分，共銀五錢四分。註見前款。

一、背殼用小高紙五層，每函約用六十張，共紙四萬張。每百張一分三厘，共銀五兩二錢。註見前款。

一、五分闊絹帶，每函一條二轉，約二尺六七寸，共帶一百八十丈。每丈一分二厘，共銀二兩一錢六分。註見前款。

一、栢簽六百四十根，共銀二錢二分。註見前款。

一、作料：烟煤五簍，銀一兩。面四百斤，銀二兩四錢。礬二十斤，銀八分。共銀三兩四錢八分。註見前款。

一、工食：印經每千張八分，銀八兩九錢。要煤重字清。摺經，每千張四分，銀四兩四錢五分。表經每函一分，銀六兩三錢六分。共銀一十九兩七錢一分。註見前款。

以前下等一號經，通共銀八十一兩四錢九分四厘。每經約銀一錢二分五厘。註皆見前款。

下等二號　經用扛連紙，大包殼，并上掩面用絹，下掩面用紙。成造數目：

一、大包殼并上掩面用金黄重表絹，每函約三尺五寸，共絹二百二十二丈六尺。每尺六厘，註：下等一號内。共銀一十三兩三錢五分六厘。註見前款。

一、下掩面用葱白連四紙，每函半張，共紙三百二十張。每百張四錢二分，共銀一兩三錢四分四厘。註見前款。

一、托絹用金黄連七紙二千張，共銀八錢。註見前款。

一、印經紙、復裏簽紙、背殼簽紙、絹帶、栢簽、作料、工食，共七項，俱照下等一號經樣，共銀五十七兩六錢六分。註見前款。

以前下等二號經通共銀七十三兩一錢六分。每函約銀一錢一分二厘。註見前款。

下等三號　經用扛連紙，大包殼用絹，上下掩面用紙。成造數目：

一、大包殼用金黄重表絹，每函約一尺零六寸，共絹六十七丈四尺一寸六分。每尺六厘，註：下等一號内。共銀四兩四分四厘。註見前款。

一、上下掩面用葱白連四紙，每函一張，共紙六百四十張。每百四錢二分，共銀二兩六錢八分八厘。註見前款。

一、托絹用金黄連七紙六百五十張，共銀二錢六分。註見前款。

一、印經紙、復裏簽紙、背殼紙、絹帶、栢簽、作料、工食，共七項，俱照下等一號經樣，共銀五十七兩六錢六分。註見前款。

以前下等三號經，通共銀六十四兩六錢五分二厘。每函約銀九分八厘。註見前款。

龍藏　無例　註：不敢杜臆。

條約

一、領號票。凡請經僧到，不許經舖前路截搶，聽其徑投禪堂。管經僧即將號簿一本付與細查，隨意擇取經舖，看定紙絹，一同到司呈報，并將樣紙一張，樣緞或綾絹各一尺送驗。果係合式，本司即給請經僧、管經僧、經舖經匠與經舖同票。各號票一紙，仍再給請經僧印信號簿一本，及經舖准造告示。于經殿門首領票後，公同到寺交銀，不許私立合同，私自過付。如未經領票，輒先包攬，經舖重責，枷號管經僧責治。經舖能互相出首，即准將經給與攬造。請經僧有自願成造，不用經舖者，徑自同管經僧經匠與管經僧同票。領票，不許經舖刁難。每月初一日，各經舖、經匠輪一人具依准結，到司查驗。

一、定寓所。往時，請經僧寓于經舖，緇俗相混，殊失清規。今于禪堂造房七間，延僧進住，其飯食即禪堂供給。每僧一日算銀一分，不許多索。如禪堂不爲款留，經舖强欲邀截，俱行究治。過限外經不完，及銀追經舖代出。

一、議雜費。本寺禪堂板頭銀十二兩，今扣八兩刻補經板，止四兩堂内贍僧。内相茶菓銀三兩四錢，官住轉交，如多索即係官住作弊。官住請劄銀八錢，如不爲申請劄批，銀不許給。管經僧銀四錢，如不爲催促，經鋪查估紙絹銀不許給。號簿銀四錢。給請經僧二十本，經鋪裝印，管經僧查給，隱匿究罪。以上五項，通共錢數一十六兩八錢。又有請經僧飯錢照日計算。自此以外，更無毫釐費用。如號簿不載，有需索分毫者，即係誆騙，許請經僧稟司究治。

一、酌經式。經樣長一尺，闊三寸三分，各項物料俱用官尺。大概務照時價從寬估算。即時有貴賤，自可通同牽補。不得據一頂(項)偶貴，遂指求增價，以亂定規。經價雖定紙絹高下，裝印工拙，甚是不等，經鋪經匠多以濫惡相充，弊難盡舉。請經僧一一查估，有不值者，俱聽稟究。

一、繳號票。造經定限三個月。凡紙絹裝印等項，今列款號票後。經完日，僧鋪人等，俱于逐款下，如綿白等項，果合式，注「是」字；不合式，注「不」字，送司銷繳。注「不」字者，請經僧并將經一函及前樣紙、樣絹同票送驗。果不合式，經鋪重責枷號，計價追出，給還本僧。造經過三月外，經鋪經匠計日責治。如紙絹等不合式，管經僧不爲具稟，一同究責。

一、給劄批。往時請經僧俱給劄付，以示優異；給批照，以便回藉。因候領日久苦難，不敢請經，自今于繳票日，許經僧具呈稟，請本司即日給發，並不羈留。如有衙門人役需索刁難，請經僧即明稟到司，定將該犯重責革役。

一、裝書册。有用大史連印裝成册者，紙張裝裹聽其自辦。刷印、工食，照前價數。板頭等銀照前一樣。

一、補經板。經板外續藏四十一函，每板一塊，該銀三錢六分。每請一藏，板頭銀八兩，刻板二十二塊。如有板，該刻二十五塊，每塊板傍，俱載某僧板頭銀，刻以備查驗。刻期限十日。每遇造經領票日，管經僧即代同刻匠赴司共領給票一紙，依限刻完，將經板、刷印，同票驗銷。每月初一，仍將收除銀數，開循環簿報查。板用梨木，打光八分厚，價銀四分，每板二面，共六十行，計一千零二十字。內有尾葉不全，滿十行者算半葉，滿二十行者，算全葉。不及十行者，不算。刻用宋字樣，寫工連紙銀三錢。刻深三分爲度。寫刻潦草、偷工，罰令重寫重刻。每藏銀八兩，刻二十二塊，共去銀七兩九錢二分。剩銀八分，作買紙、烟煤、水膠、刷印、呈樣、工食等用。如差一字，扣一厘給校經僧。似(俟)續藏完日，仍將模糊板刻換，一并通完，板頭銀盡數贍僧。

一、贍禪僧。板頭銀給禪堂贍僧。每年約二十藏，該銀二百四十兩。四經亦約二十部，該銀三十六兩。每僧一日飯食、腐菜銀一分，約贍僧七十六名。今扣八兩刻經，每年止約銀一百一十六兩，該贍僧三十一兩。經完日仍如前數。

一、記重修。藏經房重修過，前殿三間，正殿五間，左右貯經廊廡四十二間。禪堂內新造請經房二層七間。起工于萬曆三十四年七月，畢工于本年十二月。助工督修善人張文學、張應文。

一、收板頭銀。堂內置號簿一扇，木櫃一口，銀到即送官。住處登簿，將投櫃銀入櫃。於月終日會同官住開封，置買柴米贍僧。堂主毋得私用。

附録

明・葛寅亮撰《金陵梵剎志・報恩寺》

（明天啓本民國廿五年十月金山江天寺影印）

聚寶山報恩寺

大刹聚寶山報恩寺古刹　勅建

在都城外，南城地。離聚寶門一里許，即古長干里。吴赤烏間，康僧會致舍利，吴大帝神其事，置建初寺及阿育王塔，實江南塔寺之始。後孫皓毁廢，旋復。晋太康間，劉薩訶又掘得舍利于長干里，復建長干寺。晋簡文帝咸安間，勑長干造三級塔。梁武帝大同間，詔修長干塔，南唐時廢。宋天禧間，改天禧寺。祥符中，建聖感塔。政和中，建法堂。元至元間，改元興天禧慈恩旌忠寺。至順初，重修塔。元末，燬于兵。國朝洪武間，工部侍郎黄立恭奏請修葺。永樂十年，勑工部重建，梵宇皆準大内式，中造九級琉璃塔，賜額大報恩寺。嘉靖末，經火蕩然，惟塔及禪殿、香積厨僅存。萬曆間，塔頂斜空欲墜，禪僧洪恩募修，彩飾爛然奪目。塔下有放生池，構亭其上，曰濠上亭。塔左而前爲大禪殿、公塾、方丈、香積相鱗次。又前爲藏經殿，貯經板其内。禪殿後爲禪堂及請經堂，皆今丙丁年間用寺租及檀施重修。禪堂後有唐玄奘石塔，即藏爪髮處。寺外之左有山，蔚然蒼翠者曰雨花臺，登覽最勝處。自此琳宫櫛比，名勝所萃，而規摹宏壯，罕與此儷。至浮圖之勝，高百餘丈，直插霄漢，五色琉璃合成，頂冠以黄金寶珠，照耀雲日。夜篝燈百二十有八，如火龍，騰焰數十里，風鐸相聞數里。羣山、大江、都城、宫闕悉在憑眺中。賜有洲田、廊房、蔬圃、寺額。設右覺義壹員，所統次大刹二，郭内曰能仁，郭外曰弘覺；中刹十四，郭内曰高座，曰永寧，曰永興，曰西天，曰普德，曰碧峰，郭外曰崇因，曰外永寧，曰祝禧，曰花巖，曰祖堂，曰清福，曰福興，曰建昌。

殿堂

金剛殿，伍楹。天王殿，止存基址。左右碑亭，貳座。正佛殿，止存基址。琉璃寶塔，玖級。左大禪殿，伍楹。又傍小房叁楹。後禪殿，伍楹。觀音殿，叁楹。放生亭，壹座。公學，拾楹。方丈庫司，韋馱殿、香積厨柒楹，中方丈柒楹，左方丈陸楹，右方丈捌楹。右伽藍殿，叁楹。僧院壹百肆拾捌房，食糧牒僧叁百伍拾名，食糧學僧壹百伍拾名。基址肆百畝，東至虢國公神路，南至郭府墳，西至寺前大街，北至馴象街。前殿，叁楹。

正佛殿，伍楹。左貯經廊，拾玖楹。右貯經廊，拾玖楹。

禪堂

正門，壹楹。韋馱殿，壹楹。正佛殿，叁楹。禪堂，左、右拾楹。十方堂，伍楹。齋堂，貳楹。靜室，貳楹。請經僧房，柒楹。厨庫等房，柒楹。

公産

戴子莊、丈過實在田、地、塘蕩共伍千捌百伍拾玖畝柒分叁厘。臘真莊、丈過實在田、地、塘溝共叁千捌拾柒畝柒分肆厘。寺前房地。號房肆拾貳間半，浴堂房壹所，菜地伍拾肆畝伍分壹厘，基地壹塊。禪堂藏經板、壹副。寺前池地。放生池捌畝，菜地貳大條。

山水

聚寶山、山多細石，名瑪瑙。放生池，琉璃塔左，廣可捌畝，近始清復，構濠上亭其上。雨花臺。寺左，登覽最勝處。

古蹟

三藏塔，石塔。唐時建，在寺内左。宋天禧寺僧可政往陝西紫閣寺，得唐三藏頂骨歸，塔于此。附：阿育王塔、劉薩訶至長干，掘得舍利，近北對簡文所造塔另造塔一層。至十六年，沙門僧尚復加爲三層。舍利爪髮。《梁書》：「出舊阿育王塔下。」

人物

吴康僧會，有傳畧。晋竺慧達，有傳畧。竺法曠，有傳畧。瓊法師，有碑。宋僧伽跋摩，天竺人。善解律藏，以宋元嘉十年，自流沙至京，師子國比丘尼鐵薩羅等至都，衆請跋摩爲師，繼轉三藏。宋彭城王義康崇其戒範，于長干寺招集學士，寶雲譯語，筆受，考核績出《摩得勒伽》、《分别業報畧》、《勸發諸王要偈》等。慧重，言不經營，應時若鴻。宋孝武勅出家新安，移止長干。曇穎，沙謹戒行誦經十餘萬言。止長干寺。辭吐流辯，足騰萬里。齊明徹，有傳畧。僧祐，有傳畧。隋智炬，于建初寺講三論，常聽百人。道張帝里，學潤秦川。明雪梅、不知何許人。止長干寺。解詩清奇，人爭傳誦之。性宕不羈，數年後行歌于市，命童子圍繞踏歌曰：「老雪梅，今日不歸幾時歸？輒自答曰：歸，歸。」一夕端坐而逝。溥洽、有誌畧。永隆。有誌畧。

御製黄侍郎立恭完塔記　洪武戊辰十二月日

京南關左廂朱雀橋之左有浮圖，層高九級，根入厚坤。塔之由來，乃孫吴開創金陵建邦之時，紀年赤烏，而有異人康僧者，抱釋迦之道至斯，以説吴主權，權乃悦。塔之所建金陵之客山也。其山自西南來，濱江一帶，或蜿或蜒，或起或伏，或蹲或立，低昂俯仰之態，若人之狀，以朝鍾山，毓秀磅礴，川野結帝王之居，若是也。其康僧指謂權曰：「是山之麓深若干丈，下有如來真身舍利。」「何謂之舍利？」曰：「佛行周圓，精魂運化，結實如珠，水火不避。昔如來入涅槃之時，天上人間龍宫海藏，天人鬼神，各持以去，建塔以安之，故有天上人間龍宫之塔。塔有八萬四千，皆阿育王始。此間鬼神將至，佛法未施，塔未建也。」權乃信，刳山以驗之，果得舍利。權故難之：「此雖有驗，難以敷誠。既有大神通，必以神力更致一顆，方乃是信。」僧于是設壇，虔恭齋沐，遥望西乾，役己之軀，運己之神，七晝夜，佛之威靈所至，乃降一粒。權乃大悦，許建浮圖。于是今之觀浮圖者，豈知其來遠矣？始孫吴，至今一千一百餘年，緣及歷代廢弛疊疊，塔之頽壞，凡經革故而及葺理者，修德施功之人，又非一人而已。洪武十三年，胡、陳亂政，朕觀七朝居是土者，皆臣愚君者多矣。考山川之形勢，大江西來，淮山弼之，山龐川巨，右勢足矣。以此觀之，龍虎均停。擇帝居者，宜其然也，何故臣下之不臣？無乃虎方坤位，浮圖太聳之故。于是命構架，將移塔于鍾山之左。工將完，塔將毁，有來告者：「工人有墜于塔下者絶。」于是罷役。未幾，今工部左侍郎黄立恭稽首頓首再拜，入奏，其辭曰：「臣立恭寓于世而無益于世，羣于人而無善于人，生無名于宇宙之間，死不能同聰明之神遊于上下。臣切慕之，故思欲有爲，未知可否？」朕謂曰：「丈夫天地間，五欲不生，十惡不作，何爲而不可也哉？」對曰：「臣見南關有如來真身舍利之塔，經兵被火，周迴欄楯，并九層圖畫仙靈，俱各頽壞。欲完之，特請旨以施爲。」朕許之。立恭再拜而退，詣所在，經方定向，若山則高益下損，故基則增微壯廣，施財劭工以營繕，京之軍民，聞立恭作佛之善事，有施財以阿之者，有誠然爲生死而布德者。一時從者，如流之趨下。諸費折黄金二萬五千兩。三年而來，告塔已完矣。大雄之殿，僧房兩廡、重門樓觀，亦皆備矣。羣僧會集，有僧録司右講經守仁者，書通東魯，經備西來，于是命住持是寺。仍勅禮部并光禄寺饌素羞，以飯諸人。時機冗未暇親至，逾半載，勅禮部曹召僧録司首官左善世弘道、右善世夷簡等五人。朕謂曰：「塔完寺備，數年以來，征討弗停，陣没軍將，欲報其忠，仗佛願力，作大善事。」期日，朕至，仰視則塔穿鳥道，平視則殿宇巍然，俯看綺砌無不精專，遊目塔殿所在，金碧熒煌。雖至愚而至魯者，入其門首，作爲建如是之功，可爲罕矣。且立恭職工部，掌諸名材，諸匠屬焉，一一皆傭其工，未嘗上煩于朕，下挾于工者。其傭工之資，皆厚之，世人有所不及。設若立恭操愚夫之智，日侍左右，言頗信行，倘有所需，安不有微助？今絶然無需，入其門，觀其境，孰不爲之起敬？噫！方今智士、居官食禄，不能起造民福之心，乃以禄不足，上亂朝政，下虐生民。其黄立恭昔本技藝，所得者甚微，然而設心爲善，夫婦異處三十餘年，朝出暮歸，其妻送迎若賓禮焉，未嘗有間。以一夫之智，赤手成此善事，是其美也。然而事成則成矣，又其妻與閨内者盡皆爲尼。嗚呼！立恭之誠，豈止外成于塔寺，于家化及閨門？然一家修善，處于是方，將必成矣。佛之願力所處之處，非至善而必至險。諺云：「天下名山，惟僧所居，而乃佛處也。」今南關之山，俯伏于鍾山之前，峰拱岡伏，所以鍾來氣之精英，雄一千一百餘年，法輪常轉。今立恭增輝佛日，豈偶然哉？故述記爾。

報恩寺修官齋勅　　永樂五年十月十五日

勅諭天下赴會僧衆：朕惟佛氏之道，清淨慈仁，弘深廣大，包含萬有，貫徹妙微，利益幽明，功德無量。比者仁孝皇后崩逝，舉薦揚之科，啓無遮之會，廣集僧伽，諷揚經典。百日之間，嘉禎翕集，慧燈降于金刹，法雲覆于紺園，綉絢五紋，輝燦諸品，毫光累現，衆彩畢呈。天花雨空，滿祇林之寶樹；縞鶴飛舞，繞碧落之旙幢。佛之舍利，或流輝于梵宫，或騰耀于寶塔，開照空之菡萏，爛湧地之摩尼，動若驪珠，炳焕午夜，晃如虹彩，燭影丹霄。寶塔之前園，結金梅之果；長干之境秀，産瓊芝之祥。若斯顯靈，難以悉舉。皆由爾衆毘尼克謹，梵行清修，瀾翻八藏之文，悟解三乘之旨，秉至誠以奉朕命，攄精意以叩佛慈。其中亦有至人，道化高妙，飛行變化，隱顯莫測。感朕誠心，來臨法會，證盟善功。朕德薄，有未能知。藉兹衆善，遂致感通，睹瑞應之蕃臻，想神靈之濟度，超遊極樂，信有明徵。朕實懽愉，特加褒獎。夫觀百川之流者，必至海乃止；虧一簣之功者，則爲山不成。爾等益勤精進，庶永謝于塵緣，究竟真空，期早登于覺地，利生助化，翼我皇家。欽哉！故諭。

重修報恩寺勅　永樂十一年

天禧寺舊名長干寺，建于吴赤烏年間。緣及歷代，屢興屢廢。宋真宗天禧年間，嘗經修建，遂改名曰天禧寺。至我朝洪武年間，寺宇稍壞。工部侍郎黄立恭，奏請募衆財畧爲修葺。朕即位之初，遂勅工部修理，比舊加新。比年有無藉僧本性，以其私憤，懷殺人之心，潜于僧室放火，將寺焚毁。崇殿修廊，寸木不存，黄金之地，悉爲瓦礫，浮圖煨燼，頹裂傾敝。周覽顧望，丘墟草野。朕念皇考、皇妣罔極之恩無以報稱，况此靈迹豈可終廢？乃用軍民人等勤勞其力，趨事赴工者如水之流下，其勢莫禦，一新創建，充廣殿宇，重作浮圖。比之于舊，工力萬倍。以此勝因，上薦父皇、母后在天之靈，下爲天下生民祈福，使雨暘時若，百穀豐登，家給人足，妖孽不興，災沴不作，乃名曰大報恩寺。表兹勝刹，垂耀無窮。告于有衆，咸使知之。

御製大報恩寺左碑　永樂二十二年二月日

朕惟佛氏之道，清淨堅固以爲體，慈悲利濟以爲用，包含無外，微妙難名，匪色相之可求，無端倪之可測，圓明普徧，顯化無方，有不可思議者焉。朕皇考太祖聖神文武欽明啓運俊德成功統天大孝高皇帝，皇妣孝慈昭憲至仁文德承天順聖高皇后，開創國家，協心致理，德合天地、功在生民，至盛極大，無以復加也。朕以菲德，統承大寶，負荷不易，夙夜惟勤，惕惕兢兢，祗循成憲，重惟大恩罔極，末由報稱。且聖志惓惓，惟欲斯世斯民，暨一切有情，咸得其所。繼述之重，其在朕躬。仰惟如來萬法之祖，弘濟普度，慈誓甚深，一念克誠，宜無不應，增隆福德，斯有賴焉。南京聚寶門之外有寺，舊名長干，吳赤烏之歲所建。歷世既遠，興替相因。宋真宗時，改寺額爲天禧。國朝洪武中，撤而新之。歲月屢更，將復頹圮。永樂乙酉，嘗命修葺。未幾，厄于回録。今特命重建，弘拓故址，加于舊規，像貌尊嚴，三寶完具，殿堂廊廡，輝煥一新，重造浮圖，高壯堅麗，度越前代，更名曰大報恩寺。所以祇靈迎貺，上資福于皇考、皇妣，且祈普佑海宇生靈及九幽滯爽，咸獲濟利，用仰承我皇考、妣之聖志，而表朕之孝誠。今將竣事，特志其本末于碑，用昭示如來之道化，我皇考、皇妣之功德，配天地之廣大，同日月之光明，而相爲悠久于萬萬年。

御製大報恩寺右碑　　宣德三年三月十五日

夫大覺之道，肇自西域，入中國，行于天下，其要歸于導民爲善，一切撤其迷妄之蔽，而内諸清淨安隱之域，以輔翼國家之治。而功化之妙，下至幽冥淪滯，靡不資其開濟，是以功超天地，澤及無窮。歷代人主，咸崇獎信。我國家自太祖高皇帝受命爲君，功德廣大，同乎覆載。太宗皇帝奉天中興，大德豐功，海宇悦服。仁宗皇帝嗣臨大寶，功隆繼述，遠邇歸仁。三聖之心，與天爲一，與佛不二。是以道高帝王，恩周普率，四方萬國，熙皞同春。朕承天序，寅奉鴻圖，惟祖宗之心，操存不越；惟祖宗之道，率履弗違；至于事神愛民，一惟先志。南京聚寶門之外，故有天禧寺，我太祖皇帝加修葺之致，清理之功。歲久而燬，太宗皇帝更新作之，名大報恩寺。上以伸聖孝，下以溥仁恩。經營之精深，規模之廣大，極盛而無以加焉。垂成之日，龍輿上賓。仁宗皇帝臨御，用竟厥功。製作之備，巋焉焕焉，踔立宇宙，光映日月。于以奉萬德之尊，會三乘之衆，永宣靈化，弘建福德，顯幽萬類，覆被無窮，蓋自古所未有也。其興造之田，已見永樂甲辰御製之碑，龍章麗天，本末完具。兹謹述三聖所以嘉厚象教之盛心，刻文貞石，昭示悠久。于戲！鍾山巍巍，大江洋洋。聖德長存，慧化不息。億萬萬年，與天同壽。

藏經護勅

皇帝聖旨：朕體天地保民之心，恭成皇曾祖考之志，刊印大藏經典，頒賜天下，用廣流傳。兹以一藏安置南京大報恩寺，永充供養，聽所在僧官、僧徒看誦讚揚，上爲國家祝釐，下與生民祈福。務須敬奉守護，不許縱容閑雜之人私借觀玩，輕慢褻瀆，致有損壞遺失。敢有違者，必究治之。諭。

正統十年二月十五日

本寺護勅

皇帝勅諭官員、軍民諸色人等：朕惟佛氏之興，其來已遠。其教以空寂爲宗，以慈悲爲用，開導善類，覺悟羣迷，功德所及，無間幽顯者也。南京舊有天禧寺，我皇高祖太宗文皇帝重新修建，蓋造琉璃寶塔，改名大報恩寺。皇曾祖仁宗昭皇帝，皇祖宣宗章皇帝，相繼完成。特撥賜當江沙洲等處蘆塲蘆柴入寺應用，及選行童一百名，常川燃點塔燈。暨朕嗣寶位，復加修整，所以上報先朝列聖之恩，下爲蒼生祈福。今住持僧洪霈奏言，本寺歲久被人作踐攪擾，用是特頒勅護持。凡官員、軍民諸色人等，自今以往，毋得出入混雜，縱肆非爲，輕易褻瀆，侮慢欺凌，及不許侵占原撥蘆塲并贍僧田地、園池、果木。所有常住官降一應器皿、經像等件，本寺僧官、僧人尤須遞相收掌，毋致損失。敢有不遵朕命，沮壞其教者，許住持指實奏聞，論之以法。欽哉！故諭。

成化八年十二月初一日

續入藏經護勑　萬曆十四年九月日

皇帝勑諭大報恩寺住持及僧衆人等：朕惟佛氏之教，具在經典，用以化導善類，覺悟羣迷，于護國佑民不爲無助。兹者聖母慈聖宣文明肅皇太后，命工刊印續入藏經四十一函，并舊刻藏經六百三十七函，通行頒布本寺。爾等務須莊嚴持誦，尊奉珍藏，不許諸色人等故行褻玩，致有遺失損壞。特賜護持，以垂永久。欽哉！故諭。

御製聖母印施藏經序　萬曆　年　月　日

朕聞儒術之外，釋氏有作，以虛無爲宗旨，以濟度爲妙用。其真詮密微，其法派閎演。貞觀而後，代譯歲增，兼總羣言，苞裹八極，貝葉有所不盡，龍藏有所難窮。惟兹藏經，繕始于永樂庚子，梓成于正統庚申。由大乘般若以下，計六百三十七函。我聖母慈聖宣文明肅皇太后，又益以《華嚴懸談》以下四十一函，而釋典大備。夫一心生萬法，萬法歸一心，諸佛心印，人人具足。觀善覺迷，諸苦解脱，一覺一善，皆資勝因。是以聞其風者，億兆爲之翕習；慕其教者，賢愚靡不歸依。則知刑賞所及，權衡制之；刑賞所不及，善法牖之。蓋生成之表，别有陶冶矣。先師素王亦云：聖人神道以設教，善世而博化。諦觀象教，詎不信然？恭惟聖母濬發弘願，普濟羣倫，遂托忠誠誘善，勤侍傳宣，廣修衆因，乃印禪經，布施淨土；兼立梵宇，齋施僧倫；成修寶塔，立竪于虛空；繪塑金容，散施于大地；濟貧拔苦，召赦孤幽，無善不作，無德不備。證三身于此世今生，明四智于六通心地。普惠雲興，普賢瓶瀉。大垂玄澤，甘露霑洒于三千；徧覆慈雲，法雨滋培于百億。無微無鉅，咸受益而蒙榮；有性有生，盡食龢而飲惠。俾福利之田，與人同樂，仁壽之域，舉世咸登。如是功德，詎可思議？且如來果報，從無量功德，生一切善言之讚歎，一切善氣之導疑。我聖母延齡，如天永永；我國家保泰，降福穰穰矣。于戲！盛哉！大覺之教，宜其超九流而處尊，偕三五以傳遠也。

文

長干寺設無礙法喜食詔 《廣弘明集》

大同四年八月，月犯五車，老人星見。改造長干寺阿育王塔，出佛舍利，髮爪。阿育，鐵輪王也。王閻浮一天下，一日夜役鬼神造八萬四千塔。此其一焉。乘輿幸長干寺，設無礙法喜食。詔曰：天地盈虛，與時消息，萬物不得齊其蠢生，二儀不得恒其覆載。故勞逸異年，懽慘殊日。去歲失稔，斗粟貴騰，民有困窮，遂臻斯濫。原情察咎，或有可矜。下車問罪，聞諸往誥。責歸元首，實在朕躬。若皆以法繩，則自新無路。《書》不云乎：「與殺不辜，寧失不經。」《易》曰：「隨時之義，大矣哉。」今真形舍利復現于世，逢希有之事，起難遭之想。今出阿育王寺設無礙會，耆年童齒，莫不欣悦，如積飢得食。如久別見親。幽顯歸心，遠近馳仰。士女霞布，冠蓋雲集。因時布德，允叶人靈。凡天下罪無輕重，皆赦除之。

長干寺衆食碑　陳徐陵

昔炎皇肇訓，稷正修官，信矣民天之言，誠哉國寶之義。自非道登正覺，安住于大般涅槃，行在真空，深入于無爲般若，則菩薩應化，咸同色身，諸佛淨土，皆爲揣食。證常住者爰訖乳糜，補尊位者猶假香飯。亦有三心未滅，七反餘生，應會天宫，就齎龍海。泛復繪居地轉，咸憇珠庭，固以皆種仙禾，並資靈粟者矣。法師常願，以智慧火燒煩惱薪，普施衆生，同食甘露。況復安居自恣，願學高年，或次第于王城，猶棲遑于貧里。迦留乞麨，苦用神通。須提請飦，致貽訶責。于是思營衆業，願造坊厨，庶使應供之僧，皆同自然之食。升堂濟濟，無勞四輩之慮高廩峩峩，恒有千食之備。其外鐵市銅街，青樓紫陌，辛家黑白之里，甲第王侯之門，莫不供施相高，資儲轉衆。法師善巧方便，漚和舍羅，教授滋生，隨年增長。假使桑林不雨，瓠水揚波，猶厭稻粱，永無飢乏。加以五鹽具足，七菜芳軟，麨類天厨，果同香樹，羹鼎之大，殷王未逢，糜鑊之深，齊都非擬。昆吾在次，皆鳴鷲嶺之鐘；暘谷初升，同洗龍池之鉢。

天禧寺新建法堂記

宋李之儀

天禧寺者，乃長干道場，葬釋迦真身舍利。祥符中建塔，賜號聖感舍利寶塔。至天聖中，又賜今額。按《梁書》，大同三年，高祖改造阿育王塔，出舊塔下舍利及爪髮，髮青紺色。衆僧以手伸之，隨手長短，放之則屈爲蠡形。始吴時，有尼居其地，爲小精舍。孫綝尋毁除之，塔亦同泯。吴平後，諸道人復于舊處建立焉。中宗渡江，更修飾之。至簡文咸安中，使沙門安法師程造小塔，未及成而亡。弟子僧顯繼而修之。至孝武大元九年，上金相輪及承露。其後，西河離石縣有胡人劉薩訶，遇疾暴亡，而心下猶煖，未敢便殯。經七日更蘇，説云：「有兩吏見録，至十八地獄，隨報重輕，受諸苦毒。見觀世音，語云：『汝緣未盡，若得活可作沙門。洛下、齊城、丹陽、會稽並有阿育王塔，可往禮拜，則不復墮地獄。』」因此出家，游行禮塔。次至丹陽，未知塔處，乃登越城，望見長干里有異氣色。因就禮拜，果是阿育王塔所放光明。由是定知有舍利，乃集衆掘之。入一丈，得三石碑。中一碑有鐵函，函中有銀函，銀函中有金函，盛三舍利及爪髮各一枚，長數尺。即還舍利，近北對簡文所造塔，造一層塔。十六年，沙門僧尚加爲三層，即高祖所開者也。

琉璃塔記

明行太僕卿鄞陳沂

南都城之南有大佛宇，孫吳時云神僧所居，南朝始有寺，因地長干，曰長干寺。趙宋改名天禧寺。國朝永樂初，大建之，準宫闕規制，名大報恩寺，故有舍利塔。文皇詔天下盡甄工之能者，造五色琉璃，備五材百制，隨質呈色，而陶埏爲象，品第甲乙，鉤心鬥角，合而甃之，爲大浮圖。下周廣四十尋，重屋九級，高百丈。外旋八面，内繩四方。外之門牖，實虚其四，不施寸木，皆埏埴而成。連大官後，疊玉砌數級。上爲五色蓮臺座，高擁尋丈，乃列朱楹八面，闢爲四門，懸十有六牖于八隅，門繞以曼陀優鉢曇花，壁刻以天王金剛四部大神，具頭目手足異相，冠簪纓胄，衣帶瑣甲異制，戈戟輪鐸，器飾異執，種種不類載。以獅象承以棼橑，井拱翔起，光彩璀璨。覆以碧丸鱗次，螭頭豹尾，交結上下。又蔽以鏤檻雕楹，青瑣綉闌于外。二級至九級，不設瑣闌，惟楹檻皆朱，壁皆黝。至榱栱則間以玄朱。其花蕚旋繞，牖户懸闢之制，皆如初級焉。盡九級之上，爲鐵輪盤。盤上輪相疊起數仞，冠以黄金寶珠頂，維以鐵綍，墜以金鈴。每級飛檐，皆懸鳴鐸，明牖以蚌蠣薄葉障之，罥出楹外，凡百四十有四。晝則金碧照耀雲際，夜則百四十有四篝燈，如火龍自天而降，騰焰數十里。風鐸相聞數里，響振雨夜。舍利如火珠，數顆次第出入，輪相間有聲。浮圖之内，懸梯百蹬，旋轉而上。每層布地以金，四壁皆方尺小釋像，各具諸佛如來因緣，凡百種，極致精巧，眉髪悉具，布砌周遍。井栱疊起，皆青碧穹覆如華蓋。列牖設篝燈處，若蝸殼宛轉，一竅穿出。門至絶級，亦洞敞，首不低縮。出欄檻外，則心神惶怖，不能久佇。四顧羣山，大江關阻，旁達無遠不在，近觀宮城、廨舍、陸衢、水道、民居、巷市、人物往來動息，罔不畢見。飛鳥流雲，常俯視在下矣。

遊報恩寺塔記署《遊牛首山記》内摘出　明南刑部尚書王世貞

寺之二山門、前後殿、周廡久委劫火，獨一塔在。塔，故文皇下京師，纂大寶，傾天下之財力，爲高帝及后營福者也。其雄麗冠于浮圖，金輪聳出雲表，與日競麗。余劇欲一登之，而僧頗尼以不任。余乃易便服行縢，憑小吏肩而上。甫三級，則已下視萬雉矣。級益高，階益峻，兩股踸踔者久之。强自奮，盡九級。宮殿樛轕，萬棟櫛歷，與平疇相映，長江如白龍蜿蜒而來。惟鍾山紫氣，與天闕、方山不相伏，餘無所不靡。塔四周，鐫四天王、金剛護法神，中鐫如來像，俱用白石，精細巧緻若鬼工，余摩娑久之。

大報恩寺重修藏經殿記　明進士吴郡俞彦

南藏之有鏤板，自高帝始也。其庋而置之經堂，則文皇命也。蓋自江波湧塔之異，帝有震焉。而會天禧浮圖災，乃益斥遠其舊，而新是圖。僅僅留此甌脱，簇經而藏之，迄今所矣。佛法以無量爲劫，佛所説經，以十二萬九千六百年爲劫。而是經板與藏經之室，無非材木瓴甋所爲，木久而潰，甓久而壘，則其劫也。錢塘葛君，昔以儀曹署祠事，補經板之缺，蠲經役之蠹，僧衆便之。既領祠官，乃諗諸耆宿，維斯經堂，可弗謂圮歟？僉曰：「是可勿亟治歟？他屋所覆者，金泥像耳。茲獨覆經，是宜修一。創建之始，仰給縣官。今勢既不得請，而成毁任之。是委君眖于荆棘瓦礫也，是宜修二。四方以莊嚴來者，若取火于燧，挹水于河，而靡所托足，而瞻禮求，多不給，謂功令何？是宜修三。」僉曰：「然。」于是計歲會，罷不急，廩庾節縮之，苾蒭有麗于法者籍之。善男子張應文、張文學輩，咸愿爲捐助。權輿于兩廡，經所貯也，翼如矣。次及殿堂，跂如矣。而乃及門，伉如矣。觚稜廉威，瓮甃平除，塗塈堅緻，丹堊煥炳，瓶鉢之侶，雲水之足，北至于河，東至于海，西至于衡華，又西至于峨眉，南至于普陀，又南至于閩粤。杖錫至止，永觀厥成。旅舍有次，六時有供。至則如歸，歸不愆期。投體頂禮，如入祇園貝多之境，莊嚴供養，如際赤烏白馬之年。莫不感嘆悲涕，交手而讚曰：盛甚至哉！厥猷詭乎顯密之因，未有選也。不佞彦，乃拜手稽首，爲作頌曰：佛成道後，舍利可棄。其勿棄者，甚微妙義。或曰故紙，或曰真諦。斯二邊見，亦罔以異。渡水棄筏，見月廢指。未見未渡，人實迂女。佛説經者，人天歡喜。億萬鬼神，所在衛理。于義云何，護法者是。國王宰官，長者居士。生護法心，一人而已。是名億萬，是名神鬼。來者受持，過此頂禮。

報恩寺九號藏經并藏殿碑記

明南祠部郎錢塘葛寅亮

昔佛祖演化立教，謂能誦讀受持，即成無上希有法。一經詆毁，墮入無間。抑何主入奴出，拘而多畏若是哉？微獨世法之士，交日相議。古靈禪師亦復道之，因蜂子投窗，爲其師儆曰：「世界如許闊，不肯出，鑽故紙，驢年出得？」蓋金篦刮屑，黄葉止啼，世有明眼人，三藏十二部，悉故紙矣。讀《御製集》，又可異焉。聖祖之言曰：「佛之有經，猶國著令；佛有戒，如國有律。皆導人未犯之先，化人不萌其惡。所以古云：天下無二道，聖人無兩心。名雖異，理則一。」夫出世而詆爲故紙，入世而視若王章，出世、入世，吾烏乎知其辨？聖祖甫戡世亂，即究性宗，特以藏經授副墨，貯之報恩，用廣流布。成祖復刻于燕，厥有南、北藏。北藏非請旨不可，而南藏轄之祠部，朝以牒出，夕以楮入。玄奘之侶，翕然南其錫。貯經有室，瞻僧有堂，請經有修藏之襯，制也。顧經僧重繭遠來，匠氏安坐網利，昂其直以要之，紓其期以困之，視衣鉢而罄然，望雲山其何日？無告之虐，愴然興懷。檢朝石郭君藏規之議，嘆昔人之先得我心矣。因爲理其緒而加密，程材準度，計工準期，以勝劣編叁等，等各三號，按册瞭然，狡僞不得復作。其歉于北者四十一函，即以請藏所入，贍續藏所出，需之數年，計可具足。則皆予壬寅攝篆時規始者也。今兹復至，殺青竟，且十有四函矣。胥宇而貝葉鏖凝，龍藏將壓雲水之錫，舍于市人，撤其舊而新是圖。前後殿凡八楹，左右貯經廡四十二楹，請經室之麗于禪院六楹。藏簡各登其座，座各有號。而籤分架列于廊廡者，燦然可按指索也。工費倚之經襯，益之檀施寺租。既告成，則復尋剞劂之役，且以飯禪衲，以館轂夫經僧，而諸務犂然具焉。流傳法寶，爛焉編帙，俾之誦讀受持，而證無上希有者，出世法也。剪浮淫，梳敝垢，遠至如歸，而不敢以無告爲可虐者，世法也。莊嚴楮墨，在彼爲法鏖緣影，而于出世法非有加。脩舉廢墮，在此爲職業常分，而于世法非有貶。至于出世入世，是同是别，則王言具在，又非予小子能知矣。萬曆叁拾伍年正月望日。

濠上亭記

明南祠部郎錢塘葛寅亮

夫牽一髮而頭爲之動，拔一毛而身爲之變，毛髮之于吾身微矣，而痛癢輒關，何者？血氣所榮衛故也。凡有血氣，獨異是哉。蘇子瞻平生嗜蝌蛤，因禁獄後，遂一切斷殺。其詩有「魂飛湯火命如雞」之句，最爲悽切。迺古聖人莫之禁者，自茹毛飲血，既開其端，貪饕欲食，適投其嗜，相習成風，恬不爲怪。聖人知必不能奪舉世之共趨，而强以所不樂，故寧因時制禮，與物推移，獵較猶可。自是權教而不虞，爲恣情口腹者之嚆失也。夫儒者，天地萬物爲一體，推己及物爲恕施。蚊蚋嗜膚，猶自動色，腥肥膏腹，不恩傷生，于心忍乎哉！此第謂人生嗜欲在是，而試想萬物當前，見夫魚遊鳥翔，飛躍得所，必暢然而快心。見夫呼號挺刃，宛轉刀几，必慘然蹙額，而不欲其聞且見于吾側，則好生固自本性，所欲食者第此三寸饞唇，其將取憑于口腹乎？抑取憑于性乎？嗚呼！成湯開三面之網，尼父禁絶流之漁，孟孫以縱麑徵仁，子輿以易牛許王，聖賢用意，未始不耿耿見其一班。而放生之説，後世所由昉也。報恩寺内，舊有放生池，建自成祖，是即成湯解網意云爾。日久事湮，没于中貴，近始檄還，而中貴亦慨然無難色。因爲建亭臨之，題曰濠上，志魚樂也。夫魚樂亦即我樂，彼方困于涸，輒相呴以濕，相濡以沫，駢首待烹，忽焉而投之清冷，鼓鬣揚鬐，摇深舞闊，悠悠洋洋，入吾几案，覺鳥獸禽魚，自來親人，會心處端不遠矣。

濠上亭鐫壁併序

放生之事，世多歸之釋氏。不知釣不網，弋不宿，見死聞聲不忍食，自孔、孟已然。自後格言善行，簡不勝書，第如元龜見夢，說近渺茫，黄雀啣環，事嫌果報。雖或有徵，端士不道。亭既落成，隨取心存怛物，言觸痛腸者一十九條，鐫之壁。登斯亭者，釋至言于佩韋，挹生趣于臨流，俯仰之間，將毋愴然而興感？

湯出，見人張網四面，而祝之曰：「從天墜者，從地出者，從四方來者，皆罹吾網。」湯曰：「嘻！盡之矣。」乃解其三面，止置一面，更祝曰：「欲左者左，欲右者右，欲高者高，欲下者下。不用命者，乃入吾網。」

齊田氏祖于庭食客千人中坐，有獻魚鷹者。田氏視之。乃嘆曰：「天之于民厚矣，殖五穀，生魚鳥，以爲之用。」衆客和之如響，鮑氏之子預于次進曰：「不如君言，天地萬物，與我並生類也。類無貴賤，徒以小大智力而相制，迭相食，非相爲而生之。人取可食者而食之，豈天本爲人生之？且蚊蚋噆膚，虎狼食肉，非天本爲蚊蚋生人，虎狼生肉者哉？」

孟孫得麑，使秦西巴持歸，其母隨而鳴，秦西巴不忍，縱而與之。孟孫怒而逐秦西巴，居一年，召以爲太子傅。左右曰：「夫秦西巴有罪于君，今以爲太子傅，何也？」孟孫曰：「夫以一麑而不忍，又將能忍吾子乎？」

田子方出，見老馬于道，問其御者，曰：「公家畜也，罷而不能用，故放出之。」子方曰：「少盡其力，老棄其身，仁者不爲也。」束帛而贖之。

鄧艾征涪陵，見一猿抱子在樹。引弩中之，其子爲拔箭，捲樹葉塞之。艾歎曰：「吾違物性，其將死矣。」

桓宣武入蜀，至三峽，部伍中有得猿子者，其母緣岸哀號，行百餘里不去，遂跳上船便即絶。破視其腹中，腸寸寸斷。公聞之怒，命黜其人。

何尚書胤侈于食味，後稍去其甚，猶食魚脯、糟蠏。鍾岏曰：「䱉魚就脯，驟見屈伸，蠏之將糟，躁擾彌甚。仁人用意，所宜深懷此怛。」

何胤仕齊，爲建安太守。每伏臘，放囚還家，依期而返。嘗與門人議疏食，門人曰：「變之大者，無如死生。死生所重，無踰性命。性命之于彼極切，滋味之于我可賒。如云一往一來，生死常事，則傷心之慘行亦自及。」胤之末年，遂絶血味。

顔魯公任昇州刺史，左驍衛郎將史元琮奉宣恩，命于天下州縣臨江帶郭處，各置放生池，昇州秦淮太平橋，凡八十一所。公謂恩沾動植，澤及昆蟲，因撰述《天下放生池碑銘》，絹寫一本，附史元琮奉進，兼乞御書題額，以揚不朽。肅宗批答：「朕以中孚及物，亭育爲心，凡在覆載之中，畢登仁壽之域。四靈是畜，一氣同知，江漢爲池，魚鱉咸若。卿愼徽盛典，潤色大猷，能以懿文，用刊樂石，體含飛動，韻合鏗鏘，成不朽之立言，紀好生之上德，唱而必和，自古有之，情發于中。予嘉乃意，所請者依。」

唐永徽以來，文單國屢獻馴象，凡三十二，皆蓄苑中，頗有善舞者。德宗即位，以爲物性不遂，悉放于荆山之陽。

劉禹錫《嘆牛》文曰：「劉子行其野，有叟牽牛于蹊，偶問焉。對曰：我僦車而自給，嘗驅是牛引千鈞，雖涉淖躋高，轂如蓬而軔不濆。及今廢矣，顧其足雖傷，而膚尚腯，以畜豢之則無用，以庖視之則有贏。是往也，將要售于宰夫。余謂之曰：『以叟言之則利，以予言之則悲。余方窶，且無長物，願解裘以贖，將置諸豐草之鄉，可乎？』」

宋仁宗一日對羣臣曰：「朕夜來飢甚，思食蒸羊。」羣臣曰：「陛下何不宣付有司？」帝曰：「朕乃偶飢思爾，慮爲常例，寧忍一時之飢，不忍啓無窮之殺。」

宋哲宗在宫盥而避蟻，程頤講書畢，請曰：「有是乎？」上曰：「然。誠恐傷之耳。」頤曰：「推此心以及四海，帝王要道也。」

曹武惠王彬所居堂壁壞，子弟請加修葺。彬曰：「大冬蟲蟄墻壁瓦石間，不可傷其生。」

程明道主上元簿，始至邑，見人持竿道傍，以黏飛鳥，取其竿折之，教之使弗爲。及罷官，艤舟郊外，聞數人共語：「自主簿折黏竿，鄉民子弟不敢蓄禽鳥。」

程伊川《養魚記》曰：「書齋之前有石盆池，家人買魚子食猫，見其呴沫也，不忍，因擇可生者，得百餘，養其中。大者如指，細者如箸，支頤而觀之者竟日。魚乎！魚乎！細鈞密綱，吾不得禁之于彼。炮燔咀嚼，吾得免爾于此。吾知江海之大，足使爾遂其性，思置汝于彼，而未得其路，徒能以斗斛之水，生汝之命。生汝，誠吾心。汝得生，已多萬類，天地中，吾心將奈何？魚乎！魚乎！感吾心之戚戚者，豈止魚而已乎？」

蘇東坡云：「余少不喜殺生，未斷也。近年始不食猪羊，然性嗜蝌蛤，故不免殺。自去年得罪下獄，始意不免。既而得脱，遂自此不復殺一物。有餉蝌蛤者，皆放之江。雖無活理，然猶庶幾萬一。便使不活，猶愈烹煎也。非有所求覬，但已親經患難，不異雞鴨之在庖厨，不復以口腹故，使有生之類，受無量怖苦爾。」

黄魯直謂子瞻曰：「鳥之將死，其鳴也哀。某適到市橋，見生鳶繫足在地，鳴叫不已，得非哀祈于我耶？」子瞻曰：「某昨日買十鳩，中有四活，即放之，餘者作一杯羹。今日吾家常膳，買魚數斤，以水養之，活者放而救渠命，殪者烹而悦吾口。雖腥羶之慾，未能盡斷，且一時從權爾。」魯直曰：「吾兄從權之説，善哉！」因作頌曰：「我肉衆生肉，名殊體不殊。元同一種性，只是别形軀。苦惱從他受，肥甘爲我須。莫教閻老判，自揣看何如？」子瞻聞斯語，愀然歎息。

真西山云：「不殺生者，所以存仁愛也。夫禽獸旁生，性命同稟。有夫婦之配，有父子之情，有巢穴之居，有飲食之念。愛憎喜懼，何異于人？能懷惻隱之心，不忍殺戮，不亦善乎？或心雖仁民愛物，而迹迺混俗衆中，有所未便，則不起意殺，不下手殺，不眼見殺，是則飲食隨緣，又何殺生之有？且聖賢于肉食，固未嘗必其有無，而愛之及物，亦何常間乎彼此？如網解三面，迹遠庖厨，釣而不綱，弋不射宿，啓蟄不殺，方長不折，德惠之普，人蟲草木，一視同仁，則慈惠以及昆蟲，豈虚言哉？」

傳

康僧會傳畧　《高僧傳》

康僧會，其先康居人，世居天竺，其父因商賈移于交阯。會年十餘歲出家。厲行甚峻，時孫權已制江左，而佛教未行。乃杖錫東遊，以吴赤烏十年初達建業，營立茅茨，設像行道。時吴國以初見沙門，覩形未及其道，疑爲矯異。有司奏曰：「有胡人入境，自稱沙門，容服非恒，事應檢察。」權曰：「昔漢明夢神，號稱爲佛，彼之所事，豈其遺風耶？」即召會詰問，有何靈驗。會曰：「如來遷迹，忽逾千載，遺骨舍利，神曜無方。昔阿育王起塔，乃八萬四千。夫塔寺之興，以表遺化也。」權以爲誇誕，乃謂會曰：「若能得舍利，當爲造塔。如其虚妄，國有常刑。」會請期七日，乃謂其屬曰：「法之興廢，在此一舉。今不至誠，後將何及？」乃共潔齋靖室，以銅瓶加几，燒香禮請。七日期畢，寂然無應。求申二七，亦復如之。權曰：「此欺誑。」將欲加罪，會更請三七，權又特聽。會謂法屬曰：「宣尼有言『文王既没，文不在兹乎。』法靈應降，而吾等無感，何假王憲。當以誓死爲期耳。」三七日暮，猶無所見，莫不震懼。既入五更，忽聞瓶中鏗然有聲，會自往視，果獲舍利。明旦，呈權，舉朝集觀，五色光炎，照曜瓶上。權自手執瓶，瀉于銅盤，舍利所衝，盤即破碎。權大肅然驚起，而曰：「希有之瑞也。」會進而言曰：「舍利威神，豈直光相而已。乃劫燒之火不能焚，金剛之杵不能碎。」權命令試之。會更誓曰：「法雲方被，蒼生仰澤，願更垂神迹，以廣示威靈。」乃置舍利于鐵砧磓上，使力者擊之。于是砧磓俱陷，舍利無損。權大嗟服，即爲建塔，以始有佛寺，故號建初寺，因名其地爲佛陀里。由是江左大法遂興。至孫皓即位，法令苛虐，廢棄淫祠，乃及佛寺，並欲毁壞。皓曰：「此由何而興？若其義教真正，與聖典相應者，當存奉其道。如其無實，皆悉焚之。」諸臣僉曰：「佛之威力，不同餘神。康會感瑞，大皇創寺，今若輕毁，恐貽後悔。」皓遣張昱詣寺詰會。昱雅有才辯，難問縱横。會應機騁辭，文理鋒出。自旦之夕，昱不能屈。既退，會送于門。時寺側有淫祀者，昱曰：「玄化既孚，此輩何故近而不革？」會曰：「雷霆破山，聾者不聞，非音之細。苟在理通，則萬里懸應。如其阻塞，則肝膽楚越。」昱還，歎會才明，非臣所測，願天鑒察之。皓大集朝賢，以馬車迎會。會既坐，皓問曰：「佛教所明，善惡報應，何者是耶？」會對曰：「夫明主以孝慈訓世，則赤烏翔而老人星見；仁德育物，則醴泉湧而嘉苗出。善既有瑞，惡亦如之。故爲惡于隱，鬼得而誅之；爲惡于顯，人得而誅之。《易》稱：『積善餘慶。』《詩》詠：『求福不回。』雖儒典之格言，即佛教之明調。」皓曰：「若然，則周、孔已明，何用佛教？」會曰：「周、孔所言，畧示近迹。至于釋教，則備極幽微。故行惡則有地獄長苦，修善則有天宫永樂。舉茲以明勸沮，不亦大哉？」皓當時無以折其言。皓雖聞正法，而昏暴之性不勝其虐。後使宿衛兵入後宫治園，于地中得一立金像，高數尺，呈皓。皓使著不淨處，以穢汁灌之，共諸羣臣笑以爲樂。俄爾之間，舉身大腫，陰處尤痛，叫呼徹天。太史占言：「犯大神所爲。」即祈祀諸廟，永不差愈。采女先有奉法者，因問訊云：「陛下就佛寺中求福不？」皓舉頭問曰：「佛神大耶？」采女云：「佛爲大神。」皓心遂悟其語意，故采女即迎像置殿上，香湯洗數十過，燒香懺悔。皓叩頭于枕，自陳罪狀。有頃，痛間。遣使至寺問訊道人，請會説法，會即隨入皓見，問罪福之由。會爲敷析，辭甚精要，皓先有才解，欣然大悦，因求看沙門戒。會以戒文禁秘，不可輕宣，乃取本業百三十五願，分作二百五十事，行住坐卧，皆願衆生。皓見慈願廣普，益增善意，即就會受五戒。旬日疾瘳，乃于會所住處更加修飾，宣示宗室，莫不心奉。會在吴朝，亟説正法，以皓性兇麄，不及妙義，唯叙報應近事，以開其心。會于建初寺譯出衆經，所謂《阿難念彌陀經》、《鏡面王》、《察微王》、《梵皇經》等，又出《小品》及《六度集》、《雜譬喻》等，並妙得經體，文義允正。又傳泥洹唄聲，清靡哀亮，一代模式。又註《安般守意》、《法鏡》、《道樹》等三經，并製經序，辭趣雅便，義旨微密，並見于世。至吴天紀四年四月，皓降晋。九月，會遇疾而終。是歲，晋武太康元年也。至晋咸和中，蘇峻作亂，焚會所建塔。司空何充復更修造。平西將軍趙誘，世不奉法，傲慢三寶，夢入此寺，謂諸道人曰：「久聞此塔屢放光明，虛誕不經，所未能信。若必自覩，所不論耳。」言竟，塔即出五色光，照曜堂刹。誘肅然毛竪，由此信敬。于寺東更立小塔，遠由大聖神感，近亦康會之力，故圖寫厥像，傳之于今。孫綽爲之贊曰：「會公蕭瑟，寔惟令質。心無近累，情有餘逸。厲此幽夜，振彼尤黜。超然遠詣，卓矣高出。」

竺慧達傳畧　《高僧傳》

竺慧達，即劉薩阿，并州西河離石人。少好畋獵。年三十一，忽如暫死，經日還蘇，備見地獄苦報，見一道人，云是其前世師，爲其説法訓誨，令出家，往丹陽、會稽、吴郡覓阿育王塔像，禮拜悔過，以懺先罪。既醒，即出家學道，改名慧達。精勤福業，唯以禮懺爲先。晋寧康中，至京師。先是，簡文皇帝于長干寺造三層塔。達上越城顧望，見此刹杪獨有異色，便往拜敬，晨夕懇到。夜見刹下時有光出，乃告人共掘。掘入丈許，得三石碑。中央碑覆，中有一鐵函，函中又有銀函，銀函裹金函，金函裹有三舍利。又有一爪甲及一髮。髮伸長數尺，卷則成螺，光色炫耀。道俗歎異，乃于舊塔之西，更竪一刹，施安舍利。晋太元十六年，孝武更加爲三層。達東西觀禮，屢表徵驗，精誠篤勵，終年無改。後不知所之。

竺法曠傳畧　《高僧傳》

竺法曠，下邳人，寓居吴興。早失二親，事後母以孝聞。家貧無蓄，常躬耕壟畔，以供色養。及母亡，出家，事沙門竺曇印爲師，迄受具戒。棲風立操，卓爾殊羣。印嘗疾病危篤，曠乃七日七夜祈誠禮懺。至第七日，忽見五色光明照印房户，印如覺有人以手振之，所苦遂愈。後辭師遠遊，廣尋經要，還止于潛青山石室。每以《法華》爲會三之旨，《無量壽》爲淨土之因，常吟咏二部，有衆則講，獨處則誦。謝安爲吴興守，故往展敬，而山棲幽阻，車不通轍。于是解駕山椒，陵峰步往。晉簡文皇帝遣堂邑太守曲安遠詔問起居，并諮以妖星，請曠爲力。曠答詔曰：「昔未景修福，妖星移次。陛下光輔已來，政刑允輯，天下任重，萬機事殷，失之毫釐，差以千里。唯當勤修德政，以塞天譴。貧道必當盡誠上答，正恐有心無力耳。」乃與弟子齋懺，有頃災滅。晉興寧中，東遊禹穴，觀矚山水。始投若耶之孤潭，欲依巖傍嶺，棲閒養志，郄超、謝慶緒並結交塵外。時東土多遇疫疾，曠既少習慈悲，兼善神咒，遂遊行村里，拯救危急。乃出邑止昌原寺，百姓疾者，多祈之致效。時沙門竺道隣，造無量壽像，曠乃率其有緣，起立大殿。晉孝武帝欽承風聞，要請出京，事風師禮，止于長干寺。元興元年卒，散騎常侍顧愷之爲作讚傳云。

建初寺瓊法師碑　陳尚書令江總

碑曰：夫智慧精進，皆曰第一；妙德淨名，並稱不二。若乃幹五欲之泥，解六情之網，禦寳車之跡，面香城之路，荷持像法，汲引人倫，惟此法師心力備矣。東山北山之部，貫花散花之句，並編柳成簡，題蒲就業，學非全朔，無待冬書。師夢尹儒，自知秋駕。銘曰：屑屑人世，茫茫大千。欲流心火，意樹身田。老驚靈籥，孔惜逝川。三空莫辯，二諦何詮？佛日初照，慈雲不偏。秋露寂滅，莫繫悠然。

釋明徹傳畧　《高僧傳》

釋明徹務學，功不棄日。嘗與同學數輩住師後房，房本朽故，忽遭飄風吹屋，欹斜欲倒。衆皆走，徹習業如故。會稽孔廣聞之，歎曰：「孺子風素殊佳，當成名器。」齊永明十年，竟陵王請沙門僧祐三吳講律，中塗相遇，徹因從祐受學《十誦》。隨出楊都，住建初寺。自謂律爲繩墨，憲章儀體，仍遍研四部，校其興廢，當時律辨，莫有能折。齊太傅蕭穎深相欽屬，及領荆州，携遊七澤，請于内第開講《淨名》。天監初，始返都邑。武帝欽待，不次長召進内殿。家僧資給，歲序無爽。帝欲撮聚律要，未年勑入華林園，專功抄撰。每侍御筵，對揚奥密。皇儲賞接，特加恒禮。故使二宫周供，寒暑優洽。鳩聚將成，忽遭沉疾，移還本寺，皇心載軫。臨没，表曰：因果深明，倚伏寄進。明徹雖復愚短，忝窺至籍。將謝之間，豈復遺悋？但知恩知慶，輒欲言之。徹本東荒賤民，微有善識，得厠釋門。契闊少年，綢繆玄覺。雖未能體道，微得善性。運來不輟，遇會昌時。遂親奉御筵，提携法席。且仁且訓，備沐恩獎。恒願舒展丹誠，奉揚慈化，豈意報窮，便歸塵土。仰戀聖世，何可興言？特願陛下永劫永住，益蔭無涯，具足莊嚴，道場訓物，天垂海外，同爲淨土。勝果遐流，雍容遠集。明徹以奉值之慶，論道之善，脱億代還生，猶冀奉覲。惟生惟死，俱希濟拔。臨盡之間，忽忽如夢。雖欲申心，心何肯盡？不勝悲哀之誠，謹遺表以聞勑答：省疏增其憂耿。人誰不病，何以遽終？法師至性堅明，道行紀備，往來淨土，去留安養，方除四魔，理無五畏，唯應正念諸佛不捨，大願與般若相應，直至種智發菩提心，彼我相攝，方結來緣，敬如所及。菩薩行業，非千百年。善恩至理，勿起亂想。覽筆悽懑，不復多云。帝因就寺爲設三百僧會，令徹懺悔。自運神筆，製懺願文。事竟，遂卒。時普通三年十二月七日也。

釋僧祐傳畧　《高僧傳》

釋僧祐，其先彭城下邳人，父世居于建業。祐年數歲，入建初寺禮拜。因踴躍樂道，不肯還家。師事僧範道人。年十四，家人密爲訪婚。祐知而避至定林，投法達法師。達亦戒德精嚴，爲法門梁棟。

祐竭思鑽求，無懈昏曉，遂大精律部，有邁先哲。永明中，勅入吴，試簡五衆，并宣講《十誦》，更伸受戒之法。凡獲信施，悉以治定林、建初，及修繕諸寺。祐爲性巧思，能自准心計，及匠人依標，尺寸無爽。故光宅、攝山大像，剡縣石佛等，並請祐經始，准畫儀則。今上深相禮遇，凡僧事碩疑，皆勅就審決。以天監十七年五月二十六日卒于建初寺。東莞劉勰製文。初，祐集經藏既成，使人抄撰要事，爲《三藏記》、《法苑記》、《世界記》、《釋迦譜》及《弘明集》等，皆行于世。

南洲洽法師誌畧　明大學士楊士奇

洪熙元年八月十八日，上御便殿，召右善世溥洽入見，慰勞甚至，遂奏乞還南京大報恩寺以終老，從之，賜佛像、經、鈔若干緡，給驛舟，命中官護送。既至，明年爲宣德元年七月二十有八日，微疾，留偈云：「清淨自在中，還得如是住。一切大安樂，清淨自在住。」遂化。師諱溥洽，字南洲，世居會稽之山陰。于郡之普濟寺受具戒，太祖皇帝聞其賢，召爲僧録司右講經，玉音褒諭，有通東魯之書，博西來之意之語，蓋知之爲深。居長干西丈室三年，命兼主天禧。四方學者歸嚮益盛，接踵户外。又三年，陞右闡教，遂陞左善世。太宗皇帝舉義師，道衍公有輔翼居守功。上即位，召衍至自北京，命主教事。師以左善世遷衍，而已居右，上嘉從之。永樂四年，詔修天禧寺浮圖。落成之日，車駕臨幸，命師慶贊，祥光煒煜，萬衆聚觀，天顔愉懌。時有任覺義者，忌師之寵，搆詞間之，左遷右覺義。疏斥，師不辯，自處裕如。既而，上察其心，復右善世。仁宗皇帝臨御，以老宿數被召問，禮遇特厚，命居慶壽寺松陰精舍以自佚，而賜賚屢加。有日供畦蔬者，一日，師勞之曰：「勤爾久矣，更用盡七月。」至是果驗。師所著有

《金剛經註解附録》二卷，應制及與名人倡和詩若干卷。國家建法會，一切科儀文字，皆師定，以貽範于後。又近記：溥洽，洪武初薦高僧入京，歷陞左善世。靖難兵起，金川門開，爲建文君削髮。長陵即位，微聞其事，因南洲十餘年。榮國公疾革，長陵遣人問所欲言，言願釋溥洽。長陵從之，釋其獄。時白髮長數寸，覆額矣。

永隆禪師誌畧因用遺香祈雨本寺，附此　明太子少師吴郡姚廣孝

師諱永隆，姑蘇施氏子。在繦褓，即不茹葷血，逾冠，出家尹山崇福寺。洪武甲子，試經，給祠部度牒，受具戒。二十五年壬申，朝廷度僧，師引其徒赴京師試經，請給度牒。時沙彌三千餘人，其中多有不能記經，欲冒請者。于是上怒，送錦衣衛，皆籍爲軍。師慈憫無可救，二月二十四日，諸奉天門奏聞，欲焚身以求免。上允。二十五日，勑内臣以武士嚴衛其龕。至雨花臺，師出龕，望闕拜辭，入龕，索稽書偈曰：「三十三年一幻身，洞然性火見全真。大明佛法興隆日，永祝皇圖億萬春。」又取香一瓣，書「風調雨順」四字，語内臣曰：「煩奏上，遇旱以此香祈雨，必驗。」須臾，秉炬自焚，烟燄凌空，異香撲人，羣鶴飛翔千龕頂。良久，火餘，斂舍利無算。二十七日，上以三千餘人悉宥罪，給與度牒。時大旱，上召僧録司官，迎師所遺之香，到天禧寺率衆祈雨，以三日爲期。至夜，即降大雨。上喜而謂羣臣曰：「此真永隆雨。」于是御製《落魄僧》詩以彰之。

詩

遊長干寺　宋王安石

梵館清閑側布金，小塘回曲翠文深。柳條不動千絲直，荷葉相依萬蓋陰。漠漠岑雲相上下，翩翩沙鳥自浮沉。羈人樂此忘歸志，忍向西風學越吟。

長干釋普濟坐化　宋王安石

投老唯公最故人，相尋長恨隅城闉。百年俯仰隨薪盡，畫手空傳淨戒身。

詠天禧寺竹　宋蘇頌

萬箇碧琅玕，兩傍蔭潭沼。叢深蔽巖麓，幹直露雲表。刹影下交加，山房上環繞。昔嘗止鳴凰，今肯棲凡鳥。笋抽龍種瘦，籜墜孫枝小。美勝會稽箭，珍逾汶陽篠。兔園名非奇，渭川比終少。樵删草根變，客玩茶烟燎。創亭僧意高，諭佛禪心了。吾愛有霜竹，一到忘昏曉。

三藏塔　宋蘇頌

凡劫半依山，經營昔甚艱。周遭嚴佛宇，直上俯天關。登陟緣梯險，淹留布坐慳。椽楹亦塗附，欞檻遍朱殷。白日分明到，青雲咫尺攀。龍潭斜影落，鳥翼怯飛還。基趾從吴晋，聲多動朔蠻。燈然時照耀，梵唱每循環。往事稠重問，前朝指顧間。誰知息心處，香火老僧閑。

遊報恩寺 明李東陽

古磴穿雲到石窻，樓臺四面隱旌幢。北臨廣路斜通郭，西隔平原俯見江。萬里乾坤蹤跡罕，百年風雨鬢毛雙。向來作賦軀全瘦，獨有凌雲意未降。

報恩寺塔歌 明王世貞

壯哉窣堵波，直上三百尺。金輪撑高空，欲開曉日赤。浮雲遏不度，穿泉下無極。鍾山頡頏一片紫，餘嶺參差萬重碧。高帝定鼎東南垂，文孫潛啓燕王師。燕師百萬斬關入，廟社不改天樞移。六軍大酺萬姓悲，欲向罔極酬恩私。阿育王家佛舍利，散入支那有深意。中夜牟尼吐光怪，清晝琉璃映纖碎。帝令攝之置塔中，寳瓶嚴供蜀錦蒙。諸天悉憑龍象擁，千佛趺坐蓮花同。匠師琢石細于縷，自云得法忉利宫。亦知秋毫盡民力，謬謂斤斧皆神工。波旬氣雄佛緣盡，紺宇雕闌銷一瞬。烏翎頷爛走不得，韋猷心折甘同燼。海東賈客莫浪傳，此塔至今猶巋然。老僧尚誇護法力，永寧同泰能幾年。

《欽録集》中相關内容

永樂元年

九月二十九日午時，本司官左善世道衍，一同工部侍郎金忠、錦衣衛指揮趙曦于武英殿題奏：「天禧寺藏經板有人來印的，合無要他出些施利？」奉聖旨：「問他取些個。欽此。」

永樂五年

二月初六日，文武等官奉天門早朝奏准。奉聖旨：「着落禮部知道，重新出榜曉諭該行脚僧道持齋受戒，恁他結壇説法。有人阻，當發口外爲民。欽此。」

永樂十一年

七月十七日，工部尚書吴中于奉天門早朝欽奉聖旨：「如今京城起蓋大報恩寺，那軍夫人匠，每好生用心出氣力，勤緊（謹）做工程，我心裏十分喜歡。恁部家便出榜去，分豁等第賞他，仍免他家下差撥。欽此。」本部今將欽定事例荷榜前去，仰欽遵施行。須至榜者：　軍夫、人匠做工一年以上，始終不曾離役者。每名賞鈔十錠，賞布二匹，夫匠免户下雜差役，旗軍免餘丁差撥二年；做工半年以上，始終不曾離役者，每名賞鈔八錠，賞布一匹，夫匠免户下雜撥差役，旗軍免餘丁差泛各一名；做工三月以上，始終不曾離役者，每名賞鈔五錠，夫匠免户下餘丁雜泛差役，軍免餘丁差撥各半年； 做工中間曾離役一次，復自來上工者，再計其上工月日，或有一年以上，或半年以上，或三月以上，俱照前例給賞優免； 做工中間曾離役二次以上者，不賞，不免差撥； 有做本名下工程已了，再情愿出力做工者，賞鈔二十錠，賞布四匹，免其差撥三年；一爲事軍民官吏人等，上工始終不逃者，原犯笞杖罪名，蓋寺滿日，官吏復其職役，軍還原伍，民發寧家； 原犯徒流罪名，蓋寺滿日，軍官復其原職，民官降等序用，吏役人等差役寧家； 原犯死罪者，蓋寺完日，俱宥其死。 右榜諭衆通知。

永樂十七年

二月十三日朝見，十五日早于奉天門奏進《註解法華經》一部，佛像一軸。 欽奉聖旨：「收了。欽此。」

二月二十八日，宣僧録司右善世道成與一如、思擴于西紅門當蒙頒賜：一如佛像二軸，佛骨五塊，鈔一千貫，諸佛菩薩名稱歌曲大小三本； 道成佛一軸，思擴佛一軸，大小歌曲各三本。當即入見。 欽奉聖旨：「恁一如、思擴爲朕編類《禪宗語録》來看。 欽此。」當即題奏：「中間合無去取？」奉聖旨：「祖師説的都是佛法，不要去取。 欽此。」

三月初三日，宣道成、一如等八人于西紅門欽奉聖旨：「將藏經好生校勘明白，重要刊板，經面用湖水褐素綾。」當口題奏：「合無用花綾？」奉聖旨：「用八吉祥綾。」當又欽奉聖旨：「每一面行數、字數，合是多少？」當口題奏：「五行六行的皆用十七字，今合無只用十七字？」欽奉聖旨：「寫來看。欽此。」

三月初五日道成等于西紅門口題奏：「慶壽寺舊藏經不全，聞彰德府有，合無差人去取來與新經校正？」奉聖旨：「着禮部差人去取。欽此。」

三月初七日，傳旨：「要寫經樣看，當將侍讀學士沈寫五行十七字呈看。」初九日，道成等八人將寫的五行十七字，六行十七字經板于西華門進呈。奉聖旨：「用五行十七字的。欽此。」

四月二十九日，傳旨：「外面何處有舊藏經？再要取一藏來。欽此。」五月初五日早，一如、慧進于奉天門内題奏：「奉旨要取舊藏經，近日取來的僧法湧説蘇州承天寺有舊經一藏，合無去取？」奉聖旨：「差人去取，就着説的僧同去。欽此。」

五月初七日，禮部尚書吕震于奉天門口奏：「各處取到僧人八十九名，見在慶壽寺打點書籍。合無于内選兩個能事僧人，把總提督？」奉聖旨：「是。着一如、菴進、法主總調。欽此。」

五月十九日，禮部尚書吕震傳旨：「着一如、菴進，法主來見。」二十日、二十一日于西華門聽候。二十一日，内官姜傳聖旨：「明日二十二日是好日，着他來。」欽依于本月二十二日，一如、慧進于内用作門裏。奉聖旨：「你兩個做僧官，校藏經，再尋一人。欽此。」當又口奏：「外面人少，有能義見在慶壽寺，病將好了。」奉旨：「明早着午門上來。欽此。」二十三日早于奉天門欽授行在僧録司右覺義職就呈看經樣。當又欽奉聖旨：「能義病好時，着他到經筵去管事。欽此。」

六月十五日于西華門進呈禪語式樣，口題：「有等始自世尊拈花，終至中峰廣録機緣，語句照依年代次第編集，各分門類。如近代禪宗編的《禪宗類聚》，合無依那等編修？」奉聖旨：「只依《禪類聚》去編。」當奏：「其中或有但言事蹟，不涉機緣語句，合無如何？」奉聖旨：「都編着。」當又口題：「佛祖語下，後來禪宗諸師多有拈頌，只恐煩雜，合無去取？」奉聖旨：「不要去。」又題：「《禪林類聚》門該一百零二條，臣恐煩碎，如錫杖、鞋履等編入器用等門，併作二十八條。請旨定奪。」奉聖旨：「只依他。」當又題：「見修藏經，臣僧等共計一百二十名，已校過一番了，只今各僧互相校對，欲就七月初將《般若》、《華嚴》等經差訛少者先寫起。」奉聖旨：「如今天道熱，待七月半後。欽此。」

七月初九日，一如同思擴于御用作門裏呈看僧人子謨等六十四人所寫字樣。奉聖旨：「好。」當題：「後面有幾僧還欠寫。」奉聖旨：「只就今日好日，揀好的寫。」又題：「唐太宗刊的藏經，前面有御製《三藏聖教序》，今聖朝重刊，合無亦用序文？」奉聖旨：「不要。」又題：「藏經裏面各品上多有安經題，蘇州取來舊經品目上皆無經題。」奉聖旨：「不要如《論語》各篇目上有『論語』二字。」來又題：「且如《法華經》，世間讀誦者多，品目上亦有經。」奉聖旨：「也不要。欽此。」

九月十二日，一如等題奏：「藏經目録裏面前是經律論，後是各宗祖師文字，聖朝所編的佛名經與名稱、歌曲、神僧傳，目録内合無編寫在經律論後，諸宗文字之前？」奉聖旨：「安在後，只要有朕名時便了。」又奏：「太祖高皇帝有御製《心經序》，聖朝詣呪前亦各有序，合無于各經前都寫上？」奉聖旨：「太祖皇帝于佛法上多用心，都寫上。」又奏：「累朝如唐太宗、宋太宗等，經前多有序文，合無寫上？」奉聖旨：「都寫上。欽此。」

十一月初七日，賜紵絲綿直裰、偏衫、中袖各一領，衆僧改機、直掇等皆用綿，亦各三領。次日傳旨：「免謝，恩着衆僧用心看寫藏經。欽此。」

永樂十八年

正月十六日，入内觀燈宴。十七日早，宣一如菴、進法主，思擴未至。二人于西紅門見著，看師子畢。敕問藏經校得好了。當奏云：「已七番校過，好了。」奉旨云：「上緊用心。」又令内官尚將《折桂令》、《醉太平》、《雁兒落》三曲來看。奉旨：「你看，不要管他腔調，只看中間字義如何？」又敕問：「你夜來看燈。」來奏云：「曾看。」有旨云：「着人尋你，如何不見？」奏云：「在後面有。」又奉旨云：「不曾擠了麽？」奏云：「不曾。」又奉旨云：「與燒餅各五十齋了去。欽此。」

三月初六日午，宣入同、進、擴，袁、仁二道士，五人道官于西紅門，賜坐。奉聖旨：「這尼姑無禮，稱『唐菩薩』，見着去拿了。故着你每人來説，與你每知道。」又奉旨：「道家的經好生紕繆，且老子稱淨樂國王在于何時？」袁對云：「無年代。」又奉旨：「你每校證的藏經好麽？」奏曰：「已經多番校過，好了。」又奉旨：「且如有報恩重經等，不是佛説的，休入藏裏。」奏曰：「止如分數珠經血盆高王經等，皆非佛説，不可入藏。」又右講經琮奏曰：「道家有《太上實録》謗佛。」奉旨：「向年間着收來，還也不曾？這劉淵然該殺的。」有道士袁奏曰：「《太上實録》多有好言語在内。」奉聖旨：「我敬佛，他謗佛，留了我心不喜。欽此。」

三月初七日，頒御製經序十三篇，佛菩薩讃跋十二篇，寫各經之首。

七月十八日早，一如等于奉天門口題：「夢感功德經南京藏内已入『大』字函，今合無就聖明諸佛名經等編入後面？」奉聖旨：「荒唐之言，不要入。」如當又題奏：「昔日太祖皇帝取到各處高僧，命如玘、宗泐等註解《心經》、《金剛》、《楞伽》三經，頒行天下。内有太祖皇帝御製序文，合無寫入藏刊板？」奉聖旨：「寫入。」又題：「聖朝佛菩薩名稱、歌曲作五十卷，佛名經作三十卷，神僧作九卷，即目見寫。」

奉聖旨：「是，好。」又奉旨問：「藏經内字寫得好麽？」奏云：「得那兩個提調的中書好生用心，終日不停手，但是字有大小不均，偏邪不正的，一一皆令换過，以此寫得十分好。」又奉聖旨問：「經板着幾時刊？」奏云：「看工匠多少。」又奉聖旨：「着二千五百，一年了得麽？」不敢對。又奉聖旨：「經板刊後，留在何處？」亦不敢對。當奉聖旨：「明日安一藏這裏，安一藏南京。」又奉聖旨：「石上也刻一藏，大石洞藏着。向後木的壞了，有石的在。」又奉聖旨：「這裏蓋兩個大寺，如今僧内取來的有聰慧的選下些，明日起大寺了，着他在這裏住。」當奏云：「僧裏面只是老的多了。」又奉聖旨：「有病的着他回去，又如今寫經的都念經。」奉聖旨：「也難遇着他念經。」當又欽奉聖旨：「寫經的寫經，也要辦我的事。欽此。」

七月二十七日午，宣聞禄天裔于西紅門，見奉聖旨，勉力修行。一如奏云：「且一心了藏經。」奉聖旨：「了藏經了，過一二年，着人替你，你修行。欽此。」賜七佛偈，兼賜看子昂所書者。

八月十九日，海，印、如等十二人慶壽，擴等四人入内，賜坐，就聽聖旨，問《黄和尚心經》，欽蒙賜齋而退。

十二月十八日，行在僧録司左覺義慧進等謹題：「爲謄寫藏經事，除謄見行打點查對外，今查得《聯珠頌古》等，皆係南京藏内增入。請旨，合無除去，惟復刊入。爲此，今將各件名目卷數開後，謹具題知。」

計四件，共一百四十二卷。今將作一百六十九卷。

禪宗

《聯珠頌古》二十一卷　宋淳熙年間僧法應原編。

又延祐年間僧普會續編，今淨戒重校刊入。

《古尊宿語》　宋咸淳年間僧頤藏主原編。今淨戒除去原編僧名，重校刊入。

《續傳燈録》三十六卷　不見原編，集僧名傳説，是居頂將古人所編刊入。

講宗

《佛祖統紀》四十五卷，宋景定間僧志磐撰。今管藏經僧寶成募緣刊入。十九日，傳奉欽依：「不入藏。欽此。」

永樂十九年

正月二十一日，僧録司左覺義、慧進等題：「爲謄寫大藏經事，除謄寫已完，現行打點外，恭惟聖朝校刊藏典，乃千載之希遇，臣慧進等伏請御製序文，以冠經首，增輝佛日，流傳萬古，實爲教門至幸。爲此，謹具題知。」

正月三十日，司禮監太監孟取新經五十函入内。至二月初一日晚，長隨官人來説。初二日早，令官人、秀才、和尚入内朝上，御奉天門看經。有旨：「寫得好，明日年老的好看。」又奉旨：「你刊經板了，着你每坐山去，我也結些緣。」又問：「板就那裏刊好？」不敢對。有旨：「就寺裏刊好。」慧進云：「前後是水好。」一如奏云：「校經寫字和尚合無着他回去，留他？」奉聖旨：「恰不留？他刊板時字有差錯，問誰？休着他去。又勅太監孟、十二布政司便去取匠人。欽此。」當賜《傳心妙訣》一本，衆僧各一本。

八月初十日，傳奉欽依：「校寫藏經的僧官、僧人，如今且着他回去。明年不來，後年來，是你教門的事。若待文書，取時不便修行的僧人，經板刊了送你，坐山供你。欽此。」

永樂二十年

九月二十四日，宣衆僧官成、進、如、朗，住持擴擇至西華門賜齋，《御讚觀音菩薩》、輪子、金剛數珠，人各三件。有旨：「着天下衆僧七日齋後，各自回去。」次日傳宣至西華門，有旨：「賜天下預會僧官、僧人輪子，次日即給散。」

十月初一日，傳旨：「着衆僧來、成、光、進、如、朗，并大住持擴、擇上御思善門，賜彌陁佛一軸，各人不定。西番文殊菩薩一軸，各人不定。」有旨：「多慎内隨意取。」

十月初六日，上御奉天門，賜僧道官，宴天下衆僧。亦在丹墀宴畢。先賜一如刻絲觀音菩薩。有旨，問云：「你道是什麽？」不敢對。上云：「我兩年擺布的文水晶數珠一串。」

宣德三年

行在僧録司近蒙行在禮部祠祭清吏司手本，奉本部連送爲度牒。宣德三年二月二十四日早，本部官于奉天門口奏：「本年二月二十四日，御用監太監孟繼、尚義等于武英門欽奉聖旨：『南京大報恩寺佛殿寶塔完了，説與禮部知道。着僧録司選行童一百名，與他度牒、常用點塔燈。欽此。』欲便欽遵施行，未敢擅便。」奉聖旨：「是。欽此。」除欽遵外，擬合連送，仰行在僧録司欽遵，各處行童内選取能通經典、有戒行者一百名送部看驗。堪中，仍取勘年籍、出家披剃等項緣由，造册申繳，以憑出給度牒，送去常用點燈。施行連送到司，合用手本，差辦事吏陳福賚捧前去。行在僧録司欽遵施行，賫捧到司。除欽遵外，今將選取堪中行童等各年籍、出家、披剃等項緣由開坐，理合備造文册，施行。須至册者。

大報恩寺起工之初，監工官、内官監太監汪福等，永康侯徐忠、工部侍郎張信，軍匠夫役十萬人奉勑按月給糧賞。

三月十一日，勑太監鄭和等：「南京大報恩寺自永樂十年十月十三日興工，至今十六年之上，尚未完備，蓋是那監工、内外官員人等，將軍夫、人匠、役使占用虚費糧賞，以致遷延年久。今特勑爾等即將未完處所，用心提督，俱限今年八月以裏都要完成。遲悮了時，那監工的都不饒。寺完之日，監工、内官、内使止留李僧崇得在寺，專管然點長明塔燈，其餘都拘入内府，該衙門辦事。故勑。欽此。」

三月十一日，勑太監尚義、鄭和、王景弘、唐觀、羅智等：「南京大報恩寺完成了，啓建告成大齋，七晝夜然點長明塔燈。特勑爾等提調修齋合用物件。着内府該衙門、該庫關支物件，造辦打發供應物料，及賞賜僧人就于天財庫支鈔；着禮部等衙門買用塔燈用香油，着供用庫按月送用。故勑。欽此。」

四月初十日鎮守襄城伯李欽奉勑書：「洪武年間，太祖皇帝原撥賜大報恩寺當江沙洲等處蘆塲，砍斫蘆柴入寺應用。比聞爲人所占，勑至即照舊與之。及寺西越王臺下有空地一段，原做木廠，如今空閑不用，就撥與大報恩寺種菜供衆。如非原舊撥賜蘆塲及空閑，仍具奏來。故勑。欽此。」

計開：

句容縣撥下新洲蘆塲貳拾伍頃；

江浦縣撥臘真洲尾貳拾頃；
浦子口巡檢司撥臘真洲壹拾柒頃。三處撥還本寺蘆塲共計陸拾貳頃。
坐落楊子大江當江沙洲通大四至：
東至布裙套高資鎮巡檢司塲；
南至絲綱港句容縣塲；
北至龍骨洲馬腰洪浦子口巡檢司塲；
西至芹菜港、孝陵。
六月十六日，御用監太監尚義于左順天门奏：「南京大報恩寺洪武年間撥賜官廊房肆拾貳間，與常住討房錢用。永樂十年，蓋寺展拆了。如今將本寺前面的廊房照數撥與他。奏知。」奉聖旨：「是。着工部兵馬司還撥與他。欽此。」
計開：
撥廊房肆拾貳間：
三百一十六號至三百五十七號，肆拾壹間，
「南」字七百八十五號壹間。每間一年房租銀叁兩陸錢。
六月十六日，御用監太監尚義于左順門奏：「南京大報恩寺已完，殿宇數多，合無存留經手人匠五十六名在寺修理？應天府撥人夫五十名，常用打掃，疏通溝渠。南城鳳臺街四舖總甲輪流巡緝，仍着原管工指揮劉勳帶管提調。奏知。」奉聖旨：「是。着該衙門撥用。欽此。」

各殿丈尺

金剛殿高三丈一尺二寸，深三丈五尺二寸五分，長七丈六尺。

左碑亭高四丈五分，深二丈一尺，長三丈三尺五寸。

右碑亭高四丈五分，深二丈一尺，長三丈三尺五寸。

天王殿高四丈六寸五分，深四丈八尺五寸，長八丈三尺五寸。

佛殿高七丈一尺五寸，深十一丈四尺三寸，長十六丈七尺五寸。

穿廊高二丈六尺，深二丈七尺二寸，長三丈二尺九寸。

遊巡廊高二丈四尺四寸六分，深三丈二尺九寸，長一丈七尺五寸。

觀音殿高四丈二尺四寸五分，深三丈六尺，長五丈九尺。

法堂高三丈八尺，深四丈六尺五寸，長八丈一尺。

御亭高三丈一尺二寸，深三丈五分，長七丈六尺。

祖師堂高二丈八尺五寸，深三丈三尺，長四丈三尺。

伽藍殿高二丈九尺，深三丈五尺五寸，長四丈六尺六寸五分。

經藏殿高四丈一尺八寸，深五丈三尺五寸，長五丈三尺五寸。

輪藏殿高四丈一尺八寸，深五丈三尺五寸，長五丈三尺五寸。

畫廊共一百一十八間，高二丈二尺六寸，深二丈四尺五寸。每間長二丈四尺五寸。

禪堂高四丈三尺五寸，深六丈四尺，長十一丈二尺。

厨房高三丈三尺四寸，深五丈六尺三寸，長十一丈九尺。

庫房高二丈八尺一寸，深五丈一尺八寸，長七丈五尺。

經房高二丈三尺五寸，深三丈五尺，長七丈二尺。兩邊房三十八間。

東方丈高二丈八尺五分，深五丈一尺八寸，長七丈五尺。

西方丈高二丈八尺五分，深五丈一尺八寸，長七丈五尺。

三藏殿高二丈六尺五寸，深四丈三尺，長丈五尺。

寶塔丈尺

寶塔一座，九層，通高地面至寶珠頂二十四丈六尺一寸九分；地面覆蓮盆，口高二十丈六寸。

寶塔并各殿香燭燈油數、寶塔點燈用油數

每一層十六盞，每一盞該油陸兩肆錢，每一層見一日該油陸斤陸兩肆錢，八層共油伍拾壹斤叁兩貳錢，月大該油壹千伍百拾叁斤，月小該油壹千肆百捌拾壹斤壹拾貳兩捌錢。

紅臘燭，叁斤重拾貳枝，計陸對；壹斤重拾陸枝，計捌對；捌兩重貳拾肆枝，計拾貳對。

香油，月大用貳千貳百肆拾陸斤肆兩，月小用貳千壹百斤。

佛殿并兩廊等處，月大用叁百拾伍斤，月小用叁百肆斤捌兩。

塔上點燈用，月大用壹千玖百叁拾壹斤肆兩，月小用壹千捌百陸拾陸斤拾肆兩，燈草壹斤叁兩叁錢壹分。

告示點燈僧人

仰輪班點燈僧，行各依牌次該點燈日期，一一親身早赴斜廊門下候領官油。上塔務要各層燈盞添注平滿，燈心照舊根數，不許奸計省尅。每于申未時分，該班會同上塔添油、剔燈，各要明亮，毋得早晚昏炮蒙昧。仍令該班班頭逐層點視，遇有此等，報知，次日決責。至若輪班已滿之日，各層掃抹乾淨，器皿見數交替代過。每月上下打掃刮抹燈盞油盤等處，巡有燈窻蝌殼損壞處所，即着該修補，毋致延礙日久，遞相支吾，臨期決不容，辦倍罰修理。自今之後，務要遵守常規，不失。如有仍前奸計疎慢蹈犯不遵者，各照該班挨名究治。

六月二十日早，御用監太監尚義遞出揭帖，開于左順門，奏南京大報恩寺預會誦經行童金勝保一千一十三名，告要關給度牒。奉聖旨：「着禮部南京關與他度牒，就着在那裏各寺住坐誦經。欽此。」

各寺租額條例・報恩寺常住

戴子莊

丈過實在田地、塘蕩，共伍千捌百伍拾玖畝柒分叁厘。坐落上元縣長寧鄉麒麟門外，對江相連壹塊，其田多係膏腴。惟黑魚蕩、大圩貳處間有低窪，離寺水路壹百捌拾里，陸路玖拾里，渡江至洲拾里。

夏租銀共壹百伍拾伍兩肆錢捌分肆厘。每兩外加耗銀叁分。

冬租米共壹千伍百肆拾貳石陸斗叁升。每石外加脚耗米壹斗。

田肆千壹百壹拾畝玖分柒厘。

夏租銀每畝叁分。共銀壹百貳拾叁兩叁錢貳分玖厘。

冬租米每畝叁斗。共米壹千貳百叁拾叁石貳斗玖升壹合。

上蕩田肆百玖拾玖畝叁分肆厘。

夏租銀每畝貳分伍厘。共銀壹拾貳兩肆錢捌分叁厘。

冬租米每畝貳斗伍升。共米壹百貳拾肆石捌斗叁升伍合。

下蕩田圩灘貳百伍拾柒畝捌分肆厘。

夏租銀每畝壹分。共銀貳兩伍錢柒分捌厘。

冬租米每畝壹斗。共米貳拾伍石柒斗捌升肆合。

地柒百伍拾陸畝玖分貳厘。

夏租銀每畝貳分。共銀壹拾伍兩壹錢叁分捌厘。

冬租米每畝貳斗。共米壹百伍拾壹石叁斗捌升肆合。

塘柒拾叁畝叁分陸厘。

冬租米每畝壹斗。共米柒石叁斗叁升陸合。

草地叁拾貳畝陸分。

夏租銀每畝陸分。共銀壹兩玖錢伍分陸厘。

溝埂划場壹百貳拾捌畝柒分，免科。

蘆課，無。

本莊盤費：

銀共貳拾玖兩陸錢。

一、夏季用銀壹拾肆兩捌錢。正副管莊僧連帶跟，每日工食及費用銀壹錢捌分。夏季限貳個月，該銀壹拾兩捌錢。甲首貳名，工食銀肆兩。冬季同。

一、冬季用銀壹拾肆兩捌錢。船家飯食在内，俱夏租銀内扣用。

以上除盤費外實上寺：

夏租銀騰真莊盤費不足用，本莊代給銀壹拾兩玖錢捌分。淨銀壹百壹拾肆兩玖錢肆厘。

冬租米壹千伍百肆拾貳石陸斗叁升。

騰真莊

丈過實在田地、塘溝，共叁千捌拾柒畝柒分肆厘。坐落與戴子莊相連壹塊。

夏租銀共壹百玖拾陸兩伍錢柒分柒厘。每兩外加耗銀叁分。

冬租米共伍百貳拾肆石陸斗玖升伍合。每石外加脚耗米壹斗。

田貳千叁百壹拾捌畝玖厘。

夏租銀每畝柒分。共銀壹百陸拾貳兩貳錢陸分陸厘。

冬租米每畝貳斗。共米肆百陸拾叁石陸斗壹升捌合。

地叁百玖拾畝貳厘。

夏租銀每畝肆分。共銀壹拾伍兩陸錢。

冬租米每畝壹斗伍升。共米伍拾捌石伍斗叁合。

塘貳拾伍畝柒分肆厘。

冬租米每畝壹斗。共米貳石伍斗柒升肆合。

蘆地貳百叁拾叁畝捌分玖厘。
夏租銀每畝捌分。共銀壹拾捌兩柒錢壹分壹厘。
溝埂划塲泥灘壹百貳拾畝，免科。
蘆課。騰真洲、騰真畔洲、新生洲共叁票。
銀共壹百捌拾伍兩伍錢伍分柒厘。
一、正銀壹百陸拾捌兩陸錢捌分玖厘，加耗并使費銀壹拾陸兩捌錢陸分捌厘。
本莊盤費：
銀共貳拾貳兩。本莊除納蘆課外，止餘銀壹拾壹兩貳分。尚欠銀壹拾兩玖錢捌分，于戴子莊借用。
一、夏季用銀壹拾壹兩。正副管莊僧連帶跟，每日工食及費用銀壹錢伍分。夏季限貳個月，該銀玖兩，甲首壹名，工食銀貳兩。冬季同。
一、冬季用銀壹拾壹兩。船家飯食在内。
以上除官課盤費外實上寺。
夏租銀無。
冬租米伍百貳拾肆石陸斗玖升伍合。

附舊卷撥還報恩寺蘆洲帖文

僧録司爲禮儀事。近奉禮部劄付，准户部咨，承准中軍都督府照會，准鎮守南京襄城伯李咨，准本府咨該户部咨，承准本府照會、准本府爵咨，委官指揮同知徐仲善呈，及准户部咨，呈該差辦事官龍克嵩，與同本寺僧善相前去踏勘前項蘆塲及空地緣由，移咨户部，欽遵施行。照會到部，不見開到緣由，難以施行。照會到部，咨呈該府定奪，希報備呈。查得先同户部欽奉勅書，欽遵各委官員踏勘，得前項蘆塲及空地緣田，轉行户部，欽遵施行。照會到部，左侍郎郝咨。宣德叁年肆月初拾日，同鎮守南京襄城伯李節該欽奉勅書：「洪武年間，太祖皇帝原撥賜大報恩寺當江沙洲蘆塲等處，砍斫蘆柴入寺應用。比聞爲人所占，勅至即照舊與之。及寺西邊越王臺下有空地一段，原做木廠，如今空閑不用，就撥與大報恩寺種菜供衆。如非原舊撥賜蘆洲，及非空閑之地，仍具奏來聞。故勅。欽此。」欽遵行，咨工部，咨開：洪武年間，本部定擬本寺歲撥蘆柴叁萬陸千束，移咨爲無開到蘆塲原由，行准禮部咨，備僧録司申。據大報恩寺管事僧善相呈，查得洪武貳拾年伍月貳拾陸日，鞍轡局大使黄立恭等于大庖西等處，節該欽奉太祖皇帝聖旨：「當江沙洲蘆塲與天禧寺砍柴供衆。」欽遵開差辦事官龍克嵩，同鎮守南京襄城伯李差指揮同知徐仲善、應天府委官陰陽學正術薛仲得等，同本寺僧善相，指引到當江沙洲、戴子洲前項蘆塲踏勘。得除高資鎮巡檢司等衙門照舊採辦官用外，餘有陸拾貳頃餘畝，及寺西邊越王臺下有地一段空閑。據呈。欽遵將前項蘆塲空地撥與本寺砍柴種菜供衆已。鎮守南京襄城伯李行該府，將原奉勅書奏繳外，合咨該部頒行僧録司，轉行該寺，欽遵施行。准此。查得先准户部咨爲前事，據僧録司申，已經備行去後。今准前因，合行本司該寺欽遵施行。奉此。案照先于前事，已行備申去後，今奉前因，擬合就行。爲此文書到日，仰寺欽遵，知會施行。須至帖者。右帖下大報恩寺。准此。宣德叁年陸月貳拾捌日帖。

寺前房地

號房肆拾貳間半：夏租銀每間柒錢貳分，共銀叁拾兩陸錢。冬租銀每間柒錢貳分，共銀叁拾兩陸錢。

浴堂房壹所。每年租銀貳拾貳兩，内除衆僧洗浴銀柒兩。夏租銀每年柒兩伍錢。冬租銀每年柒兩伍錢。

菜地伍拾肆畝伍分壹厘：夏租銀每畝貳錢貳分伍厘，共銀壹拾貳兩貳錢陸分肆厘。冬租銀每畝貳錢貳分伍厘。共銀壹拾貳兩貳錢陸分肆厘。

基地壹塊。夏租銀壹錢，冬租銀壹錢。實上寺：夏租銀共伍拾兩肆錢陸分肆厘，冬租銀共伍拾兩肆錢陸分肆厘。

附舊卷撥賜報恩寺廊房帖文

行在工部爲廊房事。宣德叁年陸月貳拾日，該主事任禮于内府賫出白紙帖，開本月貳拾陸日，御用監太監尚義于左順門奏：「南京大報恩寺洪武年間撥賜官廊房肆拾貳間，與常住討房錢用，永樂拾年蓋寺殿開拆了。如今合無將本寺前面的廊房照數撥與他？奏知。」奉聖旨：「工部兵馬司還撥與他。欽此。」揭帖開數，傳奉到部，除欽遵外，欲行工部查照明白，轉行該城兵馬司，將前項廊房照數撥與本寺。常住討房錢用，原奉傳奏事理，未敢擅便。宣德叁年陸月貳拾陸日早，本部官于右順門題奏。奉聖旨：「是。欽此。」欽遵合行。移咨該部，及行該城兵馬指揮司，照依奏奉欽依内事理，欽遵施行。須至咨者。計撥廊房肆拾貳間：「南」字叁百拾陸號，至叁百伍拾柒號，肆拾壹間；「南」字柒百捌拾伍號，壹間。每間壹年房租銀叁兩陸錢。差辦事官李信賫捧。右咨工部。宣德叁年陸月貳拾柒日對同都吏賈晶。

報恩寺禪堂

藏經板壹副，貯本寺藏經殿内。

印經壹藏，板頭銀壹拾貳兩。每年約貳拾藏，銀貳百肆拾兩。

印四經壹部，板頭銀壹兩捌錢。每年約貳拾部，銀叁拾陸兩。

印襍號壹函，板頭銀貳分。每年約肆兩。

實上堂：每年銀約貳百捌拾兩。

寺内池地

放生池壹口。聽人放生，不許取利。

菜地貳大條。本堂自種供衆，無租。

新卷本部查復放生池菜地劄付

南京禮部爲議復勅建寺蹟事。祠祭清吏司案呈，奉本部送准南京内守備廳揭帖，内開准南京禮部手本前事。查報恩寺放生池壹口，臨池地貳條，并庫司小房叁間緣由等因。准此。隨行司禮監，查得放生池壹口，臨池地貳條。先年池内淤填，地上抛荒。有提調官張潤挑挖開墾，召人佃種，歲取租錢。後故，退與奉御張喜。仍查庫司小房叁間，向係奉御侯朝居住，果屬空閑。今各官將前項池地房屋退入本寺，其所議糧米，願輸常住公費，回報前來。看得前項情由，雖謂用過工本，佃種多年，但係寺中之蹟。其池塘照舊爲放生之壑，房屋聽憑修理，所議糧米拾石貯收，稍助僧衆之需，擬合回覆緣由到部送司。准此。案照先爲前事，已經移文内廠，行令退還去後。今准前因，看得放生池雖經退還，如看守不得其人，恐後又復湮没。今責委本寺禪堂僧管理池塘，仍舊放生，不許網魚取利，菜地即與禪堂種菜供衆，房叁間仍歸常住公用，租米不必給與，以成内監退讓之美。合給劄刻碑，永遠遵照。又經稟堂，奉批：准給劄鐫碑，永遠遵守。奉此。案呈到部，擬合就行。爲此劄仰該寺官住併禪堂主僧照劄事理，前池責，委禪堂管理，照舊放生，不許網魚取利。臨池地貳條，亦入禪堂種菜供衆，其庫司房叁間，仍歸常住。永遠遵照施行，俱母違錯。一劄付報恩寺官住併禪堂主僧收執。萬曆叁拾伍年肆月初肆日。

各寺公費條例·報恩寺

報恩寺常住人數

戴子莊。夏租銀壹百壹拾肆兩玖錢肆厘，冬租米壹千伍百肆拾貳石陸斗叁升。

臘真莊。冬租米伍百貳拾肆石肆斗玖升伍合。

寺前房地。夏租銀伍拾兩肆錢陸分肆厘，冬租銀伍拾兩肆錢陸分肆厘。

以上夏租銀通共壹百陸拾伍兩叁錢陸分捌厘，冬租銀通共伍拾兩肆錢陸分肆厘，冬租米通共貳千陸拾柒石壹斗貳升伍合。

禪堂入數。放生池邊地貳大條，自種供菜。

藏經板頭。每藏壹拾貳兩，每年約銀貳百肆拾兩。又四經，每年約銀叁拾陸兩，襍號約銀肆兩。目今每藏捌兩刻經，止肆兩贍衆。

以上約銀貳百捌拾兩。目今除刻經，止約銀壹百貳拾兩。

常住出數

殿堂焚修公費，共銀肆拾玖兩捌錢。夏季存貳拾玖兩肆錢，冬季存貳拾兩肆錢。

一、塔上燈油，内府送用。月大壹千玖百叁拾壹斤肆兩，月小壹千捌百陸拾陸斤壹拾肆兩，燈共壹百肆拾陸盞，晝夜長明，每日該油陸拾肆斤肆兩零。

一、大禪殿香燭燈油銀陸兩。每月銀伍錢外，月支内府油伍斤。

一、各殿香燭燈油銀肆兩捌錢。後禪殿伽藍殿每處每月各銀壹錢伍分，塔殿每月壹錢，止辦香燭，其燈油係内府供。

一、每初貳、拾陸伽藍齋供銀陸兩。每次貳錢伍分。

一、新正、禮千佛、壹月茶點銀叁兩。冬季預存。

一、清明、中元祀祖銀貳兩。

一、如來降誕、成道齋供銀貳兩。
一、伍月圓覺會、壹月茶點銀叁兩。冬季預存。
一、萬壽千秋齋供銀拾兩。夏季預存。
一、年節齋供銀伍兩。夏季預存。
一、殿堂揭蓋銀捌兩。
常住事務公費，共銀叁拾玖兩。夏季存壹拾玖兩伍錢，冬季存壹拾玖兩伍錢。
一、紙劄筆墨銀叁兩。
一、常住茶銀肆兩。
一、公務襍費銀拾陸兩。科舉年加銀叁兩。
一、常住小費銀拾兩，一寺前施茶銀陸兩。
官住教學等俸糧，共銀玖拾捌兩，俱夏季給。米壹百貳拾肆石。俱冬季給。
一、内監米共肆拾石。提督壹員，拾石；司香伍員，每員陸石。員數或有多寡，米無增減。
一、僧官壹員，銀貳拾肆兩，米叁拾陸石。
一、大住持貳名，共銀叁拾貳兩，米肆拾捌石。
一、教學僧貳名，共銀叁拾兩。
一、門庫夫皂叁名，共銀拾貳兩。
通經執事口糧、共僧糧伍拾分，共米壹百柒拾伍石。俱冬季給。

一、通經優給僧拾名。每名加僧糧貳分。

一、前堂僧肆名。每名加僧糧壹分。內壹名係祝白前堂。

一、維那僧叁名。每名加僧糧壹分。

一、書記僧貳名。每名加僧糧貳分。

一、管事僧貳名。每名加僧糧壹分。

一、直庫僧貳名。每名加僧糧壹分。

一、直日僧肆名。每名加僧糧壹分。

一、管殿僧貳名。每名加僧糧壹分。

一、管塔僧壹名。加僧糧壹分，即修塔僧。

一、堂司僧貳名。每名加僧糧壹分。

一、淨髮僧貳名。每名加僧糧壹分。

一、施茶僧貳名。每名加僧糧壹分。

一、音樂僧貳拾，衆作貳名。每名加僧糧壹分。

一、管莊管洲僧。各莊俱有耗銀、耗米，常住不必再給。

衆僧口糧，共米壹千柒百伍拾石。俱冬季給。

一、牒僧叁百伍拾名，每名米叁石伍斗，銀無。

一、學僧壹百伍拾名，每名米叁石伍斗，銀無。

以上夏租銀，用過壹百肆拾陸兩玖錢。科舉年加銀叁兩。

餘剩壹拾玖兩肆錢陸分。科舉年除銀叁兩。

冬租銀，用過叁拾玖兩玖錢。餘剩壹拾兩零伍錢陸分肆厘。

冬租米，用過貳千肆拾玖石。餘剩壹拾捌石壹斗貳升伍合。凡餘剩銀米年終開報，儘數爲修理殿堂之用。

禪堂出數

每日約贍禪僧柒拾陸名。每僧壹日算銀壹分。見今除刻經，止該贍僧叁拾貳名。

一、校經僧壹名，銀貳兩。

一、管板僧貳名，共銀叁兩。